BC級戦犯の遺言

誇りを持って死を迎えた日本人たちの魂

北影雄幸

潮書房光人社

NF文庫
ノンフィクション

BC級戦犯の遺言

誇りを持って死を迎えた日本人たちの魂

北影雄幸

潮書房光人社

BC級戦犯の遺言——目次

第三章　ＢＣ級戦犯　真実のことば

ＢＣ級戦犯の遺言

――誇りを持って死を迎えた日本人たちの魂

プロローグ

第二次世界大戦におけるアメリカ軍の戦死者は約三十万人といわれている。これは広島と長崎に投下された原爆による犠牲者数を下まわり、軍民合わせた日本人全戦没者約三百二十万人の十分の一以下になる。

この原爆使用の命令を下したトルーマン大統領は、終戦後の昭和二十年十月三日に開かれた議会で、

「もし原爆を使用しなかったとすれば、失われたであろう数千人のアメリカ人および連合軍兵士の生命が、これによって救われた」

と声明し、原爆の使用を正当化した。いいかえればアメリカは、数千人の同国軍人と同盟国軍人を救うために、三十万人以上の罪なき民間人を殺戮したことを、正当な戦闘行為として正式に容認したのである。この狂気としかいいようのない大統領声明の底には、白色人種の有色人種に対する抜き難い人種差別が明白に浮き出ている。もしドイツの敗北以前に原爆

が完成していたとしても、アメリカはドイツに対しては原爆という史上最悪の残虐兵器を使用しなかったであろう。

また、人道上から見てもこれほど残酷な兵器はないし、しかもそれを非戦闘員である無辜の市民に対し、何の警告もなしに使用したことに、アメリカの最大の罪があり、さらにその罪を罪として認めぬところに、勝てば官軍というきわめて高慢な勝者の驕りがある。原爆投下はヒトラーによるユダヤ人虐殺と並称されるべき世界史上最悪の戦争犯罪と断言できる。

この件に関しては、アメリカ人にも忸怩たる思いがあったのか、東京で開かれた極東国際軍事裁判の法廷で、日本人被告の弁護に立ったベン・ブレークニー弁護士は、

「原子爆弾という国際法で禁止されている残虐な武器を使用して多数の一般市民を殺した連合国側が、捕虜虐待について日本の責任を問う資格があるのか」

と発言した。これこそまことに正当な発言であり、わずかにアメリカの良心が顔をのぞかせたのだが、裁判が日本側に有利に展開することを恐れたウェッブ裁判長は、

「この法廷は日本を裁くものであって、アメリカを裁くものではない。仮に原子爆弾の投下が国際犯罪であるにしても、アメリカがそれを行なったということは、本審理とはいかなる関係もない」

という詭弁を弄して、原爆問題の審議を強引に打ち切り、原爆に関する法廷での発言を速記録から抹消させた。これをもっても東京裁判の本質がよく理解できよう。

その後、法廷は当時、山形県酒田市に隠棲していた元陸軍中将・石原莞爾に出張訊問を行

なったが、訊問後、アメリカ人記者団が石原に、「今次大戦の最大の戦犯は誰か」と尋ねると、石原は堂々たる態度で、

「貴国大統領トルーマンである。原爆投下や都市への無差別爆撃を命じて数十万人の無辜の市民を虐殺したトルーマンである」

と答え、アメリカ人記者団を仰天させるとともに、この言葉は敗戦で卑屈になり切っていた日本人に大きな勇気をあたえた。

また、東京裁判の十一人の判事の中でただ一人、日本人全被告の無罪を主張したインドのラダ・ビノード・パール博士は、昭和二十七年に広島を訪れ、原爆碑の前に額ずいた。だが碑文に、

──安らかに眠って下さい。過ちは繰り返しませぬから。──

と書かれているのを見て、つぎのような感想を洩らした。

「この『過ち』とはだれの行為を指しているのか。日本人が日本人に謝っているのは分かるが、それがどんな過ちを犯したのか、わたしは疑ってしまう。ここに祀ってあるのは原爆犠牲者の御霊である。原爆を落とした者が責任を明らかにして『過ちは繰り返さぬ』というのなら分かる」

パール博士は明らかに、一般市民の住む都市に原爆を投下し、無差別大量殺人を行なったアメリカの罪を問うているのである。

本来、国際法に違反する戦争犯罪は、戦争当事国双方に現われる現象であり、自国の犯罪

者は自国の法律で裁くというのが原則である。ところが、アメリカは極東軍事裁判を開くに際して、ＧＨＱ（連合国軍最高司令官総司令部）のダグラス・マッカーサーの指令により、昭和二十一年、急遽、「裁判所条例」を作り、「平和に対する罪」と「人道に対する罪」を新たに定め、日本人被告を裁くことにした。

この条例は、事件の起こった後に過去にさかのぼってその罪を裁くために作られた、いわゆる「事後法」であり、近代国家では禁じられている行為である。これによっても東京裁判というものがいかに不当なものであり、この裁判の目的が、将来の戦争防止などではなく、勝者の敗者に対する復讐心の満足と戦勝国の権力の誇示にあったことは明らかである。

そこで戦犯裁判について一言（いちげん）しておきたい。戦犯はＡＢＣの三級に分けられ、Ａ級が「平和に対する罪」、Ｂ級が「通例の戦争犯罪」、Ｃ級が「人道に対する罪」と規定されている。しかし、これでは分かりにくいので、もう少し具体的にいうと、Ａ級とは東条英機らに象徴される国家的な戦争遂行指導者、Ｂ級とは軍隊の司令官あるいは部隊の指揮官で、敵性人の殺害や虐待を部下に下命した者、Ｃ級とは敵性人の殺害や虐待を実際に行なった者をいう。そして一般にＢ級とＣ級を並称してＢＣ級戦犯といい、有期刑以上の刑を下されたＢＣ級戦犯は約五千七百名に及ぶ。

またＡ級戦犯はＧＨＱの管理のもと、東京・市ケ谷の法廷で裁かれたため、この裁判を「東京裁判」、正式には「極東国際軍事裁判」と呼び、また国内のＢＣ級戦犯は米第八軍の管理のもと、神奈川・横浜の法廷で裁かれたため、この裁判を「横浜裁判」、正式には「第八軍横浜軍事裁判」といった。そしてこの横浜裁判において三大事件として、国民の注目を集めたのが、「バターン死の行進事件」「石垣島米軍飛行士殺害事件」「九州大学生体解剖事件」である。

さらに国外のBC級戦犯は、アメリカ、イギリス、オーストラリア、フランス、オランダ、フィリピン、中国がそれぞれ管轄する約五十ヵ所の軍事法廷で裁かれたが、これらの裁判は世界注視の東京裁判と違って、当事者のみが関与する秘密裁判に等しく、日本人捕虜虐待事件の頻発など、勝者の敗者に対する報復・復讐の色彩がきわめて濃厚な暗黒裁判であった。

この暗黒裁判の犠牲者は、『世紀の遺書』（巣鴨遺書編纂会）によれば、刑死者は九百八名、拘留中の自決や病死・事故死などによる死者は百六十名で、犠牲者総数千六十八名となっている。

また一時期、これらの無念の死は「法務死」と呼ばれていたが、その後、これらの死は祖国に殉じた死と認定されて「殉難死」と呼ばれるようになり、名誉の戦死者と同様に、殉国捨身の英霊として靖国神社に祀られるようになった。

ちなみに、BC級戦犯刑死者の平均年齢は三十九歳弱で、まさに働きざかり、男ざかりの無念の死だが、若きは二十二歳から、老いたるは八十五歳までいずれ劣らず、日本軍人の名に恥じぬ見事な最期であったという。

彼らの覚悟の見事さは、『世紀の遺書』の序文につぎのように記されている。

「戦犯者に対する見方は種々ありましょうが、高所より見ればこれも世界を覆う矛盾の所産であって、千人もの人々が極刑の判決のもとに、数ヶ月或は数年に亘って死を直視し、そして命を断たれていったと云うことは史上曾ってなかったことであります。恐らくこれ程現代の矛盾を痛感し、これと苦闘した人々はありますまい。一切から見離された孤独な人間として単身この矛盾に対し、刻々迫る死を解決しなければなりませんでした。それは自身との対決であり、同時に真理を求める静かな闘いでもあったのです」

この序文を書いた田島隆純は、東京の巣鴨拘置所、いわゆる巣鴨プリズンで教誨師を勤めた宗教家であり、その眼で多くの戦犯の最期を見届けた「歴史の証人」でもあり、その言葉の意味するところは重くかつ深い。そして田島師は、

「この人々は強制された死に直面して生きる喜びを知り、最後の瞬間まで自身をより価値あらしめようと懸命に努力しております。それは自己の尊厳と生命の貴さへの覚醒でありました」

と記し、さらにある戦犯死刑囚の遺書の「死に直面して一切が愛されてならない」という一文を紹介し、つぎのような卓見を示している。

「この心は即ち肉親愛でもありまして、すべての人が言葉をつくしてその父母妻子に切々たる情を伝え、身の潔白を叫ぶのも寧ろ遺族の将来の為に汚名を除かんとする努力なのであります。更に愛は郷土へ祖国へと拡がり、遂には人類愛に迄高められております。人道の敵と罵られ、祖国から見離された絶望の底に於て、尚損われることのなかった純粋なこの愛国心は、改めて深く見直されるべきであり、この基盤なくしては人類愛もまた成立し得ないもの

と思うのであります」

戦犯死刑囚のほとんどが、その遺書に日本人であることの誇りを記し、その誇りとともに生を終えることにささやかな喜びさえも感じている。死を強制された戦犯にとって、祖国日本こそ己れと肉親とを結ぶ唯一の縁(よすが)であり、彼らにとって愛国心とは、肉親への愛も郷土への愛もひっくるめた生きているということの証(あかし)そのものだったのである。

田島師は、これら戦犯死刑囚の遺書を評して、こう述べている。

「何(いず)れも窮極に於て日本人は何を思い、何を希(ねが)うかを赤裸々に訴え、同時に人間の真の姿を如実に示しております。(中略)そこには力強い一つの流れが明らかに感じられます。そうして純粋にして豊かな人間性の叫びは、私共の徹底的な反省を促し、新たな思惟に貴重な示唆を与え、更に私たちを鼓舞して止まないのであります」

そしてこれらの遺書を読んで田島師は、滂沱(ぼうだ)たる涙を禁じ得ず、

「それは悲痛の涙であると同時に、美しく逞(たくま)しい日本人の心に浸(ひた)った感激の涙でありました」

と記している。日本人の精神の純粋性というのは、特攻隊の若者たちの遺書に美しく表出しているが、戦犯死刑囚の遺書は、平均年齢でいえば彼らは特攻隊員より二廻りほども年長であるため、その分、人間的な深みと重みが増している。そして彼らの精神のたたずまいを美しくしているのは、彼らが誇りある日本軍人としての清節を持(じ)していたからにほかならない。

清節とは、俯仰天地に愧じぬ清冽な節義・節操のことで、古来、いかに時勢が転変しようとも、万世に易らざるものは、その時代その時代に節を守り、義を貫いた男の名であるといわれている。戦犯死刑囚こそまさしく、日本軍人としての節を守り、義を貫いた清節の士ということができる。

たとえば、部下の責任を一身に負って、米軍相手に堂々たる法戦を挑み、最終的に部下から一名の刑死者も出すことなく、自らは絞首台の露と消えた東海軍司令官・岡田資中将、あるいはラバウルで部下の戦犯容疑を晴らすために自ら進んで証人台に立ち、その裁判闘争の目安がつくと、やはり責任を一身に負って敢然と自決した第十八軍司令官・安達二十三中将などは清節を持した軍人の典型であり、これらの清冽な人間像を持てたということは、日本史の大いなる誇りとしなければならない。

人間の真価は危地に立ったときに初めてわかるとされているが、戦犯死刑囚こそまさに、強制的に危地に立たされつつも、なお人間の真価を遺憾なく発揮した象徴的な存在である。

本書には真に清節の士というにふさわしい格調高い精神をもった軍人が多数登場する。そして避けることのできない死と真正面から対峙した彼らの凛烈な生きざま、死にざまは、「日本人とは何か」「生きるとは何か」という人間存在の根本命題に、一つの明確な回答をあたえてくれるに違いない。ある意味で戦犯問題は、日本人が日本人であることの誇りを失っていないかどうかを検証する、きわめて重要な踏み絵ともいえるのである。

第一章

BC級戦犯 二人の名将

不屈の智将 岡田資

(1) 時代を先取りした明朗な「青年将軍」

終戦時、名古屋に本拠を置く東海軍管区司令官兼第十三方面軍司令官であった岡田資中将は、B29降下搭乗員三十八人処刑の責任を問われ、戦後、戦犯指名された。だが、中将は横浜の米第八軍軍事裁判所で行なわれたその戦犯裁判を、戦争の延長の「法戦」として捉え、日本陸軍の名誉のために、烈々たる武魂をもって戦犯裁判の非人道性を暴き、その不撓不屈の軍人魂を大いに称えられた。

このとき、東海軍全軍の責任を一身に負って堂々たる法戦を展開した岡田中将は、結局、絞首刑を宣告されるのだが、部下からは一人の刑死者も出さなかった。一方、同時期、西部軍のある司令官は責任はすべて部下にあるとして法廷闘争を展開したため、多くの部下もろとも絞首刑を宣告されてしまった。同じ死刑であっても、部下を救っての死刑と部下を道連れにしての死刑では、その距りは天地ほどの開きがあり、軍人としての品格、器量の違いが明白に浮き彫りにされた。

岡田中将は明治二十三年（一八九〇）に鳥取県に生まれ、鳥取一中を経て陸軍士官学校へ入り、明治四十四年（一九一一）に同校を卒業して二十二歳で少尉に任官し、歩兵第四十連隊に配属となった。その後、大正十一年（一九二二）には三十三歳で陸軍大学校を卒業して参謀本部付となった。いわば、陸軍のエリートコースをまっすぐに進んだわけである。

その後もイギリス大使館付武官や陸軍大学校教官、秩父宮付武官等を歴任し、昭和十年、四十六歳で朝鮮大邱の歩兵第八十連隊長となった。これからが実戦指揮官としての腕の見せどころで、昭和十二年には第四師団の参謀長として満州に進出、翌十三年には少将に昇進し、歩兵第八旅団長として中国大陸で大いに武勲をあげた。

この当時の岡田中将については、中将の女婿で第六航空軍参謀であった藤本正雄少佐が戦後、「岡田資中将を偲ぶ」という冊子を編み、その中で第八旅団の岡本という副官が、「第一線指揮官としての岡田将軍を要約すれば、智勇兼備し、人情味豊かで、かつ、旺盛な体力の持ち主であった」と述べ、さらに「部下に親しまれる将軍」の人となりを、つぎのように語っている。

「着任のあいさつは短いものであったが、その話しぶりは明るく同僚と雑談しているような態度で、親しみがひしひしと感じられた。万事がこのような態度であったから、たちまち司令部将兵の心をとらえた。特に下士官・兵が、これまで抱いていた将軍なるものに対するイメージを百八十度変えた。それはだれ言うとなく『青年将軍』の通称が司令部内に広がったことで想像していただけると思う」

古来、いかなる逆境にあろうとも、武士の心懐は明るくなければならないとされているが、武士道精神を血肉と化した岡田中将はつねに明るく、五月の風のような爽快さを周囲に振りまいていたようである。また性格もさっぱりとしており、下士官兵にも気さくに話しかけ、「青年将軍」として大いに敬仰された。

下士官兵から見れば、将軍というのは雲の上の存在であるが、分けへだてなく部下に接する岡田中将（当時は少将）は、たちまち彼らの心を捉えてしまったといってもよいであろう。前線指揮官としてこれはきわめて重要なことで、いざ戦闘というときに、こういう指揮官のためになら、部下は喜んで命さえも捨てるのである。

また岡本副官は、岡田中将の統率力をこう語っている。

「将軍は団隊長会同を一回も開かれなかった。その代わり作戦準備間、毎日のように部下指揮官を一人ずつ呼んで、雑談をする間に、その能力・性格・部隊の戦力、特にその弱点などを詳細に把握された。このことはやがて戦闘間において『あの大隊長なら大丈夫だ』とか、『あの指揮官では援助が必要である』など、部下部隊について掌（たなごころ）を指すように機微な点にわたり指示することができるもととなったが、これが武運を開いた大きな要因となったのではなかろうか」

軍人の本分は戦うことにある。それゆえ指揮官の最重要な職分の一つは、部下将兵の戦闘力をいかに有効に引き出すかということにある。指揮官が実戦でいかに檄（げき）を飛ばしても、部下将兵に実力がともなわなければ、戦闘に勝利することは至難の技である。

それゆえ指揮官は、部下将兵の戦闘能力を正確に見きわめる必要があり、それを見きわめたうえで彼らを適材適所に配備して、戦闘に備えることが重要な職分となるのである。それゆえ岡田中将は作戦準備期間中に、毎日のように直轄の部下指揮官を一人ずつ呼び出し、雑談を交わすことによって、その能力・性格・そして部隊の戦力の長所・短所等を正確に把握した。

さらに岡本副官は、こうも述べている。

「また、直轄の指揮官だけでなく、大隊長・中隊長の戦闘ぶりに絶えず留意し、戦功があれば直ちに上司に報告して栄転の措置を採(と)られ、期待外れの場合には呼び寄せて懇々と指導され、次の戦闘に役立たせるという具合(ぐあい)であった」

信賞必罰は、適材適所とともに部隊運営の根本要件であり、それを正確に行なったからこそ、日華事変において岡田支隊(第十師団の第三十九、四十連隊)は、抜群の武功を立てることができたのである。さらにこの岡田支隊の強さを担保したのが、中将の積極的な情報収集であり、岡本副官はその点を、つぎのように述べている。

「予想戦場の地図をよく研究し、戦場における地点の標定は箱庭でも示すように確実で、部下指揮官が舌を巻くほどであった。また、敵情及び民情については、通訳を介して中国要人から収集されたほか、機会あるごとに宣教師を招き、得意の英語で雑談をしながら、所望の情報をキャッチされた。したがって、将軍に私が情報を報告した場合、誤りをよく訂正されたものであった」

近代戦は情報戦ともいわれるが、岡田中将は日華事変のころから情報の重要性を知悉し、積極的にその収集に努めたのである。精神一倒何事かならざらんとばかり、精神面の強さのみが強調された当時の日本陸軍において、岡田中将はその前近代性を脱却することによって、麾下支隊を無敵の戦闘集団とすることができた。

いわば岡田中将は、情報戦という時代を先取りした戦法を確立することによって、他に抜きん出た武勲をあげることができたのである。

(2) 指揮官先頭と常在戦場の精神

昭和十三年十月、岡田支隊は武漢三鎮攻略作戦に参加した。東久邇宮稔彦王が指揮する第二軍の最右翼・第十師団に属して、岡田支隊は十日間の激戦を戦い抜き、見事に中国軍を撃退した。この戦闘の直前、第二軍の町尻参謀長は岡田中将に支隊の武勲を称えるつぎのような私信を送っている。

「前略　寡兵を以てする大包囲作戦将に完結し、要衝・信陽の占領目睫の間に迫れる機会に於て、謹んで、常に最先鋒に少兵力を以て果敢な攻撃と追撃に終始せられたる貴支隊の御労苦を偲び、此の御成功に満腔の敬意と感謝とを呈し申し候。

軍司令官宮（東久邇宮）殿下も非常に御満悦の御様子に拝し上げ候」

この激戦が終了した後、第二軍司令官東久邇宮稔彦王は、岡田支隊に名誉の感状を贈っている。その感状は、「支隊は武漢平地に向う追撃戦に方り、昭和十三年十月二十日信陽を進発」という文章ではじまって、それから十日間の戦闘を詳述した後、こう続けられている。

「三十日頑敵を撃滅して同地（応城北側）を攻陥し、茲に悉く敵の退路を遮断し、多大の戦果を収め、武漢攻略戦に有終の美を全うせり。

叙上作戦の経過を按ずるに、江北平地に於て、敵軍殲滅を企図する軍の先鋒として作戦旬日、敵中突破二百粁、此の間攀づるに径なき大別（山脈）の嶮峻を越え、降雨泥濘の裡、飢渇を忍び、急進又急追、衆敵を撃滅して火砲百門並びに巨多の軍需を鹵獲し、追撃の目的を達して偉大なる戦績を収む。是れ畢竟、支隊長の指揮宜敷きを得、剛毅克く所信を貫遂し、又各部隊将兵の堅忍不撓、旺盛なる志気を以て機動、戦闘力の極致を発揚せる結果にして、皇軍の真価を如実に顕現せるものと謂ふべく、其の武功抜群、真に全軍の模範たり。仍て茲に感状を授与す」

この感状によっても、岡田部隊が壮烈な激戦を展開してきたことがわかろう。岡田中将という人物は、単に智謀の士という前に、きわめて戦闘力旺盛な軍人だったのである。この点を中将とつねに行動をともにした岡本副官は、こう述べている。

「漢口作戦における岡田支隊は、退路遮断の任務上、機動の連続で、この間、休止も数時間という毎日が続いた。部下指揮官からの苦情が私に伝えられ、私も『無理だなあ』と思ったこともあった。しかし、将軍は断固として信念を完遂された。この間、将軍は時に大腸カタルやマラリヤに苦しめられながら粗食で通し、それも食うや食わずで追撃を続行するという状態であった。部隊の行動がぐずぐずしていると見るや、司令部の将兵だけを連れて先頭を切られるので、各部隊もその意気込みにつられて前進するという有様であった」

岡田中将は、一軍の将にふさわしい強靭なる精神と肉体の二つながらを備えていた。とくにこの作戦の中でも、徳安攻撃は二日三晩にわたって不眠不休の戦闘がつづいたが、中将は指揮官先頭を実践し、それが支隊の将兵全員を強烈に鼓舞して最終的勝利へと結びついていったのである。

この指揮官先頭は、「作戦要務令」にも記された日本軍の伝統精神ではあるが、現実問題として将官クラスでこれを戦場で実践窮行する軍人は稀である。武漢作戦における岡田支隊の強さは、岡田中将の陣頭指揮によるところ極めて大なるものがあり、岡本副官も中将の見事な陣頭指揮ぶりをこう語っている。

「作戦命令を副官に起案させられたことは一回もなく、いつも自ら部下指揮官又は命令受領者に口達された。そして一たび戦闘が開始されると前線に出掛け、戦況を見ながら適時、現場の戦闘を指導し、必要なことを命令された。したがって、戦闘間に師団司令部との無線連絡はあったが、部下指揮官との間には有線も無線も設備しなかった」

それはなぜか。

「これは将軍が、機動作戦における歩兵旅団長の戦闘指導は自ら陣頭に立って行なうもので、電話や電報でやるものではない、という信念を持っておられたからである。一たび彼我の銃砲声が起こると、馬上颯爽と戦場を駆けめぐり、あるいは砲兵の観測所へ、あるいは第一線歩兵大隊長の所へ出掛け、敵を指差しながら実情に即した現場指導をするのを常とされ、その様子は平時における検閲や秋季演習における指導ぶりを思わせるものがあった」

岡田中将にあっては、戦時も平時もなく、ただ常在戦場の精神のみがあり、軍人の本分である闘争心をつねに維持し、指揮官は第一線で部下将兵とともに戦うべきだとする不動の信念があった。ここが陸軍大学校出の頭でっかちで権威主義的な並みの将官と岡田中将が決定的に違う点である。

中将はあくまでも実戦の人であり、その戦機の看破と先見洞察の明は他に抜きんでていた。しかも武漢作戦で立証されたように、その武魂は烈々たるものがあり、岡本副官は、中将をつぎのように称えている。

「これらは将軍の強固な意志の一端を物語るものであるが、このように長期にわたり苦労に堪（た）えることができたのは、将軍が旺盛な体力の持ち主であったことによるものと思う。これも若い時分から積極的に体力を鍛練されたもので、感銘深いものを覚える次第である」

軍人の本質はあくまでも戦闘者であり、有能な戦闘者であるためには強靭な肉体が要求される。しかも戦闘が始まれば、軍人は生死の関頭に立たなければならないから、強靭な肉体と同時に、死をも恐れぬ強靭な精神を持たなければならない。

真正な軍人であるためには、朝鍛夕練（ちょうたんせきれん）、つねに強靭な精神と肉体の双方を維持しなければならず、軍人の鍛練は家常茶飯（かじょうさはん）のうちにあるといわれるのもそのためである。

(3)「大観・小察」と民間人重視

昭和十四年十月、岡田中将は五十歳にして千葉県にある陸軍戦車学校の校長に就任した。これは前年七月に起こった張鼓峰事件で、ソ連軍の戦車の威力をまざまざと見せつけられた陸軍当局が、実戦経験がありかつ近代兵器にも通暁する将官を起用して、わが国の陸軍戦車隊の強化を図ろうと策したためで、その最適任者としてまっさきに白羽の矢が立てられたのが岡田中将であった。

さらに翌年九月には、わが国唯一の戦車製造工廠であった神奈川県の相模造兵廠の廠長に就任し、戦車の強化、改造に尽力した。

この時期の岡田中将に関しては、中将を「親爺」といって慕った菊地茂中佐の言葉が残されている。

「『古武士の面影あり』というのが、私の第一印象であった。そして私達技術畑の者にとっては、この機械文明の時代に、えてして大和魂で片付けがちに思われていた陸大出の第一線指揮官型の廠長を迎えることに、多くの不安を感じたのは事実であった。しかし、日ならずしてそれは杞憂であり、かえって親爺から口癖のように訓えられる『大観・小察』が我々にとって金科玉条・頂門の一針となり、兵器生産の要諦の見事に実践せられたことに敬服したものである」

「大観・小察」は岡田中将の物の見方・考え方の原則であり、物事の全体像をまず大局的な見地で把握し、つぎに細部を詳細に検討せよという意味である。そしてこの物の見方・考え方は、後の戦犯裁判で大きな威力を発揮することになる。

また菊地中佐は、岡田中将の人格を知る上で、きわめて重要な発言もしている。

「当時、造兵廠内で造られていた戦車の数量は知れたもので、その大部分は民間業者に依存し、それらを監理督励していた。日増しに激化拡大する戦局は、人と物とが次第に窮屈となり、資金までが統制されだすと、『我々が面倒を見なければ、監理工場といえども何もできない』という、思い上がった気持に陥りやすかったが、親爺は、『民間の力を大切にせよ。その知恵を採り入れよ』と、絶えず我々をたしなめられた」

当時は官尊民卑の時代であり、ことに軍人は圧倒的に強い立場にいた。それゆえ一部の軍人は増上慢となって自分の力を過信し、民間人に対して権高に威張り散らしていたのである。こういう軍人は、いうなれば軍人の本義を知らぬ軍人である。

軍人の本義とは、最終的には国家と国民を守ることであり、そのために軍人は国民の血税によって養われているのである。この本義を忘れるような者は真正の軍人といえず、岡田中将もこの本義を知るからこそ、独善に陥ることを避けて、「民間の力を大切にせよ」とつねに部下をたしなめたのである。

また岡田中将の進取の精神には卓越したものがあり、菊地中佐も、

「兵器工業会戦車部会の席上では、技術の公開を強く主張され、互いに工場を見学しあい、技術の向上を図り、能率を増進するように指導され、ある時はちょっとした職場の着想も採り上げて活用するよう指導される等、その卓見と眼界の広さには有力会社の幹部も、ただた

だ敬服して協力を惜しまなかった」

と語っている。さらに特筆すべきは、その行動力であり、岡田中将は民政面でも類まれなる能力を発揮したとして、菊地中佐はこう語る。

「その活動は、全く精力的・能動的で、廠内部の統率、各監理・監督工場の巡視指導はもとより、関係官庁方面への積極果敢な折衝は『相模の狼』と恐れられ、まさに有言実行の人であった。昔の武士の棟梁は軍事だけでなく、民政全般にわたり、偉大な能力を発揮したものであるが、親爺もまたそのとおりで、文字通り席の暖まる暇がなかった」

昭和十七年九月、岡田中将は新設の第二戦車師団の師団長として渡満した。昭和十四年十月に陸軍戦車学校長に就任して以来三年間、戦車関連の部署を統轄し、今や機械化部隊の運用と戦車の構造・製造に精通した斯界の第一人者となっていた。

そして翌十八年十二月には、新設の軍需省東海北陸監理部長に就任し、名古屋に赴任した。当時、名古屋地区は日本の全航空機の四割を生産するきわめて重要な地区であり、陸軍当局は、戦車の生産で見せた中将の識見と実行力を、今度は航空機の生産で期待した。世はまさに航空機時代であり、陸海軍とも航空最優先を標榜し、その統轄者にもっともふさわしい人物として、岡田中将が選ばれたのである。この点を菊地中佐は、つぎのように述べている。

「相模造兵廠時代に比べると、主な任務対象は国運の帰趨を決する航空機の生産であり、統率する者は陸海軍人のほかに軍需省の文官であったので、舞台が一回りも二回りも大きく、複雑であった。しかし、ここでも持論の『大観・小察』と『民間の力と知恵の活用』をモットーとして指導され、着々と実績を収められた」

さらに菊地中佐は、この時期の岡田中将に関する特異なエピソードをあげている。

「若い監督将校等がその監督権を必要以上に行使するのを厳に戒め、また、憲兵を監理部に派遣させて、関係部門の非違を未然に防ぐ等、万事にわたり厳格にして温情ある処置を採って官民の感謝と敬愛とを受けられた。当時、朝鮮人が感激して一心隊を組織すれば、博徒もまた東海進撃隊を結成して監理部に協力してくれたことなど、親爺が一介の軍人でなかったことを物語る一挿話であろう」

当時、朝鮮人や博徒は社会一般から疎外されていたが、そういう意識のまったくない岡田中将は対等に接したため、それに感激した彼らは、それぞれ一心隊、東海進撃隊を組織して、中将に協力を惜しまなかったのである。古来、武士の武士たる所以(ゆえん)は、惻隠(そくいん)の情があるか否かだといわれているが、中将の惻隠の情を自(おの)ずと感得し、不惜身命(ふしゃくしんみょう)の覚悟で中将に尽くそうとしたのである。男心に男が惚(ほ)れるとはまさに仁侠の世界の話であるが、そういう人々に惚れられるというところにも、岡田資という軍人の人間的魅力があったのであろう。

(4) 何もかも悪い事は皆、敗戦国が負ふのか

昭和二十年二月、中部地区に第十三方面軍が編成され、岡田中将はその第十三方面軍司令官と東海軍管区司令官を兼任することになった。麾下(きか)約三十万の将兵を指揮統率する重要なポストであり、時に中将五十六歳であった。

なお第十三方面軍と東海軍は、実質はまったく同じで、前者は本土決戦の戦闘上の単位で、東京に司令部を置く第一総軍の隷下に入る。後者は軍管区名で、陸軍省の管轄下にあり、終戦後は方面軍は解散、東海軍は陸軍省改め第一復員省の東海監部となった。

軍司令官となった岡田中将の主要任務は、本土決戦に備えて麾下の師団と独立歩兵旅団の全戦力の結集とその戦力強化にあり、他にも中部六県の軍政・民政を統轄しなければならないため、きわめて多忙であった。

それに加えて、昭和二十年に入ると、Ｂ29による空襲も激化し、名古屋地区に限っても、延べ千九百七十三機が通算三十八回にわたって空爆を行ない、死者約八千二百、負傷者約一万一千、罹災者約五十二万人を記録した。

ことに三月十日、死者十万を出した東京大空襲以後、米戦略空軍は都市部への無差別絨毯（じゅうたん）爆撃が効果的であると確認し、京都と奈良を除いた全国の主要都市でその非人道的な爆撃を開始したため、空襲犠牲者は飛躍的に増加し、終戦までに約百万人の無辜（むこ）の民間人が爆殺され焼殺された。この数には広島・長崎の原爆犠牲者も含まれる。

国際法上、ハーグ条約によって、「爆撃は軍事的目標に対しておこなわれた場合にかぎり適法とする」とされているが、アメリカ軍はこの国際法をまったく無視して、無差別絨毯爆撃によって、罪もない日本の老若男女百万人を虐殺したのである。

米軍による日本本土爆撃は昭和十七年四月十八日のドゥーリットル爆撃隊から始まったが、このとき、わずか十機のＢ25による爆撃にもかかわらず、都市部への無差別爆撃であったため、東京・京浜・名古屋・神戸の各都市で、合計、死者八十九人、重傷者百六十九人を記録した。

このドゥーリットル爆撃隊は、太平洋上の空母から発進して日本本土爆撃後、中国に不時着する予定であったが、八人の搭乗員が日本軍占領地区に降下して捕えられた。そこで日本軍は彼らを裁判にかけ、三名を銃殺し、五名を天皇の名によって特赦した。日本軍は彼らを保護の対象となる捕虜ではなく、無差別爆撃を行なった戦争犯罪者とみなして裁判にかけたのである。

そして日本政府は、今後このような非人道的な爆撃がかならず行なわれると予想して、同年十月十九日、日本防衛総司令官名で、つぎの布告を行なった。

――大日本帝国領土を空襲し、我が権内に入れる敵航空機搭乗員にして、非道の行為ありたる者は、軍律会議に附し、死又は重罰に処す。満州国又は我が作戦地域を空襲し、我が権内に入りたる者亦同じ。――

東海軍管区内では、この布告に従って終戦までに三十八人の米搭乗員が処刑された。同管区内は名古屋だけでも無差別爆撃によって虐殺された非戦闘員は約八千二百名にのぼる。岡田中将も三十八人の悪質戦争犯罪者を処断することに、何のためらいもなかった。

そして運命の八月十五日がやってくる。岡田中将はこの日の感懐を、後に手記にこう記している。

「暗然として正午を待ち、幕僚と共に玉音を聞いた。感無量、真に断腸の想、忍苦幾春秋を覚悟せざるを得なかった。それでも身心共に虚脱状態に陥り、十七日払暁の空気を吸い、床を蹴って起床するまでは全く別人であった。然らば其の時、何と観念したのか。

如何にして我等は敗れたか？　敗戦の様相は？　再建の方図と努力は？

右三千年の歴史に無いもの、之を体験せざれば、我民族将来の雄飛は望まれない。再起の能力が無いならば、自滅するだけの運命のものだ。然らば敗戦は即神風也。正に然り。之で我が精神は奮起した。又安定した」

岡田中将の強靭な精神は、「敗戦は即神風也」と思いきわめたところに色濃く浮き出ている。この不屈の闘魂があったからこそ、後の法戦も見事なまでに戦い切ることができたのであろう。一億国民が敗戦に打ちひしがれていたとき、ひとり中将は敗戦を神風と見、新日本建設の曙光をそこに見た。見事な心映えである。成敗は天にあり、勝敗は兵家の常。岡田中将は戦争に負けたからといって、日本軍人としての誇りをいささかも失わなかった。

それゆえ敗戦によって堕落、荒廃した世相を厳しく弾劾する。

「敗戦直後の世相を見るに言語道断。何も彼も悪い事は皆、敗戦国が負ふのか？　何故堂々と世界監視の内に国家の正義を説き、国際情勢・民族の要求、さては戦勝国の圧迫も亦重大なる戦因なりし事を明らかにしようとしないのか？」

世界史とはある意味で戦争の歴史である。その時々の戦争には、引き分けを除けば、かならず戦勝国と戦敗国がある。そして負けて滅びた国と、負けながらも見事に再興を果たした国とがある。その違いの根本は、民族としての独立自尊の誇りを堅持したか否かにあると岡田中将は確信するのである。

さらに中将は、時代に翻弄される無節義な高級軍人を手厳しく批判する。

「要人にして徒らに勇気を欠きて死を急ぎ、或は建軍の本義を忘れて徒らに責任の所在を弁明するに汲々として、武人の嗜を棄て生に執着する等、真に暗然たらしめられるものがある」

男子の真価は危地に立ったとき、初めて明らかになるとされるが、終戦時、化けの皮をはがされた高級軍人が多数いたことも事実である。そして岡田中将は、自らが自決の道を選ばなかった理由をこう述べる。

「夢想だもせざりし敗軍の将！　当然自決も一つの選ばるる途であったが、本件処理（戦犯裁判）に挺身すべく、涙を呑んで今日在るのだ」

さらに中将は、この戦犯問題に対する軍上層部の無能を批判する。

「確かに上司のやり方が拙い。軍に夫々処理すべき責任を持たすのは好いが、相手は米軍一つである。何故今少し統制出来なかったのか。少くも終戦後、本問題が当然大きく取り扱はれる事が予想された時、殊更に中央が手を引き、軍毎に一任を指令したのはどうしたものか。卑怯・無責任と悪口されても逃避はあるまい」

そして岡田中将は、こう断言する。

「当時不用意に簡単処断の意向を漏し乍ら、事後、口を拭うて納まり、また上司は適時進んで指導連絡することを忘れながら、徒らに地方司令部に対しては、倥偬の間（忙しいとき）、尚且つ報告を忘れたるの非を鳴らすが如き、正に敗戦の一悲劇なり」

岡田中将は軍上層の無能をこう手厳しく批判すると同時に、東海軍最高指揮官としての己れの責任を改めて思い知るのであった。

(5) 従って全責任は予に在り

昭和二十年十二月十七日、俘虜に対する暴虐容疑に対する軍事裁判、すなわち横浜法廷が開廷した。これから戦争犯罪者が続々と逮捕されてゆく。

翌二十一年二月、岡田中将は旧軍当局の山上宗治法務少将の事情聴取を受けた。その際中将は、「無差別爆撃を行なった降下Ｂ29搭乗員は俘虜などではなく、民間の非戦闘員を虐殺した重罪容疑者である」と断定し、軍律会議を略式裁判としたのは、米軍の空爆激化に対処するための自分の判断であったと告げた。

そして同年九月二十一日、岡田中将は東京の巣鴨拘置所、いわゆる巣鴨プリズンに収監された。その後、年末までに東海軍関係では計二十人が逮捕され、いずれも同拘置所につながれる身となった。

昭和二十二年二月一日、岡田中将は「米軍弁護士と初会見の機に」と題する五ヵ条からなる「覚書」を書いている。

「一、吾等は旧国際法の基盤の一部をば揺り動かしかねまじき我事件に、米軍のさうさうたる（尤も有為なる法曹人の一たる）貴官を弁護士に有する事を光栄とする。自今安んじて吾人の名誉も生命も其の掌中に委ねんとするものである」

岡田中将を初めとした日本側の主任弁護人はフェザーストン法学博士で、その弁護はきわめて公正であり、被告人の利益のためにあらゆる努力を惜しまなかった。フェザーストンによって、その後、日本側がどれほど救われたかわからない。

そして覚書の第二条は、岡田中将の旺盛な責任感を示して余すところがない。

「二、予は旧東海方面軍司令官岡田中将、彼等は予の部下なり。本件に関しては予の部下は予の命令或は予の意図を奉じて行動せるものだ。従って全責任は予に在り。敗将には軍事法廷の与ふる罰の軽重は問題とならぬ」

全責任は自分ひとりにあり、また下される罰の軽重など自分は預かり知らぬことであると断言している。見事な覚悟である。岡田中将が一死を決していることが、この凛烈な文章からもよくわかるであろう。

またこの第二条では、「願望が二つある」として、中将はこう記している。

「（一）空軍を主とする戦争方式の大変化に鑑み、現国際法は明らかに旧式となりつつあり、本件を参考として世界民族の為、一日も速やかに修正を乞ふ。

（二）日本国内爆撃に関して、浮薄迎合の日本人の言説に迷ふことなく、爆撃体験が国民の心魂に徹したる事実なることを忘れず、将来の日米民族、心からなる提携に癌を残さざらん様、注意されたい」

この文章からも、岡田中将が敗軍心理にまったく陥っていなかったことが察せられよう。ことに「浮薄迎合の日本人」を手厳しく批判し、戦争に敗れたからといって、日本人たることの誇りを忘れてはならぬと暗に諭している。そして第三条。

「三、吾人は惨たる無差別爆撃に辛うじて自ら生き、最大の努力をもって本件を処理したのだ。吾人以外誰人を其衝に当てるも、あの情況下では吾人以上適法の処理は出来ざりしならんと信ず。否、当時吾人の上下左右は一層の憤激に満ちたれば、吾人の行動に反対する者は皆無であったと信ずる。神の法廷で吾れ再び裁かるるの日、褒められはせぬかも知れんが、甚しく叱られはせぬと確信する」

文中の「あの情況下では吾人以上適法の処理は出来ざりしならんと信ず」という文章に、岡田中将の絶対的な自信を感得できよう。降下Ｂ29搭乗員の処刑は、正義の名のもとに断行したものであると、中将は信じて疑わないのである。

第四条は「他地区に比して特異の点」として、Ａ、Ｂ二項が記されている。

「Ａ、東海方面は国防上重点の一なりしに拘らず、我方面軍の編成は、他地区方面軍に比してズット遅れた。而して生れた時、已に名古屋は全国一の猛烈な爆撃地となって居り、吾人は六ヶ月間、其の下で米軍上陸作戦に対する防戦準備に狂奔しつつ、爆撃下に降伏となった。

其の件は其の間の出来事だ。即ち最初軍事目標のみ爆撃された時の降下員は、直に一般俘虜扱いとし、無差別爆撃となるや、正式に軍律裁判に掛け、盲爆激化するや、其の手続きを略して迅速処断した。今、夫を主としてとがめられているのだ」

軍事目標のみの爆撃であるなら、軍事的には正当な行為であり、降下搭乗員も俘虜として待遇される。しかし無差別爆撃となれば、明らかに国際法の違反であり、降下搭乗員は俘虜ではなく重罪容疑者となる。しかも連日のように猛爆撃にあっている名古屋地区にあっては、裁判手続きを簡略化して、迅速処断しても、決して違法ではないと岡田中将は主張するのである。

「B、軍の統率系統は極力尊重した。即ち国際法は決して軽視はせぬが、特に軍律の精神指導原理を重要視した。本法は上司第一総軍司令官が作為し、申す迄もなく搭乗員取扱専門の法である。又我地区内の地方官憲は勿論、憲兵の如きも防衛事務の範囲として、搭乗員取扱に関しては総(すべ)て我区処下に掌握した」

陸軍刑法には「軍法会議」と「軍律会議」があるが、前者は五・一五事件や二・二六事件といった大型事件を裁くもので、原則として公開で、被告人は弁護人を選ぶことができる。これに対して軍律会議は、戦時高等司令部勤務令の規程により、各地の軍司令官が設置権を持つ、いわば地方的な裁判であり、軍司令官が自ら制定する軍律によって行なわれ、弁護人はつかず非公開である。

岡田中将の場合は、空襲の激化にともない、この軍律会議をさらに簡略にした略式裁判によって、降下搭乗員を処断したのである。

「五、最後に方面軍とは日本野戦軍の最大単位で、司令官は自ら国際法の許す範囲内に於て、所要の軍法を作り、是を情況に即応する如く、運営する権能を有するものである事を添へておく」

岡田中将は、あくまでも法的には正当な方法をもって降下搭乗員を処断したことを、戦犯裁判が始まるに際して、米軍弁護士にまずこう宣言したのである。

(6) 予は陣頭に挺進して戦はん

岡田中将の起訴理由は、

「一九四五年六月二十日、違法の意図を以て、部下をして、裁判なしに死に到らしめるよう命じ決裁し、違法の斬首による殺害に寄与し、M・キャップマン軍曹以下三十八名の六月二十五日以後の殺害に寄与した」

というものであり、米軍検事は岡田中将が命じた略式裁判を裁判とは認めなかったのである。この三十八人のうち、六月二十八日と七月十二日頃に処刑された二十七人に関する裁判を岡田ケースといい、七月十一日頃に処刑された十一人に関するケースを伊藤ケースという。伊藤とは岡田中将の部下で、東海軍の法務少佐・伊藤信男のことである。彼は拘置所長であり、かつ十一人の降下搭乗員に関する軍律会議で死刑を宣告したため、岡田ケースとは別に分離裁判が行なわれ、絞首刑（のちに終身刑に減刑）を宣告された人物である。

岡田中将は裁判が開始される前の昭和二十一年十一月十五日頃、事件の関係者につぎのような訓示を与えている。

「自分が東海軍司令官に着任した時、みなに言ったように、東海軍司令部管内で起るすべては自分の責任である。従ってこの二十七名処刑についてもそうだ。自分はこのケースに関する事実のすべてが、明白にされることを望む。全員がこの件の調査に協力してほしい」

そして最後に、

「真相を隠さず、卑怯な態度を取らないように」

と念を押した。

岡田中将は日蓮宗の熱心な信者で、法華経を信奉していた。そしてこの法廷闘争を戦争の延長と考えて、「法戦」と名づけた。法戦であるかぎり、卑怯な態度に出ることは許されない。法戦はあくまでも正義の戦いでなければならないのである。

岡田中将は、獄中で記した遺著『毒箭』にこの戦犯問題に関する自分の立脚点をこう記している。

「吾人は単に本事件が今迄組上に乗せられた事件と異り、彼に国際法に戻る非人道行為を為せるが故に於てのみ強くなるのではない。事苟くも作戦行為の一環であり、準拠とせしものは軍律である。即ち純乎たる統帥問題である。組織ある我等一団を以て、余の統率下に飽く迄戦い抜かんと決心した次第である。無論将来の国際戦を顧慮すれば、この際、空戦法規を明確に公法として採用せしめたいと思ふ願望もある」

この文章によっても、岡田中将がこの戦犯裁判を「作戦行為の一環」としていることが分かり、「準拠とせしものは軍律」であるとし、それはすなわち「純乎たる統帥問題である」と断言している。そして統帥問題であるゆえに中将は「組織ある我等一団を以て、余の統率下に飽くまで戦い抜かん」と決心したのである。いわばこの裁判には、日本陸軍の名誉が賭けられており、中将はこの名誉を守るために決死の覚悟を固め、さらにつぎのように断言する。

「難を避け累を脱し、況んや強く生に愛着を感ずるは人情の常である。我等一団も、敗戦直後は御多分に漏れず、相当の問題を起した。然し今や三度の試練を経て結束も漸く固く、歩調を紊す者も居そうには考へられない。内に甘える者も、少くも外に対しては別人の如く奮起するに相異ないと信ずる。生死是天命、我等を不要と思し召す時、即ち吾人の肉体、御返還の機なり。著一切無用、而も人生の最後に光芒を放って民族の後輩に何物かを教ふるを得ば幸甚のみ」

人の命などというものは、天からの下され物であり、それを見事に使い切ったならば、スラリとまた天に返上すればよい。これが武士道の死生観の根本であり、岡田中将もこれを知るゆえ、「生死是天命」とし、天が「我等を不要と思し召す時、即ち吾人の肉体、御返還の機なり」と思いきわめたのである。

しかも中将は自分の死を「人生の最後の光芒」とみ、それによって「民族の後輩」に何かを伝えることができれば、日本軍人としてこれ以上の喜びはないという。一死を決した日本軍人の精神のたたずまいの美しさがここによく出ている。

そして軍の名誉に関わるこの法戦を戦うには、清節を持して、積極果敢に戦わなければならないとして、こう続ける。

「直く主張せんとする者は、己先づ直くなるを要す。暴爆下戦場の出来事である。多少の補綴修飾は有っても、本筋は間違ってはならぬ。虚言芝居は何時か皮がはげ、尻尾が出るものだ。然るにあえて芝居の組立を奨めたものは無かったか。正直に同意し、一方、本事件が伝統を誇りつつ消えゆく軍の最後の名誉に関する問題であり、特に公正なる法廷に戦い抜くに足る事件であることを承知し乍ら、其の判断を誤り、或は対処策に不徹底なものはなかったであろうか」

要は、名誉を賭けての法戦であるゆえに、正々堂々と戦わなければならないということである。下手な小細工を弄していったんは成功を収めようとも、そんな成功は真の勝利には結びつかないと岡田中将は断言し、正義に基づく不退転の覚悟のみが勝利を約束すると確信する。

「吾人と雖も、当初は大体に於て、消極的な斬死案であった。然るに米軍の不法を研究するに従い、之は積極的に雌雄を決すべき問題であり、我が覚悟にして強烈ならば、勝ち抜き得るものであると判断し、然らば陣容を十二分に建て直して掛らねばならんと感じたものである。故に今や責任分担の各人は当初の如し。只管自己の管掌に籠城して、消極的防禦に終始することなく、大いに積極的に敵の非を求めて攻撃し、要すれば僚友の領域迄も進入して戦闘するを辞せざる気概を発揮して貰い度い」

これは明らかに戦闘宣言である。岡田中将とすれば、「米軍の不法」を知ったかぎり、手をこまねいて見すごすことは出来ない。この法戦は「積極的に雌雄を決すべき問題」であって、負ければ起訴された十九名の部下が殺されることになる。もちろん中将自身は生き残ることはいささかも考えていない。いわば「身を殺して仁を為す」を、日本武人の誇りにかけて実践しようとしたのである。それゆえ中将は烈々たる武魂をこめて、こう宣言する。

「いざ、吾人も初一念を堅持して本件を突破せん。今後証言のごときも徒らに責任の有無・人格の称揚等に終始すべきでない。真向から米軍非人道暴爆の非を鳴らし、当時司令部内の司々が超多忙なりし実況を彷彿せしめ、又現に一部迎合の日本人が万一、暴爆を暴爆とせずと答へるとも、焼土に残る深刻なる反感はいつか芽生えて、米軍の日本国民操縦に重大なる影響を及ぼすならん等々、直しき忠言を放つべきである」

勝負は時の運であって、戦に負けたからといって、精神まで卑屈になることはないし、逆に逆境にあってこそ爽快な心懐を持つことこそ日本武士道の道統である。「自ら省みて縮んば千万人と雖も我行かん」の気概がなければ、乾坤一擲の大勝負などできるものではない。存分に戦い、立派に死ぬ。日本男子はそれさえできれば十分である。それゆえ岡田中将もこう檄する。

「戦闘組織内の諸子よ。諸子が戦ふ際、夢にも受動に竦むことなく、常に敵の狂暴なる非人道暴爆を飽く迄攻撃することを忘れる勿れ、又彼等の尋問に対し、徒らに枝葉末節を調整するに苦しむ勿れ。当時の戦況下にある心理を堅持して放胆に戦ふべし」

そして中将は、

「予は陣頭に挺進して戦はん」

と宣言する。軍人の本質は戦闘者であり、戦闘者であるかぎり、戦いに生き、戦いに死するを宿命とする。おそらくこのとき、真正な軍人である岡田中将は軍人勅諭の「義は山嶽よりも重く、死は鴻毛よりも軽し」と覚悟したに相違ない。

(7) 若い多数の部下を救い得たら本望である

岡田中将の遺著としては『毒箭』が知られているが、ほかに「公判直前の記録」と「法戦の合間に」という二種の小冊子が昭和二十三年に記されている。そしてこの三著を読み合わせると、法戦に対する中将の信念というものがくっきりと浮き彫りにされる。

たとえば昭和二十三年三月十日には、「法戦開始」として、まず、

「戦争哲学に天の時、地の利、人の和を揃へて勝因とみる」

と記し、この三要因を逐条解説している。

「天の時は、正に敗余の法廷が問題にならぬが、国際情勢を見れば空を蔽(おお)ふ暗雲も、遙か水平線の彼方に晴間(はれま)を見せ、相当なスピードが天候の好転を予言している。但し、照るも曇るも仏に御一任、此れに期待すべき筋ではない」

この文章などは岡田中将の前向きで積極的な軍人魂を見事に表現するものであるが、最終的には中将も、「人事を尽くして天命を待つ」あるいは「成敗は天に在り」とする東洋的な戦争哲学の保持者であり、それが法華経信仰と結びついて、「照るも曇るも仏に御一任」という潔い覚悟を形づくるのである。

「地の利は法廷の空気だが、此れ又彼れ是れ揣摩憶測すべき限りではない。けれども主観に立ちて東海軍を正しく指導して来た満足感は、矢張り此処の雰囲気に影響を与える事と考えられる」

岡田中将が横浜軍事法廷で米軍検事と徹底的に争うという情報は他のＢＣ級戦犯容疑者にも知れわたっており、日本陸軍の名誉を賭けて戦おうとする中将の烈々たる武魂ほど彼らを励ましたものはなく、逆に中将もそれを肌で感じるゆえ、十九名の部下だけではなく、日本人戦犯容疑者全員のために、日本男子ここに在りとの気概を示そうとしたのである。

「人の和に至っては、他地区の支離滅裂に比すれば同日の談でない事、自他共に認める処だ。蓋し回顧すれば、敗戦、赤穂の落城さながらの当時の情況、国家と陸軍のバックを一挙に払拭した時の人心の頼りなさ、大黒柱の威力の崩されなかったのは、我が人力に非ず、仏の御力である」

横浜の戦犯裁判で、東海軍の容疑者二十人ほど固い結束を示した被告団はなかったという。その最大の理由は、岡田中将が全責任を負って一死を決してまで部下を救おうとする姿勢が他の十九人にはありありとわかり、彼らも中将に全幅の信頼を寄せていたためである。

そこで岡田中将は、こう宣言する。

「死の宣告は必然だが、覚悟はとくの昔に完了だ。我は国敗れ全軍潰えた日本陸軍の将軍だ。此の法廷で若い多数の部下を救い得たら夫れで本望である」

たとえ敗将であっても、岡田中将が軍人としての誇りをいささかも失っていないことが、この文章からも明瞭に読みとれよう。そして法戦を戦い抜くことで、若い部下を救えるなら、たとえ自分が死刑に処せられても、「夫れで本望である」という。見事な自己犠牲の精神といわねばならない。

日本の陸軍には、いわゆる高級軍人になればなるほど、自己中心的で傲慢となり、下士官兵を牛馬の如くに見下す者が少なからずおり、当時、アジアの各地で行なわれた戦犯裁判でも、部下を救うどころか、罪を部下に押しつけて恬然恥じることなき無頼漢のような軍人さえいた。こういう軍人は聖訓五箇条のうちの「軍人は信義を重んずべし」をまったく理解できぬ似而非軍人といってよい。彼らには岡田中将のように自己犠牲の精神から立ち昇る香気というものがまるでない。

国家の未来を創造するのは青年であり、国を愛するとはすなわち青年を愛することにほかならず、もしその青年に死に至る危難がふりかかったなら、自分の命を捨ててもその青年を救おうとするのが、真の愛国者というものである。それゆえ岡田中将は、日本の青年にこう思いを託す。

「過去、軍隊に於て、学校に於て、将又動員下の工場に於て、縁あって共に奉公せし我が最も愛する日本の青年よ、諸君は我が業力を多少なりとも感得してくれた事と思ふ。起って日本再建の魁たれ。民族の前途は洋々たる希望に満つ。其の実現も甚だ近い。無論、山なす苦難は襲い掛って来るだろう。襟度を濶くして全部消化するのだ。いよいよいけないものは粉砕して了え」

ここにいう軍隊とは、歩兵第八旅団（中支）であり、第二戦車師団（満州）であり、東海軍（名古屋）である。学校とは、陸軍大学校であり、陸軍戦車学校であり、また動員下の工場とは、相模造兵廠である。岡田中将はこれらの軍隊、学校、工場で、共に戦い、共に学び、共に生産した日本の青年たちをこよなく愛した。そしてこの青年たちこそ日本再建の支柱になると確信し、自分は死にゆく身でありながら、彼らには「民族の前途は洋々たる希望に満つ」といって元気な応援歌(エール)を送るのである。

そして中将はこれから壮烈な法戦を戦わなければならない自分自身に対しては、

「祈るのは只(た)だ一つ、死するに勝る恥無かれかし」

と願うのみであった。この短い文章からも、法戦に賭けた岡田中将の凛烈な覚悟が知れよう。また家族には、

「留守宅には改めて言ふ事は無い。合掌」

とのみ書き留めたが、最後の「合掌」の二文字には、中将の万感の想いがこめられており、家族もこの二文字を目にしたとき、中将が間違いなく一死を決していることを、言わず語らずのうちに悟ったに違いない。

(8)　我等は日本陸軍の純愛を展開しただけの事である

岡田中将の法戦の二大目的は、米軍による無差別爆撃の違法性を明らかにし、軍律会議略式手続の不可避性を立証することであった。しかもその前提として自分の死を置き、全責任

を一身に負って部下を救い、東海軍の名誉を守ることのみを考えた。岡田中将は、いわゆる横浜法廷を死処と思い定めたのである。

そして昭和二十三年四月二十日、岡田中将に対する主尋問が始まった。本格的な法戦のスタートである。

岡田中将がまず問題にしたのが、B29の無差別爆撃である。国際法上、都市部への爆撃が許されるのは、ハーグ条約にもあるように軍事目標に対してのみであり、当初は米軍もそれを守っていたが、日本の工業は家内工業によって支えられているというとって付けたような理由を持ち出し、昭和二十年の三月頃からは絨毯爆撃を敢行した。

しかも日本の家屋が燃えやすい木造であることを知った上で、米軍は焼夷弾を多用して、都市部の焦土作戦を展開したのである。そのため三月十日の東京大空襲では十万人に近い無辜の民間人が焼殺された。

しかもこの効果に味をしめた米戦略空軍はこれ以後、爆撃予定都市をマス状に分轄して、その外側のマスから徹底爆撃して、内側の住民の脱出路を封鎖する形をとり、すべてのマスに爆撃を加え、その予定都市の住民の全員抹殺を図ったのである。そしてこれを一瞬に行なったのが、広島、長崎に対する原爆投下である。

岡田中将はこうしてB29による無差別爆撃の非人道性を、なに臆することなく法廷で堂々と陳述した。そして略式裁判に関しても、あくまでもそれは法律に則ったものであり、逮捕された降下搭乗員のように国際法を破ったのではないと断言した。さらに降下搭乗員はほとんど例外なく複数回、日本本土を無差別爆撃しているから、悪質な累犯犯罪者であり、そのような者を極刑に付すのは法的にもまったく問題ないとしたのである。

さらに岡田中将は、降下搭乗員の処刑は報復かと問われると、

「報復ではない、処罰である」

と断言している。この発言などは、報復目的で軍事法廷を開廷したすべての連合国関係者の心胆を寒からしめたことであろう。

岡田中将に対する主尋問は、四月二十四、二十五日の両日が休廷となったため、この間に中将は手記を書いている。

「私も四日、証人台に奮闘した。多分更に、三~四日は続くでせう。疲れなんか少しも無い。彌々(いよいよ)気力は増し、頭脳も冴えて来る。多分傍(はた)からもわかることと思ふが、私は私の防衛で戦っているのではない。部下の為に、旧日本陸軍の名誉の為に法戦を交えているのです。疲れるわけがない。仏の援兵は無限に私の身辺に殺到して来るのを感ずる。私は訊問に答えている心算(つもり)ではない。法官に教へている心算です。弁解ではない、説明である」

検事側から見れば、これほど始末に悪い被告人はおるまい。岡田中将は日蓮宗の熱烈な信徒であるが、自分が行なっている法戦に「仏の援兵」が無限に殺到していることを心が感得すれば、もはやこの世で恐れるものは何もなくなる。そもそも、何ごとであれ物ごとに怯(おび)え立つ者は武士ではないといわれているが、この凛烈な士魂を血肉としている中将が、さらに仏の援兵を確信すれば、まさに鬼に金棒(かなぼう)というもので、相手を恐れる理由がまったくなくな

る。

それゆえ、訊問に関しても、それに答えているつもりはさらさらなく、逆に法官に教えているつもりだといい、さらには弁解ではなく説明だといい切るのである。これほど強烈な自負心をもって、戦犯裁判にのぞんだ被告人はまずおるまい。検事側も、軍事裁判委員と呼ばれた判事側も、これには度胆を抜かれたに違いない。また岡田中将自身も、それを法廷で実感したらしく、つぎのように手記に記している。

「第二日の終り頃、就中第三日目には委員諸君が十分私の気持を了解し得たものと自ら信じている。其の由の通報も受けた。『此の司令官は全責任を負ふて立っているナ、とわかったらしい』と聞かされた時には、矢張りグッと胸に感情が詰った。何の為ともわからない」

ここに「何の為ともわからない」とあるが、孤立無援ともいえる法廷の証言台にひとり立ち、熱誠の限りを尽くす自分を見て、敵ともいえる裁判委員が「此の司令官は全責任を負ふて立っているナ」と心底思っていたなら、それはまたそれで男冥利に尽きるというもので、それを直感した岡田中将の士魂がただちに反応して、「胸に感情が詰った」のであろう。実にこういう感動のために死ねる者を日本男子という。そして中将は、さらにこう続ける。

「控室に帰ると部下の青年五、六名が、私の身体に触りついて手や肩や頭を按摩する。人の眼は様々な光を湛えて吾人を見る。が何と考えて呉れるか、夫れはどうでもよい。我等は日本陸軍の純愛を期せずして展開しただけの事である」

「日本陸軍の純愛」とは、何と岡田中将に似つかわしい言葉であることか。部下を愛し、日本の青年を愛し、さらには日本という国を何よりも愛する純粋な心が、中将にこの言葉をいわせたのであろう。中将にとって法戦とは、この純愛を守ることにほかならなかったのである。

(9) 日本陸軍中将として最後の光芒を放ち得た

岡田中将はまた手記に、法戦中の心懐をつぎのように綴っている。

「心配もない、慾もない。恐れも感じない。法廷の論戦は寧ろ愉快をすら感じる。気迫は検事君なんか圧倒しつくして居るつもりだ。でも、軽妙に蹴飛ばすのみが、能ではない。是非是非、東海日本陸軍の真相を了解せしめずばならぬ」

岡田中将の望みは裁判で無罪を勝ち取るなどという小乗的なことではなく、もっと大乗的に日本陸軍の名誉を挽回することであり、それが引いては日本という国家の自主独立の尊厳にもつながるという不動の信念が、法廷での堂々たる態度を支えたのである。それゆえ中将は、

「雑念のある人や、勇気の不足した人には、私の法廷弁論を危険だと思ふだらう。本人は平気である」

とも記す。損得勘定で世の中を割り切る者は、正義よりも損得を優先する。たとえば裁判でも自分の罪を軽くするためには、平気で嘘もいえば、人も売る。いわば男が男らしく生きるために何よりも必要な清節というものを自ら放棄してしまうのである。いくら時代が変わ

ろうとも、万世に易らざるものは、その時代その時代に節を守り、義を貫いた男の名である。

岡田中将もそれを知るゆえ、戦犯裁判という圧倒的に不利な状況の中で、あえて正義という火中の栗を拾おうとしたのである。それゆえ中将は裂帛の気合いをこめてこう記す。

「私は必ず法戦に勝って見せる。判決は御勝手にだ。之は米軍にも都合のあること故」

中将にとって、法戦に勝つことと、死刑を宣告されることはまったく別物であった。もし無罪を宣告されても、法戦に勝てなければ、中将にとってはこの裁判自体が無意味なものとなってしまう。逆に法戦に勝てさえすれば、死刑になろうと、無罪になろうと、中将にとってはどちらでもよいことであった。男は起つべき時に起ち、死ぬべき時に死ぬことができればそれでよし、と中将は信念している。生命の長短など、真男子にとってはどちらでもよく、その男性的な潔い覚悟が、「判決は御勝手にだ」という壮烈な言葉となって口をついて出たのである。そして中将は、

「問答の合間々々に、上面の星条旗を見つめる。そしてその背景の白壁を眺めて居ると、心の影が、文字となって浮び上る」

と記して、つぎの五つの短文をあげている。

「○すべての執着を排除すれば、私が知慧は自在也。
○身心の精力は仏の賜、供給は無限也。
○菩薩は難問答に巧也。
○敵もなし味方もなく、只慈悲を以て。

○法戦は身の防衛に非ず。部下の為也。軍の最後を飾らん為也」

このうち前四項は信心に関わるものであり、法華経への深い信仰心というのは、第二項にあるように岡田中将に無限のパワーを与えたのであろう。しかも「すべての執着を排除すれば」としているが、人間の執着の中でもっとも強い生への執着を排除していることに、岡田中将の法戦に対する強い意志が察せられる。ともあれ、星条旗の「背景の白壁を眺めて居ると、心の影が、文字となって浮び上る」という文章に、中将の飽くなき闘争心を感得できよう。

そして仏の教えの窮極は「一切衆生の為」にということであるが、それを中将は、「部下の為」にとし、さらに「軍の最後を飾らん為」にとすることによって、法戦に対する不動の信念を改めて確立したのである。真の信仰心がある者は、自分の為には死ぬことができないが、自分以外の人の為には迷わずに死ぬことができるという。あるいは岡田中将は、この法戦を日蓮宗の教祖である日蓮のいう法難として受け止め、その法難に全力をもって立ち向かうことを、今生に残された唯一最大の任務と思いきわめていたのかも知れない。

そしてすべての陳述を終えた岡田中将は、五月十二日、法悦ともいえる一種の満足感をもって、手記にこう綴る。

「予の証言台八日間、日本陸軍中将として最後の光芒を放ち得た事を神仏に感謝する。

法戦は存分に戦って聊かの遺憾もない。気分は徹頭徹尾乱れた事なく、透徹に終始し得た。答に窮した事なんか一度もなかった。只だ口を衝いて出る皮肉の始末に困っただけだ」

ＢＣ級戦犯容疑者は五千人を超えるが、これほど余裕をもって被告席についた者もおるまい。「判決は御勝手にだ」と断言するのであるから、中将にとってこれは裁判というよりも、日蓮がかつて鎌倉の辻々で行なったという「辻説法」の如きものだったのであろう。しかも気分はつねに透徹していたという。おそらく「日本陸軍中将として最後の光芒を放ち得た」岡田中将の心懐は、まさに明鏡止水の境にあったのであろう。それゆえ手記にもこう記している。

「最後に、執拗極まる敵ではあるが、人格者のバーネット検事が『東海組は罰するに忍びない。然しこれも致し方がない』と漏したのを伝へ聞いた。夫れだけで結構だ。吾人は敗戦の軍司令官並びに其の部下である」

法廷でいく度もやり合ったバーネット検事の東海軍関係の被告人に対する秘めた賛辞を聞いた岡田中将は「夫れだけで結構だ」と綴っているが、この短い言葉の中に法戦に勝利したと確信する中将の喜びを感得できよう。

さらに中将は、

「巣鴨の人々は、皆或る満たされない心の持主だ。未決の人達は我等の奮闘を伝へ聞いて、多大の感激に沸いたのは無理もない」

として、つぎのように記している。

「左記はA級容疑石原広一郎氏の託送してくれた所懐である。

『法廷に於ける貴一統の上下一致の敢闘振り、特に貴台の捨身は無限の威力となり、遂に満廷を呑み、正義人道の勝利の模様、田村君（元東海軍航空参謀）より承知す。実に良くやってくれた。必ずや日本再建の上に世界人類の為に何かの姿として現はるべし。兎に角、横浜法廷を通じ、日本人の真の姿、真の面目は貴台により発揮せらる。今日、痛快に堪へず』

予は只だ予の欲するがままを、断行せしのみ、当然の義務をつくせしのみ、讃辞は当らんと思ふが、淋しき友の歓呼を微笑もて受けたい」

岡田中将の精神のたたずまいの宜しさというものが、この文章からも容易に感得できよう。すでに生死のことを超克してあらゆる煩悩から離れた者のみが、こういう澄明な文章を書けるのである。

⑽　古来征戦幾人か回る

東海軍関係の公判は、昭和二十三年五月十四日をもって結審となった。三月八日の開始以来、六十八日目のことであった。そして同月十九日、横浜軍事法廷は岡田中将に絞首刑の判決を下した。残りの十九名には一人として死刑の判決は下されなかった。

この七ヵ月あまり後に判決が下された西部軍関係は、「私は何も知らない、すべて部下の責任である」と主張しつづけた軍司令官以下、九名の死刑囚を出した。指揮官の人間としての器量の差が、このような結果を生んだことは明白である。

そして岡田中将は、判決当日の出来事を手記につぎのように記している。

「私は先頭第一に委員席前に呼び出された。右にフェザストン博士、左に沢辺弁護士と併列する。委員長ラップ大佐は厳かな声で『第一起訴項目、有罪。第二項目、同じ。等々』。そして最後に『ハング（絞首刑）』と結んだ。

終始委員の顔を凝視するともなく眺めていたが、宣告の瞬間、心なしか委員等の瞳が動くのを見た。傍聴席から軽いざわめきの起るのを聞いた。前に腰掛けた二世通訳君の緊張、速記嬢の身震いが大きい。通訳の翻訳を始めるまで、私は自らの胸に聞く。嬉しや、異状はない。手先に一寸注意を集めて見る。別に震えていない」

とうに一死を決していた岡田中将にとって、不動心がすなわち平常心だったのであろう。しかもその不動心は法華経の揺るぎない死生観に支えられているから、死刑宣告なども物の数ではなかったのである。

さらに手記はつづく。

「手錠を掛けられて退場した。左右に寄り添ふMP（憲兵）に遮られて、御世話になった弁護士や検事に挨拶の黙礼も出来なかったが、傍聴席にいた妻には出る間際に相当接近し得たので、『本望である』と只だ一言云ふた。それは私には実感であっても、彼女を勇気づけるものではなかったであろう」

勇気づけはしなくても、「本望である」という言葉は軍人の妻の心に深く染みこんだに違いない。これによって、妻の心の負担のいくらかは軽くなったはずである。これが「無念である」などと囁かれては、救われない。不当な裁判で不当な判決を受けても、なお「本望である」と言い切ったところに、この法戦に打ち勝った岡田中将の烈々たる武魂を読み取るべきであろう。

そして仏教でいう「安心立命」の境地に立った中将は、さらにこう書き継ぐ。

「私の身辺からは眼鏡・鉛筆等を取り上げられて、準備された別室に禁錮せられた。一物も無いコンクリート部屋だ。高窓が只一つ中庭に向って開いている。それから見える視界の三分の一は、大煙突で邪魔されているが、和やかな初夏の青空を心ゆく迄眺めるには十分なものであった。

真綿をちぎったような白雲が右から左へ、一片又一片、悠々と浮んで行く。このような落着いた気持は敗戦後初めてである。静かに合掌して長い軍職の最後の幕を、恥も尠く引く事を得させて頂いた事を感謝した。私の気持はすっかりあの白雲に没入した。そして何んとなく詩吟でもして見度くなった」

そこで岡田中将の口ずさんだのが、王翰のつぎの詩であった。

葡萄の美酒　夜光の杯
飲まんと欲すれば琵琶馬上に催す
酔うて沙場に臥す　君笑ふこと莫かれ
古来征戦幾人か回る

この詩は日本軍人に非常に愛唱された詩であるが、結句の「古来征戦幾人か回る」の一節を岡田中将は万感の思いをこめて、吟じたことであろう。この法戦によって自分の死は決したが、死より重大なものを確かに我が手につかんだという充実感が中将の胸を満たしていたに違いない。そして手記はさらにこう続く。

「厚い壁への反響は我が声を美化した。低唱すること二度又三度。白雲は微笑んで呉れる。真にこれ一如の境地。

その時、隣室に今一人入った事を感じたので、大いに心配を始めたが、大西高級参謀の無期重労働なる事を知ってから、いよいよ安心した。他は問題ではないからである」

「一如の境地」とはいわゆる「死生一如の境地」で、この瞬間すでに岡田中将は死も生もない世界へ足を踏み込んでいたのである。しかも東海軍関係の被告ではナンバー2の立場にあった高級参謀の大西一大佐が死刑を免れて無期重労働の刑に処された。ということは、他の十八名の部下たちはそれ以上の刑にはならないということであり、改めて岡田中将は自分の死が十九名の部下を救ったことを実感したのである。

そして東海軍関係の被告人二十人すべてに判決が言い渡された後、彼らはふたたび巣鴨拘置所に移送された。拘置所では死刑囚は他の無期刑、有期刑の囚人とは隔離されるので、岡田中将はここで皆と別れることになる。

「巣鴨には裏門から帰った。二十米程歩んだ所でそれこそ私は左、一同は右と別れねばならない。旧東海軍司令部も愈々これで真に解散である。『御苦労様だ。私の代りに若い諸君よ、元気に新時代に尽くせよ。ではさようなら』。ほんとうに左様ならだ」

そして岡田中将は、部下との別れの場面をつぎのように感動的に描いている。

「私は桜の若葉を背にして、固い手錠の指を組む。十九名の若い頭は脱帽して、二度、三度下げている。私が第五棟（死刑囚棟）の左の鉄扉に吸い込まれんとする時、遙か右手のコンクリート路上に、まだ名残りを惜しむ一団が、歩を止め、頭を起伏させていた」

法戦を戦い終えた岡田中将は、この日から翌二十四年九月十七日に刑を執行されるまでこの拘置所で暮らすことになるのだが、ここでもまた多くの人々から敬仰される生きざまを示すことになる。

⑾　閣下は、正に巣鴨死刑囚の信仰と志気の中心でありました

岡田中将は法廷で勇敢に法戦を展開したばかりでなく、巣鴨拘置所内でもその態度がもっとも立派な人物の一人として、多くの人々から敬仰された。

特に死刑が決定してからの中将は、法華経の研究と若い死刑囚に死生観を説く教誨師的活動に力を入れ、法華経研究の合間をぬって、できるだけ多くの青年死刑囚を精神的に救おうと、法華経の教義をわかり易く説いた。当時、死刑因は八十八人いたが、その三分の一の三十人ほどが中将の仏弟子となった。

また当時、巣鴨拘置所には正式な教誨師として有名な花山信勝がいたのだが、彼の説く教えは自らの罪を認めたうえで、ただ仏の慈悲にすがって南無阿弥陀仏を唱えればあの世へ行けるというもので、他力本願のきわめて受け身な教えであった。ところが、死刑囚の中には自分は絶対無実であると確信し、己れの罪を認めたうえでの成仏などまっぴら御免という荒ぶる魂を持つ死刑囚が少なからずおり、彼らは壮快に法戦を戦いぬいた岡田中将を死生をきわめるための師としたのである。

たとえば中将は拘置所での日々を、遺稿の『毒箭』の自序につぎのように記している。日付は昭和二十四年の七月二十日である。

「昨昭和二十三年五月、この特設房（戦犯死刑棟）の住人となって以来、仏教に関する多少の素養を基として、これこそ絶好の機会であると修業に努めて見た。そして当時の八十余人の同村青年の苦悩を見ては、彼れ此れ理屈を考えている暇も無かった。時には一日午前、午後、夕と二時間宛の相互訪問を許される日もあった。そんな日には、終日話し続けてふらふらになった事もあった」

岡田中将は法廷での法戦を終えたのちに、今度は青年死刑囚の苦悩する心を救おうとする新たなる法戦を開始したのである。

「私は青年を愛し、そして青年に愛されて来た。此の棟に来てからも、常に過半数の青年を同行して、仏道に精進し、法悦を頒ち合っている。我が業力は、既に数十万の青年の体内に飛び込んでいると確信する。ここに此の肉身に別れを告げるとも、その業は愛する諸君の身体を拝借して、依然民族同胞の為に働かせて貰います。でも心配して呉れるな。よもや悪い方向や、つまらぬ事に諸君を誘惑する事はあるまいと自負するから」

死刑囚の場合、その執行がいつ来るか誰にもわからない。それゆえ岡田中将は一日一日を精一杯に生きることが大切であるとして己れを厳しく律すると同時に、青年死刑囚の教誨に全力を尽くしたのである。

たとえば西部軍にいた冬至堅太郎中尉は、戦犯裁判で死刑を宣告されて巣鴨拘置所に入所したのだが、ここで岡田中将の高邁な人格にふれ、その仏弟子となった。そして冬至は中将の刑が執行された直後、中将の娘で藤本正雄少佐に嫁いだ達子夫人に、こういう手紙を送っている。

「奥様、私は岡田閣下の弟子の一人です。奇しき仏縁によって閣下の教へを受けますこと八ヶ月余り。私は生れて始めてマコトの道を知ることが出来ました。私の過去三十余年の人生も、又失はれるであろう幾十年の人生も、共に此の八ヶ月に圧縮され、全く光と感激に充ちた月日でありました」

冬至中尉は岡田中将に師事した八ヵ月間を、「全く光と感激に充ちた月日」とまでいう。このような言葉は、相手をよほど敬仰しなければ吐ける言葉ではない。そして冬至中尉はこうつづける。

「去年の暮、楢崎（正彦、西部軍の同僚）と共に絞首刑の判決を受けました帰りの護送車の中で『岡田閣下に今日から教へて頂こうや』『よかろう』と相談しまして巣鴨に着きますと、其の夜、早速閣下の所へ押し掛けました。閣下とは初対面でありましたが、丸で自分の子供のように親しく話し掛けて下さいました。

それから暫くは、毎日私たちを呼んで、み仏の教へを説いて下さいました。私たちには最初から仏教哲学の講義でありましたが、私たちより先に此処に来ている人達の中には、小学校にも行かなかった人があり、閣下は其の人達にも全く同じ熱心さと愛情で説かれるのです」

岡田中将の人格が彷彿とする文章である。仏の前では人間に上下の差別は一切ないというのが中将の信念であり、軍隊の将官にしてこのような信念を堅持するには、よほど強い意志を持たなければならないということは、言うまでもあるまい。そして冬至中尉は、感激をこめてこう綴る。

「麾下三十万の東海方面軍を指揮統率された閣下が、この素朴な一青年に真心を込めて説いておられるのを傍で見ていて、私は涙が出て仕方がありませんでした。閣下は如何なる相手にも全力と全愛とを以て接せられたのです」

このような人格者に死刑を宣告するのであるから、戦争裁判の本質が正義よりも報復にあることは誰の目にも明らかであろう。そして岡田中将の法戦がまだ続いていることを、冬至中尉はこう表現する。

「私たちは、閣下に師事する幸せを何度語り合ったことでせう。数十人の弟子を替る替る呼んでは仏の教へを授けられ、又、ともすれば滅入り勝な死刑囚の心を励まされ、個人的な悩みに就いては、心から相談相手になって下さるのでした。閣下は、正に巣鴨死刑囚の信仰と志気の中心でありました。

拘置所当局でもその事はよく承知しておりまして、係りの将校は事毎に閣下に相談し、閣下の要求は万難を排して容れて呉れるのでした。閣下は私たち一同の為には、時には米兵を叱咤され、時には将校を呼んで待遇の改善を要求されました。丸で私たちは岡田閣下の翅の下にはぐくまれている雛どりのようなものでした」

拘置所生活も岡田中将にとっては法戦であったという意味がこれでよく理解できよう。岡田中将という人物は、徹底的に利己を否定し、逆に徹底的に利他を実践する、まさに清僧の如き軍人だったのである。そして冬至中尉は、岡田中将との永別の時をこう描いている。

「『君達は来なさんな』の一言を残して刑場に向われる閣下はホンノリと紅らんで、丸で内部から光を発しているようでした。静かな微笑は無限の慈悲の表情でした。私はもはや、元東海軍司令官も、岡田資と云う人も感ぜず、仏を全身的に感じました。此の実感はその後、総ての人が抱いたことを知って驚き、又喜びました」

死んで仏に成ることを成仏というが、岡田中将の仏弟子にとって、中将は生きながらの仏であったのであろう。それゆえ冬至中尉は、最後にこう綴る。

「奥様、閣下は死んで居られません。私達の中に生きておられます。私達が死んでも、必ず家族に伝わってその中に生きておられます。閣下は、正に永遠の生命に還られたのです。今迄閣下から説かれたこの事が、閣下によって実感することが出来ました。閣下は身を以て示されました。何と有難いことでせう」

たとえ想い出であるにせよ、人の心の中にこれだけくっきりと生きた証を刻みこめたなら、その生涯は十分に意義あるものであったといわなければならない。岡田中将は無私の精神の美しさ、無償の奉仕の尊さを、第二の法戦を通して多くの人々に教えつつ、この世に別れを告げたことになる。

(12) 日本軍人らしく終始したい

戦犯裁判には、いわゆる再審はないのだが、減刑歎願書を出すことによって罪が軽減されることがある。そのため岡田中将も、軍律会議は統帥権に属する事項であるから、部下には一切罪はないという姿勢を堅持し、拘置所長を通じて大西大佐以下十九名の罪の軽減を歎願しつづけた。これも岡田中将にとっては一種の法戦であることには間違いない。

ところがそうこうしているうちに、中将自身への減刑歎願が相ついだ。主なところでは、皇族の秩父宮に東久邇宮、不起訴となった笹川良一らA級戦犯関係、あるいは日蓮宗関係、さらには中将に心服していた東海地方の仁侠道の身内等々の歎願書がGHQに集まった。また外国人関係では、主任弁護人であったフェザーストン博士はともかく、バーネット検事や裁判委員（判事）のカンライト少佐とトラシイ少佐が署名に名を連ねているのも奇観であった。

しかし、岡田中将自身は減刑歎願をよしとはしなかった。中将は家族宛に出した昭和二十三年五月二十七日付の手紙にこう記している。

「歎願書のお話、人々の御厚意は有難く頂戴します。然し私としても唯々神の前に公正に裁判されること、不備な公法をこの機会に軌道に載せること、両民族の感情が腹の底から清算されることを望むので、個人に情けを掛けられることは良くないと思ってゐます。日本軍人らしく、日本軍隊らしく終始せるこそ毎日の祈りであり、誓いである」

見事な覚悟といえよう。法戦には勝ったのだから刑には潔く服そう、というのが岡田中将の軍人美学であり、中将はあくまでも日本軍人の誇りとともに死を迎えたいと思い極めていたのである。

しかも岡田中将を喜ばせる出来事が一つあった。米第八軍の法務官の一人が岡田中将は終身刑が相当なりと答申し、ＧＨＱの四人の法務官が絞首刑という加辱刑に反対して、真正な軍人である岡田中将には戦死と同様の意味を持つ銃殺刑こそがふさわしいと答申したのである。敵であった軍人からこう評価されることは、まさに武人の本懐であり、岡田中将はここで改めて、法戦に勝ったことを実感したに違いない。

そして岡田中将は処刑前日、晴れ晴れとした気持で笹川良一に一書を送っている。

「此れが絶筆となりました。今夜半を静かに待機する身となりました。私としては覚悟の事が予定通り来たのに過ぎませんが、後の青年達に与へる精神的打撃が小さくないと思ひ、それが気になります」

岡田中将がつねに気にかけるのは、日本の未来と若い世代の成長であり、青年の力なくしては日本の発展はないと見きわめ、どんな状況下にあっても若い後輩を愛し、その将来に期待した。この真摯な思いが、中将の思念と行動をいっそう清冽なものにしたともいえる。

そして手紙はこうつづく。

「国敗れて、徒らに将領の生き伸びる事のつらさは、是で解消します。人生の最後に、多少の光芒を曳き、次代の青年を多少とも照すよすがともなれば幸甚です。

私は今生は終っても、仏の御受用を信ずる限り、又々此の世に働き続けます。況んや数十万の青年に飛び込んだ私の業力は、活発に働いて居ります」

岡田中将は青年の力を信じており、その力によって日本が再生することを信じている。そして「次代の青年を多少とも照すよすがともなれば幸甚です」と断言する。ある意味でそれは新日本建設の基盤ともなる大事業であり、自分の死がその礎石となるなら、その死も決して意味なしとせずというのが、中将の変わらぬ信条といえる。これは武士道にいう捨て石の精神であり、岡田中将は最後の最後まで、その烈々たる武魂を失わなかったことが、この手紙からもよくわかる。

ことに「数十万の青年に飛び込んだ私の業力は、活発に働いて居ります」と確信している点に、中将の己れの生きざまに対する揺るぎない自信を感得できる。見事の一語に尽きるといえよう。

およそ岡田中将と親しく接した者はみな、その清節に心服するという。米軍の法務官が中将の減刑歎願書に署名したことなどは、それを立証した出来事といえよう。

なお、花山信勝に代わって巣鴨拘置所の教誨師となった田島隆純は、自著『わがいのち果てる日に』の中で、岡田中将についてつぎのように記している。

――元陸軍中将岡田資氏（六十歳）は単に巣鴨死刑囚棟での異彩ある存在だったばかりでなく、今次大戦の落し子たる所謂戦犯者の中でも、これ程の人物は珍しかったに相違ない。東海軍司令官として敵飛行士の処刑の責を一身に背負った氏は、十九名の旧部下を率いて立った横浜第八軍法廷を、軍人生活最後の死場所と定め、自らこれを『法戦』と名づけていた。

――古来、武士は起たねばならぬ時に起ち、死ぬべき時に死ぬとされているが、岡田中将はまさに敗戦によって日本軍人の誇りが失われようとしたときに起ちあがり、堂々と法戦を戦い抜いて日本軍人の誇りを守り、その栄光の中で潔く死んでいった。まさしく日本軍人の亀鑑という以外ない。

⒀　十二分に義務を尽し、十分楽しくお暮しなさい

不屈の智将・岡田資はまた大変に家族思いの人間であり、家族もまた岡田中将を愛していた。岡田中将には二人の子供があり、大正八年生まれの長女・達子（たつこ）が第六航空軍参謀の藤本正雄少佐に嫁いだことはすでに書いた。もう一人の子で大正十二年生まれの陽（あきら）は、玉川学園の総長・小原国芳の次女・純子と結婚したが、その結婚は昭和二十三年の天皇誕生日、すなわち四月二十九日に行なわれている。要するに、岡田中将の公判の真っ最中に陽と純子は結婚したのである。この年、中将五十九歳、陽二十五歳、純子二十歳であった。

公判中ということもあって、これは少し奇異の感があるが、このとき家族は裁判に中将が勝とうが負けようが、一死を決していることを知らされていた。そのため、結婚した若い二人の姿を傍聴席に見せて、中将を安心させてやりたいというのが、家族に共通した思いであった。

そして中将も、手記「法戦の合間に」で家族への思いをこう記している。まず妻の温子(はるこ)へ。

「温子、連日法廷の傍聴、御苦労である。話すことは規定が許さんが、私にはそなたの顔の表情の変化を見れば、其の意味は十分に通ずる。笑(えみ)を交換する丈(だけ)で結構々々。純子さんの御手紙にも、同じ意味のことを書いてあった。それでよい筈(はず)」

親しき仲は以心伝心といわれるが、肉親ともなれば、言わず語らずのうちに相手の心を察することができる。ことに岡田中将は裁判のいかんを問わず一死を決しているから、妻や子の笑顔を見ることが、何よりの慰めとなり、安らぎとなったのである。そして若い二人には、

「陽よ、純嬢よ、先以て(まずもって)縁あって二人の人生必須の同伴者と相成った事を祝福します」

とまず記して、こう書き継ぐ。

「神仏のお定めの此の縁を感謝尊重しなさい。そなた二人、我等二人、小原先生御夫妻、さては今法廷にいかめしく坐して居る米軍の面々といへども、其の本体は神の愛、仏の慈心のほか何者でもありません。一切平等のものです」

岡田中将は人間の本性を善と見る。誰の心にも「神の愛」が宿り、「仏の慈心」が備わっているから、本来的に人間というものは平等であると岡田中将は信念している。しかし一切が平等であるというのは、あくまでも一種の哲学的観念であり、現実の人間には個性というものがあり、それはまさしく千差万別であり、その個性を正しく伸ばすことが社会の健全な発展につながると、中将は確信し、さらにこう記す。

「陽の顔、身体、仕事上の活動振り、さては音声等々、私自身を鏡面を見詰めてゐる様な錯

覚に捉はれる。一人で微笑が洩れる。母もそんな気がすると思ふ。之から無限の供給を受け得るといふと陽よ。両親以外、否もろともの大生命に根拠を持ち、之から無限の供給を受け得る—修めて波長が合ふならば—そなたである。両親の既成枠内に拘束さるべきではない」

玉も磨かなければ光らないといわれるが、人の心もまったく同じで、人間は様々な経験を通して個性が磨かれてゆく。当然その間には、また様々の艱難をなめなければならず、その艱難がまた人間を成長させてゆくというのが、岡田中将の揺るがぬ信念であり、法廷で中将が毅然たる態度を取りつづけたのも、その不動の信念を家族にも見てもらいたかったためである。

節を曲げないというところに人間の生きざまの美しさがあり、そのためには個性を磨き、自我の確立を図ることが不可欠となる。中将が陽に、「両親の既成枠内に拘束さるべきではない」といったのもそのためである。

そして中将は、ふたたび妻にこう語りかける。

「温子よ、時代観念の差のある思想で、飽く迄も子供夫婦を制御しようとするのは、誤りですが、深い慈愛の中に、あくまで子供夫婦を守って行かうとするのは正しいのです。老いては子に従へ、なんて思想は正しいとは思はん。大愛の前に、従ふとか従へるとか云ふ事は超越すべきだと思ひます」

岡田中将の愛はまさにこの「大愛」であり、わが子を愛する心は部下の青年を愛する心につながり、さらにそれは愛する人々が生まれ育った祖国日本を愛する大きな愛へと結びついてゆく。

また翌年四月には、岡田中将は陽と純子宛に遺書ともいえる一書を認めている。そこにはまず、「御縁があって人生の好伴侶となったのです。真に似合ひらしい。十二分に義務を尽し、十分楽しくお暮しなさい」

と記されて、さらにこう続く。

「陽の結婚前夜に私に書いた手紙を見て、成人して呉れた、安心だと思った。其の後の玉川学園での活躍振り（教育活動）も大いに私を喜ばしめる。陽は幸な事だ。速かに彼の人生の目的を発見し、且今や其の途を歩んで居るなと思ふ。だが肉体の力には限度がある。肥えない、風邪にかゝり易い。純子も気を付けておやり。私としては顔見る度に云ふのも却って面白くないので、近来は一切言はないが、心には常に健康であれと念じて居る」

この文章が単に父から子へ送った手紙の一節であるなら、それほど感動を呼ぶ文章ではない。だが、岡田中将がこの文章を書いた時期は、明日にも死刑が執行されるかも知れないという、命ぎりぎりのところで綴られた文章なのである。それを思えば、この文章につづくつぎの一節などは、きわめて胸を打つ内容であることがわかる。

「土に親しめよ。禅せよ。実はそれにも増して、正しい宗教を把握してほしい。言はずとも私を見れば仏心は躍り出す事必定ならんと思ひ、口には出さぬ。機を待つ。温子母を大切にせよ」

明日にも死にゆく身であればこそ、生あるかぎりは我が子を善導したい、ここに岡田中将の我が子に対する大いなる愛を見ることができるし、末尾の「温子母を大切にせよ」という一文に、妻に対する深い愛を見ることができるのである。

⒁ こんな世に、葬式法要一切不要です

岡田中将は死刑執行前日の昭和二十四年九月十六日、家族宛に遺書を認めている。長男の陽とその嫁・純子宛の遺書はすでに四月に認めていたので、宛名は母上、温子（妻）、正雄（長女の夫）、達子（長女）、博子（孫）となっている。

この遺書には岡田中将の家族愛が色濃く出ており、ことに妻・温子への深い愛には強く胸打たれるものがある。字数も妻宛の分がもっとも多い。そこで個別に紹介すると、まず母宛。

「年寄の母に今更心配掛けて済みません。朝夕御曼荼羅に対して祈念なさる時、私は必ずその座に入れてもらって居るでせう」

母宛の遺言はこれだけであるが、信仰心の厚い母は朝夕、曼荼羅に祈念するとき、そこに大切な息子の姿を思い浮かべたに違いない。

つぎに長女の夫である藤本正雄少佐にはこう言い残す。

「正雄君には御縁あって家族がとんでもない御厄介を掛けたね。特に法廷関係では一方ならぬ御尽力で、私も御礼の言葉もないです。今後共に何卒後を宜敷く御頼み申します。此の世の法位を去る私の任務は、仏の御手にあるのですが、少くも私の業力は、不及乍ら君のお手伝ひは、出来ると思ひます」

藤本少佐は、岡田中将が歩兵第八十連隊長時代に、その中隊付や連隊旗手を勤め、約一年間、中将のもとで働き、それが縁となって後に中将の娘・達子と結婚したのだが、戦後、少佐は「岡田資少将を偲ぶ」という小冊子を出し、そのあと書きに当たる部分で、

「敗戦という最も悲惨な状況下に、官職・階級をはぎ取られて囚衣を着ていても、やはり将帥の貫禄十分であった岡田資中将は、確かにりっぱな人であったことを痛感いたすものであります」

と記している。藤本少佐の岡田中将に対する尊敬の念は、この一文からも十二分に察せられよう。ついでに少佐の嫁となった長女の達子と、その子で中将にとっては孫に当たる博子宛。

「達子よ。よい夫君を持ち、待望の愛児も授かり、此処暫くの浮世の荒波を凌げば、又楽しい日が来るでせう。けれども精神界には、今の直ぐでも航海日和は得られます。工夫して御覧よ。

博子ちゃんの成長振りを欲を言へば、今一度見度かった。苦難の雰囲気の裡に、両親や婆ちゃんの純愛に包まれて育つそなたは、必ず立派な此の世の位に就けるでせう。御写真は皆記録の内裏に貼り付け、毎日微笑もて御話して居たのだよ」

男親にとって娘ほど可愛いものはなく、その娘の生んだ女の子となれば、それこそ目の中に入れても痛くない存在といえる。この文章からも娘と孫に対する中将の深い愛情が感得できよう。

ことに「此処暫くの浮世の荒波を凌げば、又楽しい日が来るでせう」という娘への言葉や、「両親や婆ちゃんの純愛に包まれて育つそなたは、必ず立派な此の世の位に就けるでせう」という孫への言葉は、つねに前向きに生きて来た岡田中将の明るく積極的な性格を率直に吐露したものであり、夢と希望をもって生きることの大切さを、ここで中将は改めて特記し、娘と孫の生きる支えとなさしめたのである。

未来に向かって夢と希望をもって、今日という日を精一杯に生きてゆく。中将にとってそれが何よりも大切なことであり、うわべを飾り立てることに中将は何らの意義も認めない。それゆえこうも記している。

「私は戒名なんて不要です。仏縁により今生を得て、働かせて貰った。其の俗名こそ懐しけれ。何々院殿ではやり切れない。子供達もあれでは遠からず忘れるでせう。髪とか爪とか私は残す必要は認めません。私の手紙でも、何んでも、私の精神を宿す事に於ては同じです。

こんな世に、特に葬式法要一切不要です。お曼荼羅の前に、写真や俗名を並べて呉れたら、夫れで結構です。私はとくに仏の御受容を信念として居る身です。仏を離れて私は在りませぬ。此の世に御都合なところに、私は又法位を頂戴して働きます」

物ごとの真実を追い求めた岡田中将が、うわべばかりの戒名や葬式を否定するのも当然のことであり、こういう真実一路の道を歩めば、世の毀誉褒貶などはまったく埒外のこととなる。中将の求めたのは永遠の生命であり、その生命を得ることにより、仏縁で結ばれた人々を守り得ると中将は信じた。それゆえこう記す。

「私の生命は真に久遠です。業は正に不滅であり、又少々思索が六ケ敷いかも知らぬが、小なる自我を去れば、我は大我である。すべてと一体である。即ち之亦永遠である」

前述した「大愛」もこの原理から導き出されるものであり、いってみれば大愛とは永遠の愛、無限の愛という意味である。生きとし生ける者すべてに永遠の愛、無限の愛を捧げる。それが法華経から得た岡田中将の人生哲学の根本であり、そこからつぎのような中将独自の信念に満ちた世界観が形成されることになる。

「飽く迄も国家民族の為に、そして無論広く世界民族の為にも、順序は近きよりです。過去に私の愛した数十万の青年の心の内容には、必ず宿って居ます。最愛の家族には云ふ迄もない事です。私の業力の泉は、バックに宇宙の大生命力即ち仏様の力がある限り、有限定量のものではありません」

戦犯裁判の被告席に座った者は、誰もが死の恐怖に少なからず怯えたという。それは小さな自我に捉われていたためであり、岡田中将のように信仰の力によって自我を去って大我を得れば、生死のことに思いわずらうことなく、堂々と法戦を戦い抜くことができる。中将はその実体験から右の文章を残し、「私の愛した数十万の青年」による新日本の建設に未来を託したのである。

⒂　是で所謂有終の美と言へさうです

岡田中将が妻・温子に残した遺言には、哀しいまでに深い愛が満ちみちている。そこでは

まず、死刑執行が翌日になったことを告げ、

「元々覚悟を定めて渦中に飛び込み、すべての人々の御蔭を以て、思ひのまゝに法廷を済ませたのだから夫れでよいのである」

として、こう記す。

「温子よ。短い様で永い、又永い様で短い此の世は、そなたにはえらい御世話になったね。御礼の言葉もないよ。でもね、そなたの誠実と私に対する純愛は、公人としての私を十二分に働かせしめたし、志を得た二人の児として残ったしね。それで一応の満足感を得ておくれ」

この年、岡田中将は六十歳であるが、その歳でここまで率直に妻への感謝の言葉を述べることができるということは、中将の精神がよほど純粋であったことの証明であろう。そして遺書はこうつづく。

「此の度の様な民族国家の大変動に会っては、個人の事なんかとても問題でない。況や敗戦国の将軍では犠牲壇上に登るのが当然です。聊かの恨みもない。出来たら次の大活動をと思うたが、仏の御受用は遂に此の路であった。それを喜んで頂戴しよう」

一軍の将ともなれば非常に大きな権限を持っている。そういう立場にいる者は、戦争に負ければ当然一般将兵とは比較にならぬほど大きな責任を持つ。そしてもしその立場にいる者が己れの責任を敢然ととらなければ国が崩壊するのみならず、民族精神の荒廃を招く。岡田中将はそれを知るからこそ、終戦後は日本陸軍の名誉に賭けて、かの戦争の延長としての法

戦を敢行し、見事にその名誉を回復したわけである。

ただしその代償は中将自身に対する死刑判決であったが、中将はその結果に対して「聊かの恨みもない」と断言する。そして中将は、その判決を「喜んで頂戴しよう」とまでいう。よほど堅牢な軍人魂を保持していたのであろう。

そして中将は、ふたたび妻への感謝を文章にする。

「好きであった（今は少しも慾しくない）酒の為に度々そなたに迷惑を掛けたが、其の他公人生活は御蔭げで寸志を伸べる事が出来た。人生と日本軍の将領としての最後も、是で所謂有終の美と言へさうです。ほんたうにそなたには迷惑を掛けた。余生尚有れば、十二分に老妻をいたはってと想うて居たが、今は私の強い業力思念を以て、御護りする事に致しませう。家族一同も共に、共に」

人生に有終の美を飾ることができれば、それは疑いなく男子の本懐である。しかも岡田中将の場合は、孤立無援ともいえる法戦を展開して日本軍人の名誉を回復した上での有終の美であるから、これに過ぎる本懐はない。

そして中将は揺るぎない信仰を持つゆえ、たとえその身は滅びても、「強い業力思念」をもって、家族全員を守ると言い切る。

「私の業は何も血縁丈に伝はるのではない。正雄君のからだも拝借して居ます。故に温子よ、淋しがらないで、そなたの身にも外の家族の身にも孫嬢にさへも、私の内在せる事を確信して下さい」

これはもはや愛の告白といってもよいであろう。妻への愛に家族への愛、さらには行間からは日本民族に対する岡田中将の「大愛」さえも読み取ることができる。逆にこの大愛がなければ、迷うことなく国に殉ずることなど不可能であろう。愛国心というのは非常に純粋なものであり、たとえば人を愛するのに理屈がいらないように、無条件で国を愛する心こそが真の祖国愛といえる。そして岡田中将のような大愛に其つく祖国愛というものは、必然的にその中に郷土愛も家族愛も、そして夫婦愛をも包含するのである。それゆえ岡田中将は、妻・温子にさらにこう告げる。

「そなたは先日の面会日には、三時間も当所に居て、面会時間外に少しでも私の近くに居る気分を味って呉れたとの事、何んと言ふ優しい気持でせう。結構々々、私は誠に有り難い気持で一杯です。それに今日の知らせは無情であったね。でも単なる感情に敗けないで私の以上書いた気持や、平素から書き送って居た事を、よく消化して、強く生きてくれよ。国家民族が弱って居る時だ。根幹の人迄が参ってはならぬ」

岡田中将の人となりの良さは、自分がいかなる逆境にいようとも、つねに明るさを失わずに周囲の人々に感謝の念を捧げると同時に、絶えず彼らを激励するところによく現われている。真正な軍人であるためには、軍人としてという以前に、人間として優れていなければならないということが、岡田中将の行蔵からもよくわかるであろう。そして中将はこうつづける。

「御曼荼羅の前で何時でも私に会へます。此処で青年を教へる事も中止だから、主力を以てそちを御見舞しませう。（中略）そなたも強健でなかったのだから、どうか私の強い業力を支柱にして丈夫になってくれ。私に代り老母を見て頂かなくてはならず、若い夫妻の指導、就中孫嬢には絶対必要なそなたですから」

相思相愛の夫婦というのは、どちらか片方が死去すると、残された者は一気に生きる希望を失うという。それを慮って中将は、「孫嬢には絶対必要なそなたですから」と念を押したのである。温子としても、それが夫の最後の願いとあらば、何はおいてもその仕事に全力をあげなければならない。これも中将の妻に対する愛の表出ということができよう。

そしてこの遺書はつぎの一節で終わっている。

「昨夕当局は食物の特別注文を求めたが、平常通りと云うて置いた。が、実際何か用意してくれつゝある。田島先生も、何か書き遺す様に筆紙を整へて来ませうかと言はれたが、之亦平常通りと御断りした。妙な歌をひねくり廻すのも好まない。隣に移る様な気で居り度い」

大丈夫の心の在り様は「得意泰然、失意平然」といわれているが、岡田中将にあっては不動心が平常心であったといえよう。「花は散り際、武士は死に際」といわれるが、とうに死を超克した中将は、何を怖れることなく、無私、無我の心をもって、最期の時を迎えたに違いない。

⒃ なすことはなし終った

昭和二十四年九月十七日、岡田中将の死刑が執行された。享年六十歳であった。

岡田中将の最後の姿を文章にした日本人が二人いる。一人は巣鴨拘置所第五棟十一号室で岡田中将と同室した西部軍の死刑囚・楢崎正彦で、一人は教誨師の田島隆純師であった。

楢崎は岡田中将の追悼文集「久遠」に、中将との別れの光景をつぎのように記している。九月十五日午後十時、十一号室で中将が横になっていた時のことである。

＊

（前略）玄関が騒がしくなった。足音は数人こちらの方へ近づいたと思ふと、枕許で「岡田」といふ首吊りの声であった。ひょっと瞳をあげると、ガチャ〱と錠が外され、数名の兵隊が立ってゐる。あゝ愈々来たな――岡田さんを見ると、身動きもされず横のまゝ、今一度オカダの声がかゝったので、僕は思はず跳起きて、「岡田さん」と最後の叫びをかけた。するど下から鋭い眼をぎょっと据えて、看守らを見上げてゐられた。そして「よしきたっ」と声と同時にフトンを蹴って起きられた。― wait moment ―暫く待て―とはっきり、然もゆっくりと言はれて服をつけられた。僕は余りの突然に物も言へずたゞ合掌した。すると閣下は口をすゝがれ、再び顔をふかれた右手首にいつもの数珠をかけられて「なすことはなし終った。君らは心配するな。最後迄正法を護念せよ」と言って、かるく頭を撫でて下さった。下駄をとって出ようとされた時、下士官がフトン全部、本も持てと言った。

再び毛布をひろげ、僕のかるい布団と一枚をかへて包み、廊下へ送り出した。思はず自分は「南無妙法蓮華経」と声が咽喉をついて出た。するとあちらこちらの部屋から一度に大きな唱題の声がわきおこった。この時こゝのアダムスという大尉が来てゐて、彼は終始不動の姿勢で見守ってゐた。矢張り将官といふものに対する敬意をもってゐたのである。目の前で手錠をうけられ、一番端の部屋より挨拶をされて廊下をゆかれた。そして階段をおりつつ、閣下の大きなあの美しい唱題が廊下一杯に響き渡り、大扉のしまる迄相呼応して唱題の声がつゞいた。

＊

じつに従容たるものである。アダムス大尉の不動の姿勢と岡田中将の大きな美しい唱題とそれに相和した仏弟子たちの唱題の声がすべてを物語っている。

このあと岡田中将は、旧女囚棟であった通称ブルー・プリズンで一日を過ごすことになるが、田島隆純師もその著『わがいのち果てる日に』で、このときの光景をつぎのように記している。

――昭和二十四年九月十五日の夜十時、執行命令を宣告すべく独房より連れ出しに行った米軍将校の中には、房外に氏の姿の現れるまで終始外で不動の姿勢をとっていた者さえあったという。宣告場に於ても曾ての将軍に相応しく、実に堂々、列席の米軍将校達を威圧する感があった。所長が読んだ宣告文にも軽く頷いたまゝで、「何か食事の希望があるか」との問いにもふだんの食事でよろしい、といっただけであった。――

そして翌十六日、岡田中将はブルー・プリズンの独房で遺書を認め、付き添っていた田島師と懐古談にひたった。その言動は普段とまったく変わらず、六十年の歳月を懐かしむように、いとおしむように雄弁に物語ったという。

処刑は十七日の午前零時半に執行されるのだが、その執行直前である十六日夜の岡田中将の動きを、田島師はつぎのように記している。

＊

最後の晩餐には、氏の殊更の注文はなかったが、御馳走があって、私も御相伴した。初めから瓶に三分の二程残っていた上等の葡萄酒が出たが、誰か厚意ある米軍将校の提供になったのかも知れぬ。「半分は最終の出発のとき飲むのに残して置いてくれ」と看視兵が私に囁いていた。

愈々最後のお勤めの時間となって、私は般若心経を読み、次で「唱題は何回ぐらいやるのですか」と訊ねると「別にきまりはありません」とのことで、それでは七遍と、二人で七回唱えて勤行を終った。その後で先程の葡萄酒をコップに注いであげたが、どうしてか、ちょっと口をつけただけでコップを置いてしまわれた。氏の酒好きは昼間十分に伺っていたので、ちょっと不審を感じたが、すぐ私は薦めるのをやめた。いやしくも軍人たるものの最後に臨み、酔って刑に就くが如きは恥辱である、との気持がはっきり読めたからであった。

このため、予定した二十分が余ってしまったが、岡田さんは自分と向き合った厨子を眺めながら「この阿弥陀さんの光背は少し曲っていますねえ」などと、実にのんびりしたものだった。

＊

真正の軍人は誇りに生き、かつ誇りに死ぬものとされるが、岡田中将が最後の最後までこの誇りを失わなかったことがこの文章からもわかる。

戦犯裁判で岡田中将を死刑とした米軍の検事や判事たちは、岡田中将の死刑執行を聞いて、内心忸怩(じくじ)たる思いがあったであろう。本質的にいえば、人が人を裁く権利など誰にもない。まして正義に名を借りた勝者による敗者に対する報復裁判など、人道にもっとも反するものである。

岡田中将が圧倒的に不利な状況においても、なお敢然と孤立無援の法戦を展開したのは、天下に正義というものの本然の姿を開顕するという意味もあった。そして中将はその法戦に勝った。死刑は望むところであったろう。そして岡田中将は軍人としての誇りの中に死んでいった。日本男子が有終の美を飾るとはこういうことであり、男子の本懐、これに過ぐるものはあるまい。

愛の将軍 安達二十三

(1) 愛情はほのかなるがよし

昭和二十二年九月十日、ラバウルの戦犯収容所で自決した安達二十三中将は、日本の将軍の中でもっとも苛烈なる軍歴を持つ人物の一人といってもよいであろう。

すなわち明治二十三年（一八九〇）に東京で生まれた安達中将は、陸軍教官であった父によって「二十三」と命名された。二十三年生まれだから二十三である。この家は兄弟十三人という大家族で、二十三は五男で、他にも明治十六年生まれが「十六」、十九年生まれが「十九」、三十七年生まれが「三十七」と命名されているから、変わった家族といえば変わった家族といえる。

また父は陸軍教官であるから、決して低所得者ではないが、何といっても十三人の子を養うのは並み大抵のことではなく、二十三は小学校を卒業すると授業料のいらない陸軍幼年学校に入った。これが彼の長い軍人生活のスタートで、それから陸軍士官学校に進み、明治四十三年（一九一〇）に二十歳で卒業すると、誉れ高い近衛歩兵第一連隊付として少尉に任官した。

その後はまさに順風満帆で、二十三歳で中尉、二十九歳で大尉となり、大正十一年（一九二二）、三十二歳で陸軍大学校を卒業し、その翌年から参謀本部付となった。エリート・コースを絵に描いたような出世ぶりである。

当時、このようなコースを歩む軍人は往々にして鼻持ちならぬエリート意識を持ち、下士官兵を牛馬のように見下したのだが、安達にはそういうことはまったくなく、階級がいかにあがろうと、いつも部下将兵の中にとけこんで軍務に精励した。また青年時代から禅宗に帰依し、キリスト教に関しても造詣が深かった。

さらに身を持するに厳しく、四十歳になるまでは酒も煙草もたしなまず、夫人以外の女性には目もくれなかった。そして昭和七年（一九三二）、四十二歳のときの欧州出張以来、外地勤務がつづくのだが、他の上司、同僚が飲食街や軍の慰安所へ行っても、安達自身は決してそういう場所へ足を向けなかった。酒や煙草をはじめたのは、愛する妻子と別れて暮らすさびしさをまぎらわすためで、酒の相手はいつも同僚、部下であり、

「酒は量なし、乱に及ばず」

をモットーとしていた。

またその戦歴は特筆もので、満州事変、上海事変、蒙疆作戦、中原会戦といった大作戦に現地指揮官として参加し、その武名を大いに高めた。

大東亜戦争開戦時は、中将で北支方面軍参謀長であったが、その翌十七年十一月に今村均大将麾下の第八方面軍に第十八軍が編成されると、その軍司令官に任命された。同軍の参謀長は吉原矩少将、高級参謀は青津喜久太郎大佐で、作戦参謀には最後まで安達中将の側にいた田中兼五郎少佐（のちに中佐）等が任命された。

しかし、安達中将が第十八軍の司令官に任命された日は、中将にとってまた痛恨のきわみの日でもあった。その日、最愛の夫人が逝去していたのである。安達中将は昭和七年以来、単身赴任の外地勤務に明け暮れていたが、その間十年余、夫人は四人の子供を抱えて東京で暮らしていた。ところが、長女の洋子が身体が弱くて寝たきりだったため、その看病づかれから夫人も発病し、ついに死に至ったのである。

葬儀は安達中将の帰国を待って、十一月九日に行なわれたが、その日早朝、中将は北支から羽田に到着すると、その足で参謀本部に直行して軍務をすませ、自宅に戻って夫人の亡骸と対面したのは深夜であった。中将はいかなる苦境にあっても、泣きごとは決して口にしない男であったが、このときばかりは、心の中で慟哭したに違いない。

そして夫人の葬儀を終えると、中将は長女洋子が入院している信濃町の慶応病院へ行った。だが洋子の容態もかなり悪く、娘の死期が近いことを悟らざるを得なかった。

その後、中将は、

「愛情はほのかなるがよし」

をモットーとし、よくこの言葉を口にした。それは愛を否定する言葉ではなく、逆に愛の尊さを知ればこそ、その重さをじっと一人で嚙みしめなければならないという自戒の言葉であった。

最前線に立つ軍人の持つべき最大の愛は、戦友愛であり、部下愛である。それゆえ中将は幕僚たちにいつも、

「実情をよく考察し、実情にそぐわぬ命令、過酷な命令を出してはならない。下士官兵といえども、その名誉を傷つけるようなことはひかえねばならない。一兵の士気が全軍を支えるのである」

と諭した。中将ほど戦友愛・部下愛を前面に打ち出して軍を統帥した将軍はいないし、部下の将兵たちもその愛を信じて、中将に己れの運命を託した。中将が「愛の将軍」と呼ばれるゆえんもここにある。

(2) 戦争は一期一会である

昭和十七年十一月に編成された第十八軍の司令官として、安達中将は軍司令部要員に対して、五項目の統率方針を発表した。

一、純正鞏固(きょうこ)な統率
二、鉄石の団結
三、至厳の軍紀
四、旺盛な攻撃精神

五、実情に即応する施策

この方針は「作戦要務令」に即応するものであるが、逐条解説すると、「純正鞏固な統率」は、「作戦要務令」にはこう記されている。

――〔指揮官と軍隊〕指揮官は軍隊指揮の中枢にして又団結の核心なり。故に常時熾烈なる責任観念及鞏固なる意志を以て其の職責を遂行すると共に、高邁なる徳性を備へ、部下と苦楽を倶にし、率先躬行軍隊の儀表として其の尊信を受け、剣電弾雨の間に立ち、勇猛沈著部下をして仰ぎて富嶽の重きを感ぜしめざるべからず。為さざると遅疑するとは指揮官の最も戒むべき所とす。是此の両者の軍隊を危殆に陥らしむること、其の方法を誤るよりも更に甚だしきものなればなり。――

安達中将はことあるごとに、

「はっきりせよ。碁を例にとるなら、だろう手は決して打つな。弱音を吐いちゃならん」

と部下を叱咤激励した。軍人は巧遅よりも拙速を尊ぶ。軍人に何よりも必要なのは行動力であり、それも「熾烈なる責任観念」と「鞏固なる意志」に支えられていなければならないとするのである。

ついで「鉄石の団結」。

――〔協同一致〕協同一致は戦闘の目的を達する為、極めて重要なり。兵種を論ぜず、上下を問はず、戮力協心全軍一体の実を挙げ、始めて戦闘の成果を期し得べく、全般の情勢を考察し、各々其の職責を重んじ、一意任務の遂行に努力するは、即ち協同一致の趣旨に合するものなり。――

戦闘とは、つまるところ個人と個人の決闘的要素もあるが、戦闘に勝利できるか否かは一にかかって団結力にある。そしてこの団結力を支えるのが、戦友愛であり、部下愛であると安達中将は断言する。部下を愛する心がなければ、部下もその上官のために進んで命を捨てようという気にはならない。上官と部下が単なる義務によってではなく、愛によって結ばれているとき、その団結力はきわめて強固なものになるというのが、安達中将の変わらぬ信念である。

つぎに「至厳の軍紀」。

――〔軍紀〕軍紀は軍隊の命脈なり。戦場到る処、境遇を異にし、且諸種の任務を有する全軍をして、上将帥より下一兵に至る迄、脈絡一貫克く一定の方針に従ひ、衆心一致の行動に就かしめ得るもの、即ち軍紀にして、其の弛張は実に軍の運命を左右するものなり。而して軍紀の要素は服従に在り。故に全軍の将兵をして、身命を君国に献げ、至誠上長に服従し、其の命令を確守するを以て、第二の天性と成さしむるを要す。――

軍紀が弛緩した軍が敗れるのは歴史の鉄則である。安達中将の率いた第十八軍は、東部ニューギニアで二年九ヵ月にわたり、圧倒的に優勢な米濠軍に対して激闘につぐ激闘を重ね、隷下将兵約十四万人のうち十一万人が戦死し、戦病・戦傷などで後送された者が約二万人で、終戦時に生き残った者は約一万人であった。

だが、このような地獄の戦場であっても、自決する兵はいても脱走する兵はなく、無念の戦病死を遂げる兵はいても軍紀に背く兵はいなかった。ここまで見事に軍紀が守られたのは、安達中将の愛の統率を、部下将兵のだれもが信じて疑わなかったためである。まさにこれは戦場の奇蹟という以外なく、安達中将の存在なしには考えられない奇蹟といってよいであろう。

つぎに「旺盛な攻撃精神」。

――〔攻撃精神〕軍隊は常に攻撃精神充溢し、志気旺盛ならざるべからず。攻撃精神は忠君愛国の至誠より発する軍人精神の精華にして、鞏固なる軍隊志気の表徴なり。武技之に依りて精を致し、教練之に依りて光を放ち、戦闘之に依りて勝を奏す。蓋し勝敗の数は必ずしも兵力の多寡に依らず。精練にして且攻撃精神に富める軍隊は、克く寡を以て衆を破ることを得るものなればなり。――

攻撃は最大の防御といわれるように、攻撃を重視しない軍隊に勝利の女神は微笑まない。もちろん防御も軽視してはならないが、一軍の士気を涵養するのはまず何はおいても攻撃精神である。安達中将はそれを、

「戦争は一期一会であり、戦争に練習はない。敗けたらそれで一期の終わりと心得べし」

と表現した。戦争が一期一会であるなら、その一期一会に全力を尽くす以外にない。それゆえ安達中将は、部下将兵に烈々たる武魂を発揚させ、この一期一会の戦いに部下将兵を勝たせることをもって、部下統率の至高の姿としたのである。

最後に「実情に即応する施策」。

――〔運用の妙〕戦闘に於ては百事簡単にして且精練なるもの、能く成功を期し得べし。典令は此の趣旨に基き、軍隊訓練上、主要なる原則、法則及制式を示すものにして、之が運用の妙は一に其の人に存す。固より妄りに典則に乖くべからず。又之に拘泥して実効を誤るべからず。宜しく工夫を積み、創意に勉め、以て千差万別の状況に処し、之を活用すべし。

――

幼年学校から士官学校に入り、さらに陸軍大学校にまで進んだエリート軍人は、軍人学校という特殊環境に永年身を置くため、得てして思考の柔軟性を失いやすい。そこで安達中将が軍司令部の要員に固く申しつけたのが、実情に即応する施策を講ぜよということであった。戦争とは頭の中で空想するものではなく、自らの血と汗と涙でやるものだということを、安達中将は満州事変以来の大陸での戦争で骨身に沁みて知っていた。現場を知らなければ戦争などできるものではないと、中将は信念していた。

それゆえ中将は、ニューギニア戦線でも実情の把握を実践躬行した。じつは中将はニューギニアに着いて以来、持病の脱腸が悪化し、ときには歩行さえ困難となっていたのだが、正確な戦況を把握するために、その病身を杖で支えてジャングルに立ち入りもした。戦線の状況を確かめもせず軍命令を出すなど、軍司令官としての良心が許さなかったのである。

普通、十万人を超える大軍団の司令官は、戦場視察など幕僚にまかせてしまうものであるが、安達中将はそういう安易な方法を嫌った。自分の命令一つで十万人を超える軍人が動く。いわば彼らの運命を安達中将は一手に握っているわけであり、十万の大切な命を預かる責任者として、人の命を粗末にする方法を中将は断じて排斥したのである。実践面においても、部下将兵に対してこれほど深い愛を持ちつづけた将軍はほかにいない。

(3) もう泣く人なし

安達中将が第十八軍司令官としてラバウルに到着したのは、昭和十七年十一月二十五日であった。そのときすでに東部ニューギニアのブナ、ギルワ地区では、激しい戦闘が展開されていた。

ソロモン諸島のガダルカナル島の戦いでほぼ勝利を収めていた米軍は、濠軍と共同してつぎの戦略目標をニューギニアの奪還と決め、ダグラス・マッカーサー元帥を総司令官として、米軍四個師団、濠軍二個師団を配備、それに圧倒的な航空勢力を保持した海軍機動部隊を準備して、日本軍の撃滅を策したのである。

一方、安達中将率いる第十八軍の兵力は三個師団にすぎなかったが、いずれも精強をうたわれた師団で、所属将兵たちもガダルカナルの仇を討とうと士気は大いに高まっていた。

しかし、日本軍は重大な問題を見過ごしていた。ニューギニアという島の大きさである。この島の面積は日本全土のほぼ二倍にあたり、東西の長さは北海道の東端から九州の西端までの距離に等しく、道路も海岸線にわずかにあるだけの未開の地であり、全島これジャングルといった島で、風土病であるマラリアが蔓延していた。

そのため、日本軍は作戦開始早々から、弾薬・食糧の不足とマラリアに苦しまなければならなかったのである。この点を第十八軍の作戦参謀であった田中兼五郎中佐は、後年、つぎのように語っている。

「ニューギニア将兵でマラリアにかからなかった者は絶無と言ってよいでしょう。補給難の根源は、航空劣勢による輸送難でありますが、大体ニューギニアに揚陸される補給品、特に食糧が所要の三分の一ぐらいでありました。その揚陸された食糧を岡山や大阪・名古屋等の港から第一線の仙台や東京まで輸送するのが大問題で、第一線は多くの場合、ごく少量の補給しか受けず、文字通り現地の草の根、木の根を食べながら戦ったのであります。後方では現地自活の暇もあったのですが、第一線部隊にはそんな暇は与えられなかったのであります」

この食糧難がいかに凄まじいものであったかは、軍司令官である安達中将の体重が二十貫（約七十五キロ）から戦争末期には十三貫（約四十九キロ）にまで減ってしまった事実がそれを如実に証明する。また、弾薬の補給に関してはまったくお話にならず、米濠軍が千発射つところを日本軍は一発といわれ、最終的に残った弾薬は一銃につき十発程度に過ぎなかった。

昭和十七年から十八年にかけての一年間、ソロモン海域や東部ニューギニアで喪失した日本の戦力は、兵員十三万、軍艦七十隻、輸送船舶百十五隻、航空機八千機に及ぶ。これによって近代戦が物量戦でもあることを、日本軍は骨の髄まで思い知らされたのである。

だが、物量が不足しているからといって戦争を放棄することは許されず、日本軍は物資弾薬の不足を大和魂で戦うほかなかった。その典型が安達中将麾下の第十八軍であり、彼らは昭和十七年十二月に東部ニューギニアに上陸して以来、翌十八年春までブナで戦い、同年六月から九月までラエ、サラモアで死闘し、同年九月から十二月にはフィンシュハーフェンで激闘を重ね、その後、フィニステル山系の攻防戦を展開した。一年間にこれほどの戦闘を繰り返した部隊はほかにない。

しかし、第十八軍の戦いはこれで終わらなかった。翌十九年五月から八月にかけてはアイタペの大会戦を行ない、日本軍はほとんど玉砕寸前まで追いつめられた。しかし、このときは米軍が戦略目標をフィリピンに切り換えたため、第十八軍はかろうじて全滅を免れることができた。

だが、これでも第十八軍の戦いが終わったわけではなく、米軍が転進後は濠州軍と終戦の日まで戦いつづけたのである。その結果、第十八軍の総兵力は当初の十四万人から一万人足らずとなった。これはもはや言語を絶する苦戦、死戦といってよい。硫黄島の戦いで玉砕した日本兵が二万一千ということを考えれば、この東部ニューギニアでいかなる戦闘が展開されたか容易に想像がつくであろう。

当時、日本軍将兵の間では、「ジャワの極楽、ビルマの地獄、死んでも帰れぬニューギニア」といわれたものだが、ニューギニアはまさしく地獄以下の戦場だったのである。

しかも東部ニューギニア戦は、戦闘開始から終戦までの二年九ヵ月間、制海権、制空権は完全に敵のものであり、食糧・弾薬の補給は杜絶し、兵員の補充もなかった。その間、戦死者ばかりでなく、栄養失調とマラリアによる死者も膨大な数となり、第十八軍が終戦まで戦闘行動を維持できたことは世界の戦闘史の奇蹟とまでいわれた。

たとえば、第十八軍の秘匿名称は「猛第七九一〇部隊」であるが、戦争最末期には、第十八軍の生き残り将兵は「猛七九一〇」を、

「もう泣く人なし」

と呼んでいた。作戦参謀の田中中佐は、東部ニューギニア戦を振り返ってこう語っている。

「軍司令官は任務第一主義のもとに、最積極的な作戦を企図され、十八年になってからラエ、サラモアの戦い、フィンシュハーフェンの戦い、フィニステル山系の攻防戦をやり、十九年にはアイタペの会戦を行なって夏に至りました。各師団にとって全く息つくいとまもない戦闘と機動の連続でありました。そのいずれの作戦も壮烈な攻防を織りまぜた勇戦・苦戦の連続でした。関東健児の第五十一師団及び第四十一師団、九州健児の第二十師団の死力を尽くしての戦いでした」

十四万人が一万人に減った激戦の主役は二十代の日本男子であるが、その戦いぶりは見事の一語に尽きよう。祖国を遠く離れた赤道の南の島で、圧倒的に不利な戦況下、孤立無援の戦いを戦い抜いた男たちこそまことの勇士といわなければならないが、彼らの奮戦の精神的支柱となったのが第十八軍司令官安達中将その人なのである。

(4) 猛号作戦断行す

昭和十九年三月下旬、西部ニューギニアを主管とする第二方面軍が新設されてセレベス島

のメナドに軍司令部を置いた。司令官は阿南惟幾大将、参謀長は沼田多稼蔵中将で、安達中将指揮の第十八軍はこの第二方面軍に転属することになった。

しかし四月二十二日、米軍が大挙してアイタペ、ホーランジアに上陸し、その東方に位置する第十八軍はウエワク付近で孤立してしまった。第十八軍としては持久戦に入るという手もあったが、持久戦を維持するに足る食糧がなく、もしこのまま推移すれば、十月までに残存兵力五万四千全員が餓死すると予測された。

そのため安達中将は、餓死などという軍人にあるまじき最期を厭い、アイタペを急襲して、西部ニューギニアで、一大決戦を行なおうとしている阿南大将麾下の第二方面軍を勝利に導こうと決意した。そして安達中将が方面軍司令部にアイタペ攻撃の可否を尋ねると、司令部から、

「東部ニューギニアの要域において持久を策し、全般の作戦遂行を容易ならしめよ。ただし、現に準備中のアイタペ攻撃を中止せよとは言わない」

と命令してきた。これで安達中将もアイタペ攻撃を決定して、この作戦を「猛号作戦」と名づけた。攻撃開始は七月十日とされたが、作戦参謀の田中中佐は、この作戦立案の経緯をつぎのように語っている。

「安達中将としては、この作戦を断行すべきか否かに随分苦慮されたのでありますが、七月初頭、遂に断行の決心をされたのであります。今でも思い出しますが、一晩頼山陽の楠子論の熟読と熟考を重ねられ、楠公湊川出陣の心境に倣うとして、この決心を行なわれたもので

あります」

そして田中中佐は、作戦開始に先立ち安達中将が全軍将兵に行なった訓示の中で使われた「猛号作戦」の名の由来をつぎのように説明した。

「訓示中に猛号作戦とありますのは、アイタペ作戦のことであります。第十八軍司令部は、猛という兵団文字符を与えられておりましたので、軍の総力を挙げるという意味からこのように称することになったものであります。第十八軍将兵も、このような軍司令官の気持を体して、進んで第一線に進出して根限り戦いました。病人等でこの戦いに参加できないのを恥とし、苦にして自決した将兵も少なくなかったのであります」

東部ニューギニアの戦いほど、自決者が続出した戦いはなかった。しかもその自決のほとんどはいわゆる敗北心理にとらわれてではなく、日本軍人としての強い自覚をもって断行されたことに大きな意義がある。たとえば作家の山岡荘八は『小説太平洋戦争』で、中野英光中将が率いる第五十一師団が行なった壮絶な「サラワケット越え」を前にして、手榴弾による自決者が続出した理由をこう記している。

——敵が襲撃してきたのではない。眼の前にそびえ立つ四千五百メートルの高峰を、越えるに耐えない傷兵、病兵たちの自決がはじまったのだ。実際これほど悲しいことはないのだが、日本軍が撤退する時には、どこの戦場にも、必ずそうした自決があった。これが世を呪ったり、嘲ったりして死ぬのであったらやり切れなさは半減するだろう。ところが彼らは、戦友たちの足手まといになるのを恐れて、律義に死んでゆくのだからやり切れない。——

そして自決者たちは決まったように、

「おれの代わりにきっと勝って故郷の土を踏んでくれよ。いいか、おれは霊魂になってお前を守っているからな」

といったという。山岡は深く感動し、

――死を決した時の当時の日本人の美しさは、それに出会った人でなければ今では想像もできないことになった。――

と書き留めている。

また戦史研究家の伊藤正徳は『帝国陸軍の最後』で、ギルワ地区攻防戦で自決した小田健作少将とその副官富田義信中佐の武士道精神の見事さをつぎのように描いている。

昭和十八年の初頭、ギルワ陣地失陥が目前であると判断した司令官小田少将は作戦会議を開き、座して死を待つより、敵中突破を試みて友軍と合流する作戦を実行することに決定した。ところがここに一つ問題があった。歩行不可能な重患者が多数いたのである。

小田少将の考えは、「動けないような重患者多数を見すてて撤退することは、皇軍伝統の道義が許さないし、また皇軍今後の戦闘に悪影響を残す」というものであった。そして伊藤正徳は、この言葉の意味をつぎのように説明している。

――幾百の重病傷者の明日の運命は明らかに死である。それを承知しながら、部隊長がそれを残して帰ったのでは、英霊の父兄に対して申しわけがたたない。のみならず、これら将兵が困苦欠乏に堪えて難戦悪闘の限りをつくして来たのは、もっぱらその指揮官の人格に信頼する結果であって、その絆の強靱がすなわち帝国陸軍の強盛の基本であるのに、いまこれをむざんに断ち切って指揮官一人帰還するのは、軍全体のために不可であるのみならず、指揮官個人としての責任感が許さない。責任感のたいせつなことは、当時と今日とをわかたず、また軍人と社会人とを区別しないけれども、軍の場合においてとくにしかりとする。小田はこの責任感にもっとも忠誠なる武将であった。——

そして一月二十日の夜、小田少将は動ける兵に脱出を命じたあと、所持品を部下に分配して、ゆっくりと煙草をくゆらし、かたわらの富田中佐に、

「おれはもちろん患者とともに残るよ」

と静かに告げた。すると富田中佐も、

「私もお伴させてもらいます」

とこともなげにいった。それから二人は故国の方向に並んですわり、ためらうことなく頭を拳銃で射ち抜き自決した。見事な死にざまである。歩行不可能なために残った重傷病兵もこの見事な自決を見て、心安らかに死出の旅路をたどったに違いない。東部ニューギニア戦線の多数の自決は、追いつめられた挙句の無惨な敗死では決してなかったのである。

(5) 他日に悔いなき戦闘を敢行するを要す

昭和十九年七月十日の猛号作戦開始に先立って、安達中将は麾下全軍の将兵に凛烈なる訓示を行なった。この訓示は、第十八軍が置かれた酷烈な戦況と安達中将の真情を知るために

きわめて意義ある資料なので、つぎにその全文を紹介する。

＊

〔猛号作戦本格的攻撃開始にあたり全軍将兵に与うる訓示〕

軍はいまや猛号作戦攻撃各部隊をヤカムル周辺の地区に集結し、まさに本格的攻撃を開始せんとす。

帷うに日米戦局はいよいよ重大化し、目下西部ニューギニア、サルミ及びビアク島方面並びに中部太平洋サイパン島方面において、両軍主力の決戦を惹起しあり。かつ本土の一部も空襲を受けある状況にして、形勢かならずしも逆睹し難きものあり。

本職従来の決心の如く、ホーランジアの奪回により、ニューギニア方面における戦勢を一挙に打開するの方途は今にわかに望み難く、軍はすでに東部ニューギニアにおいて絶対不退転の境地に、独立せざるべからざる状況に立ち到れり。

本職は深く信愛する全軍将兵の心事を憶い、断腸痛心このことにほかならず、然れども静かに国史を想い、また現下における他方面軍の状況を観るに、遠征の軍としてかくのごとき状況に遭逢することあえて稀なりとせず、本職は茲に先訓を懐い、さらに不屈の信念を振起し、全軍相率いて皇軍独特の本領発揮に邁進し、もって国史の光栄に副わんことを期す。而してその道たるや、要は要地確保持久と敵戦力の破摧とに存すといえども、国軍諸般の形勢を按ずるに、これを戦略戦術的に解決すべき合理的万全の方策を求め得ず。本職はこの難局に処する方策を、国軍多年の鍛練に係わる軍人精神の教ふる道に求めんとす。

今や敵はまさにアイタペ付近に我が好餌を呈しあり。これ天佑にして軍の有する戦力を最も有効に発揮し、敵戦力を撃滅し得べき絶好最後的の機会なり。

もしそれ当初より持久を主とせんか、終に軍の有する戦力を発揮し得ずして、悔を千歳に遺すに至らんこと必せり。持久の如きは猛号作戦の孤遺（余勢）をもって実施して足らんのみ。況んや西部ニューギニアにおいて、国軍主力が死闘しある現下の急迫せる状況においておや。

すなわち本職はいよいよ意志を鞏固にして全軍渾身の努力をこの一挙に凝集し、アイタペ付近の敵に徹底的攻撃を加え、これを撃滅して且は軍の収むる戦果により全軍の士気を作興し、且は西部ニューギニアにおける友軍の健闘に応えて、急迫せる戦況に策応し、以て皇軍の真価を発揚せんとす。これ今次作戦の終局的意義にして、本職誓って達成せんとする宿志なり。

諸子はよろしくここに訓示せる挙軍一体、不屈の信念及び皇軍の本領発揮の三大方針をさらに明徴にし、真に挙軍努力の結晶をこの一撃に発揚し、作戦目的の達成に邁進すべし。

これがため攻撃に当りては、諸子は歴戦必勝不敗の戦士たちの信念と、最近数次にわたる諸職必勝の信念に燃え、ここに教令をもって示せる捨身肉薄、必死敢闘、連続不断の攻撃を敢行し、とくに戦車に対する必死必滅攻撃、挺身潜入攻撃及び舟艇突入等目的を達成するに必要なるあらゆる手段を余すところなく断行すると共に、後方輸送部隊もまた、ここに訓示せるところにより、堅忍不屈、最大の輸送力を発揚し、真に全軍を挙げて手段において余すなく、他日に悔いなき戦闘を敢行するを要す。
それ必勝は各人その任務に渾身の努力をささげ、これに殉ずるにおいて初めて求め得べく、皇国の弥栄は各人それぞれ皇国の危機に殉じ、悠久の大義と無窮の国史に生くるの道を全うするにおいて、初めて祈念し得べきは、諸子のすでに熟知するところなり。
而して今や全軍を挙げて、この関頭に立つ。宜しく畢生の努力を傾倒して、皇軍の本領を余すところなく発揮し、悔を千歳に遺さざることにおいて遺憾なからむことを期すべし。

＊

きわめて壮烈な出撃訓示といえよう。圧倒的優位にある米濠軍に対して、物資弾薬の欠乏いちじるしい第十八軍はもはや戦略戦術的に有効な作戦は立てられないから、挙軍一体、不屈の信念をもって「皇軍独特の本領」を発揮せよというのである。

そして、「全軍渾身の努力をこの一撃に凝集し」敵を撃滅せよという。しかもその方法は、「捨身肉薄」「必死敢闘」「連続不断」の攻撃をもっぱらとし、具体的には、戦車に対する「必死必滅攻撃」、あるいは敵陣への「挺身潜入攻撃」あるいは「舟艇突入」等々、「目的を達成するに必要なるあらゆる手段を余すところなく断行」せよというのである。いわば日露戦争における白襷隊と今次大戦の義烈挺身隊を合わせたような決死隊になることを全軍将兵に要求したわけである。

それゆえ、安達中将は「真に全軍を挙げて手段において余すなく、他日に悔いなき戦闘を敢行するを要す」とし、さらに訓示の最後に「宜しく畢生の努力を傾倒して、皇軍の本領を余すところなく発揮し、悔を千歳に遺さざることにおいて遺憾なからむことを期すべし」と駄目を押したのである。

数万人単位の軍団に対して、このように壮烈な訓示を与えることは異例中の異例であり、これによっても第十八軍の置かれた苦境が理解できよう。

しかし、それよりも何よりも驚異であったのは、第十八軍の残存将兵五万余人がこの訓示を当然のこととして、最後の一大決戦に向けてその士気を大いに高揚させたことである。これは安達中将の統率力もさることながら、全軍将兵が死して後已むという牢固たる軍人精神を堅持していたことの明らかな証明である。

(6) 健兵は三敵、病兵は一敵、動けざる者はその場で戦え

昭和十九年七月十日に開始された猛号作戦は、部分的には優位に展開した部隊もあったが、やはり物資弾薬の不足が致命傷となって日本軍は米軍に完敗し、八月四日、安達中将は作戦中止を発令した。この作戦中の日本軍の死者は約一万人であったが負傷者が続出し、歩兵部隊の多くは戦闘兵力三十人くらいにまで落ち、多い部隊でも百人前後となってしまい、各部隊とも総員の六割から七割が戦傷病者で、第十八軍はもはや軍隊というよりも、餓死寸前の病人集団といった方がよかった。

しかも猛号作戦終了後、ウエワクに戻った日本軍は、十二月になると今度は濠軍の攻撃にさらされることになった。傷病兵を多数かかえて、食糧もなく、動くに動けぬ日本軍はもは

や全滅を待つのみという苦境に立たされた。この時点での第十八軍の残存兵は約二万七千名であったが、その半分は傷病兵であり、残りの半分も食糧欠乏による栄養失調で体力的にはかなり低下し、およそ正規兵と呼べる代物ではなかった。

しかも大砲等の重火器は、アイタペ攻撃とその後の退却でほとんど失っていたため、その実戦力は一個師団をはるかに下まわるというみじめなものであった。しかし、敵の攻撃を手をこまねいて見ているだけでは全滅するのみであり、安達中将はすぐさま邀撃体制を整えた。男は危地に立ったとき、初めてその真価がわかるとされるが、安達中将の本当の真価が発揮されたのも、日本軍が絶体絶命の危地に立たされたこのときからである。

作戦参謀の田中中佐は、この時期の安達中将の奮闘ぶりをつぎのように語っている。

「実は安達中将のアイタペ作戦終了時の御心境は、わが事終りぬという風に見えました。しかし、軍将兵の窮状と濠軍の来攻を見て、軍司令官は猛然と奮起され、アイタペ攻撃と同じ精神をもって、爾後の遊撃作戦を敢行する大方針を立てられ、これに基づいて機動の促進と、現地自活の促進に奮迅の努力を自らなされるとともに、将兵にもこれを要求されたのであります。将兵もさすがに皇軍でありました。敵を見て奮起し、爾後、終戦の日まで敢闘に徹したのであります。当時の軍の標語は、『健兵は三敵、病兵は一敵、動けざる者はその場で戦え』でありました」

そして昭和二十年の夏頃になると、第十八軍はついに弾薬も一銃当たり十発程度となり、安達中将は八月初め、遂に麾下各師団長に玉砕命令を発した。島嶼守備の小部隊はともかく、残兵が数万もいる軍団に玉砕命令が出されたという例はなく、この命令の意味を田中中佐はこう語っている。

「島嶼守備と違い、ニューギニアは地域がありますから、敵の重囲から逃れることも可能であります。しかし、弾丸が無くては爾後の戦闘はできず、ただ生存だけになります。しかも、当時の実情は生存に必要な現地食糧は極めて不十分で、結局は無意味に死ぬのだということが種々の調査の結果判明していたのであります。軍司令官個人としては、もうこの辺で、というお気持も多分にあったことでしょうが、戦って敵戦力を破砕するという軍としての生命の意義を守り抜こうというのが、この玉砕命令の全体の趣旨であったのであります」

だが幸か不幸か、八月十五日がやってきて、第十八軍は玉砕を免れた。しかし麾下兵力十四万のうち戦死者十一万という膨大な数字を記録し、戦傷病等で移送された者約二万、そしてニューギニアに生き残った者はわずかに一万であった。

田中中佐は第十八軍の戦歴を振りかえり、こう総括した。

「第十八軍作戦の特色は、敵の絶対的と言ってよいほど優勢な航空勢力のもとで、補給難とマラリアに苦しめられながらの、間断なき長途の徒歩機動と激戦を、二年九ヵ月という長期間にわたって継続したことと、しかも、この間において考えられる行動方針のうち、最積極的な行動をとられたということであり、結果として損害が絶大であったということであります」

そして田中中佐は、東部ニューギニア戦をこう結論する。

「終戦のころには、当初兵力の一割以下という惨状になりましたが、第十八軍の将兵は、軍司令官の統率に従い、強固な団結をもって最後まで戦い抜きました。その遭遇した困難は、人として堪（た）えうる限度をはるかに超えたものであったと思いますが、それにもめげず戦い抜いた精神の強さは、古今に類例が少ないのではないかと考えます。私は復員後、戦中資料の収集の仕事に関係し、大東亜戦争中の各方面の戦史について、若干の知識を得ましたが、東部ニューギニアの戦史ほど、長期にわたる連続的な激戦と困難とによって織りなされている戦史はないように感じております」

第十八軍は世界戦争史上でも稀にみる激戦を戦い抜いた。ここまで戦い抜けば、たとえ日本が連合国に敗れたとはいえ、第十八軍の将兵たちは人間として勝者といえよう。そしておそらく安達中将なかりせば、猛号作戦挫折後の濠州軍の攻撃が開始された昭和十九年十二月の段階で、東部ニューギニアの日本軍は壊滅したに違いない。

そもそもこのような激戦を二年九ヵ月にもわたって継続し、なおかつ全滅を免れたのは一にかかって安達中将の統帥の宜（よろ）しきに、そのほとんどすべてを負っているのであり、これはまず戦争史の奇蹟といってよいであろう。

(7) 人間の一生は我慢だよ

ニューギニアでつねに安達中将の側にいた作戦参謀の田中中佐によれば、安達中将の人となりは、「強い、男らしい、意志の強い方であったことも事実です。他人に同情されるのと、弱音・泣き事がきらいで、非常に我慢強い方でした」

ということである。ことに安達中将は脱腸という業病をもっており、ジャングルの行軍では、しばしば人目を避けて脱腸の手当をしていたが、その苦痛は常人にはまず耐えられないという。しかし安達中将は苦痛の色などはおくびにも出さず、黙々と行軍した。さらに脱腸の痛みをこらえて日に幾度も思い切り歯を喰いしばったためか、あるいは食糧不足による栄養失調のためか、二十貫（約七十五キロ）もあった体重が十三貫（約四十九キロ）まで減ったばかりでなく、歯もほとんど抜けてしまい、食べ物を口に入れても噛むことができず、その結果、一日二十数回もの下痢に悩まされた。軍医からは絶対安静をいい渡されていたのだが、指揮官先頭をモットーとする安達中将はつねに現場に立って実情把握につとめ、任務達成第一主義を励行した。きわめて強靭な精神の保持者といわなければならない。

その安達中将がつねづね語っていたのが、

「人間の一生は我慢だよ。一生我慢を通せば、その人本来の性格と同じになる。大丈夫たるもの、よろしく痩せ我慢すべし」

という言葉であった。安達中将はいかに不利な戦況になろうと、いかに悲惨な状況に置かれようと、絶対に音（ね）をあげなかったし、決して泣き事をいわなかった。そして田中中佐は猛号作戦挫折後も第十八軍が壊滅しなかったのは、ひとえに安達中将の力によるとして、その理由をこう述べている。

「あの第十八軍がとにもかくにもどうにか立ち直り、終戦までの濠軍との激戦に堪え得たのは、当時における軍司令官の兵站面に負うところが、はなはだ大きかったものと信じています。また、濠軍との作戦面においても、部隊をして常に食べられる状態で戦闘させる、ということに細心の注意を払われたのであります。これは申すまでもなく、中将の軍司令官としての職責に対する敢闘精神の現われでもありますが、それよりも、むしろ中将の部下に対する強烈な愛情がしからしめたのではないかと、私ども幕僚は感じていたのであります」

「一将功なって万骨枯る」というのが戦争の実相かもしれないが、安達中将に限っては断じてそうではなかった。軍人であるから戦いで死ぬのは避けられない。軍隊の司令官のもっとも重要な役割というのは、味方の犠牲をいかに少なくして戦いに勝利を収めるかということであり、部下を愛する心がなければ一軍を率いて激戦の連続を維持できるものではない。部下の側からすれば、この司令官のためならば水火も辞せずという覚悟があってこそ、一命を賭けての戦闘に身を投ずることができるのである。

第十八軍の苛烈な戦歴を見れば、軍司令官と部下が固い絆で結ばれていたことが自ずからわかるであろう。安達中将は戦友愛、部下愛というものをありあまるほど持っていた。田中中佐は安達中将のこの愛情をつぎのように語っている。

「いよいよ日本を出陣するというとき、軍司令官の最初の訓示があった。南方の戦局はきわめて緊迫しており、また大陸の猛将として高名な将軍だから、さぞかし勇敢な訓示であろうと想像していたところ、案に相違して、〝すべては愛をもってせよ〟と言われた。軍司令官の言われた愛が、女々しい愛でなくて男らしい大きな愛であることは言うまでもない」

そして田中中佐は、このあと五年間にわたって安達中将の側近として働くのだが、その間の中将の部下に余計な心配や苦労をかけまいとする心配りは大変なものであり、さらに部下に対する答礼はじつに厳正であったという。しかし田中中佐は、安達中将の部下愛の本質は、そういう表面的なことよりも内面的、精神的なところにあるとして、こう語る。

「将軍は部下将兵をして、その本分たる忠節をつくし、敵と闘って具体的な戦果を挙げて国につくさせることが、軍司令官の部下にたいする最大の愛と考えられていたのである。軍の任務をいい加減にして、安易に部下将兵の生命安全をはかるのは、単に任務達成を第一と考えねばならぬ軍司令官の立場からだけでなく、部下に対する愛という点からも安達司令官のとり得ない態度であった。部下に対する愛の考え方は、まさに軍人的であり、父性的であったのである」

愛というと、人は得てして女性的でロマンティックな甘い愛の世界を思い描く。だがそれだけが愛ではない。たとえば「優しい」という言葉がある。これもどちらかといえば、女性的に捉えられて、人に優しいとか地球に優しいとかいったように、情緒的にムードたっぷりな使い方をされる。しかし、真の優しさとは厳しさに裏打ちされていなければならず、その厳しさは強さに裏打ちされていなければならず、さらにその強さは正しさに裏打ちされていなければならないのである。

安達中将の部下に対する愛も、この真の優しさと同様にきわめて男性的な厳しさと強さと正しさに裏打ちされた愛なのである。そして田中中佐はこうつづける。

「このような考え方であったから、女性的な愛の表現をされたことは一度もなかった。むしろ、愛はほのかなるがよし、といわれたこともあるし、私など幕僚に対して、ときには雷を落とされることもあった。しかし、この雷について、怒っているのではない、本気で君たちと議論しているつもりだ、と釈明したこともあった。あくまで軍人的、男性的な考え方であり、表現の仕方であったと思う」

女性的な愛は情緒の世界に属するものであり、男性的な愛は意志の世界に属するものである。戦争は情緒では行なえない。鞏固（きょうこ）な意志と不動の信念を持つことによって、安達中将は真の部下愛というものを、自家薬籠中のものとすることができたのである。

(8) 部下とともに生き、部下とともに死ぬ

昭和十七年十一月の出陣から昭和二十二年九月の自決まで五年間にわたって、つねに側近として安達中将のかたわらにいた田中中佐は、安達中将に対する見方が徐々に変化したとして、こう語っている。

「初めのころは、厳格で勇敢な方だと思っていました。それが十八年の夏のころから名将だなと感ずるようになりました。そして、十九年の秋以後は単に名将というのではなにかもの足りない感じになり、しいて申せば聖将とでも申し上げるのかなという気分になりました」

側近の参謀に、名将というより聖将であると受けとめられたのであるから、安達中将が一

種独特の人間的魅力を有する人物であったことは確かであろう。ことに田中中佐は猛号作戦が頓挫した昭和十九年秋以降に、愛の将軍安達二十三の真価が発揮されたという。

「昭和十九年秋以降、戦闘によらない病死、栄養失調死が多発したことは安達軍司令官のもっとも苦痛とされた点である。安達軍司令官はこのような部下将兵に詫び、その愛と信とに殉ずるとして、終戦後のラバウルで昭和二十二年九月十日、自決された。その遺書に、つぎのような言葉が書いてあった。

『皇国興廃の関頭に立ち、皇国全般作戦寄与の為には、何物をも犠牲として惜しまざるべきを常の道と信じた』

それは安達軍司令官の信念に基づく大きな愛、指揮官としての愛を披瀝されたものと思われる」

軍人の本分は戦うことにあり、いったん戦争が始まれば彼我双方に多数の犠牲者が出るのが戦争の実相であり、軍人であるならこの現実は避けては通れない。それゆえ軍人には死生観の確立が何よりも求められるのである。

しかし、同じ軍人でも部下を持つ指揮官となるとこの確立は二重の意味で難しい。すなわち自分自身の死生ばかりでなく、多くの部下の死生をも考えなければならないからである。安達中将も猛号作戦頓挫の後は、死を求めること急であったという。田中中佐はこう語る。

「おそらくいまは死すべきか、死は先に延ばし、この難局に当たるべきかを考えつづけたと思う。しかし、いずれにしても安達軍司令官は死処を求めていたようである。軍司令官は前々から割腹を考えられていたようだが、とくにこのときに戦没将兵と運命をともにし、そして部下将兵の霊を見まもっていようと決意されたと思う。

部下とともに生き、部下とともに死のうという信念の軍司令官は、部下の霊が、南方の空をさまよう現実は、とても耐えられなかったのではないか」

生きとし生けるものすべての命に対して、愛しい情感を持つのが人間の本性である。命を生きるという健気さに心打たれねば人間とはいえない。ことに軍司令官という立場にいれば、戦闘が起こるたびに多くの部下の死に直面しなければならない。兵隊など赤紙一枚でいくらでも補充できるなどという考えを持つ者は、軍人失格という前に人間失格である。

部下と運命を共にするという信念を持っていた安達中将は、最後の決戦と思い定めた猛号作戦のアイタペ攻撃で、一万もの部下が戦死した時点で一死を決していたことは想像に難くない。部下を愛するということは、安達中将にとっては部下と運命を共にすることと同義だったからである。田中中佐は、その点をつぎのように語っている。

「死ぬも生きるも部下といっしょ、などという言葉を口にすると、ひどくキザッぽくなるからだと思うが、軍司令官からそれらしい言葉は聞いた記憶はない。しかし、日常の話題や行動から推して、死ぬも生きるも部下といっしょが軍司令官の信念であったことは疑う余地のないところである。

私はいま、言葉の都合上、部下と言ったが、軍司令官は将兵に対し、統率者と部下という上下の関係で決して見ていなかった。ご自分の分身に接するような〝愛〟の心情ではなかったかと思う。安達軍司令官について語るとしたら、それこそ一日や二日で終わるものじゃない。だから一口に言えば、国を愛し、人を愛し、そして人間の生命を大切にする将軍であった」

部下将兵を上下の関係では見ず、自分の分身と見る。安達中将の愛の根源はここにある。部下将兵もそれを知るからこそ、ひとたび命令が下されれば、水火も辞せぬ不惜身命の行動に出ることができたのである。

そして第十八軍の将兵十一万人がニューギニアの土と化して、昭和二十年八月十五日、戦争は終わった。だが、軍司令官としての安達中将の戦争は終わらなかった。戦犯裁判という人間性の尊厳を賭けた新たな戦争がまた始まったのである。

(9) 日本軍の最後の名誉を守りたい

昭和二十年八月十五日、日本は連合国に降伏し、翌十六日、第十八軍司令部にも終戦の詔勅が正式に伝えられた。そのとき、安達中将は誰にいうともなく悲痛な声で、

「なんとも、申しわけないことになった」

とつぶやいたという。おそらく中将の胸の内には東部ニューギニアでの二年九ヵ月にわたる戦闘で散華した十一万の英霊の姿があったのであろう。かつて十四万を数えた第十八軍の兵員は、この時点でわずか一万三千に減っていた。

翌十七日、安達中将は軍司令部の幕僚を集めて、承詔必謹（しょうしょうひっきん）の訓示を行なった。

「詔書に示されている大御心のほどを拝察するとき、ただただ我らの努力が足りなかったことを痛感するのみである。いまや軌道をはずれた行動によって、これ以上、大御心を悩まし奉るべきではない。この上はひたすらな大御心のままに、軍人としての最後の御奉公に、万遺憾なきを期したい。この際切に望むところは、厳粛な軍紀と、一糸乱れぬ団結とをもって従容として行動し、日本軍の最後の名誉を守りたい」

このとき、幕僚たちは思わず涙を流したが、安達中将は泣かなかったし、泣き事を口にすることもなかった。危地に立ったときにこそ、中将の強靭な精神は、いっそうその輝きを増すのである。

この安達中将に率いられた第十八軍の強さを証明する一つのエピソードがある。終戦直後、第十八軍と戦った濠軍第六師団の参謀長が、第十八軍作戦参謀の田中中佐と会談した際、

「第六師団はウエワク地区の日本軍を掃討、つぎはボルネオ作戦に参加することになっていたが、日本軍があまりにも頑強に抵抗するので、ボルネオ作戦に間に合わず、上司のご機嫌を損じている」

と語ったという。滅びゆく日本軍にとっては、またとない手向けの言葉であろう。

九月十三日、ウエワクの濠州軍司令部において降伏文書の調印式が行なわれた。その後、第十八軍司令部に戻った安達中将は、全将兵を集合させて、

「軍は大命に基づき濠州第六師団に降伏せんとす」

と堂々と宣言した。日本軍人としての誇りをいささかも失わないこの力強い宣言に、参列

した将兵はだれもが襟を正し、心を引き締めた。

ほどなく第十八軍は、ウエワク沖のムシュ島へ順次送られ、十月下旬に全軍の集結が完了した。

だがこの頃、安達中将に悲報がもたらされた。東京で病気療養をしていた長女の洋子が逝去したのである。昭和十七年十一月に東京を出陣するときに妻を亡くし、戦争が終わったときに娘を亡くした。しかし、安達中将はこの悲運をごく身近な幕僚に話しただけで、他には一切口外しなかった。

そして娘の病死を知った安達中将は、戦闘の合間に作りためていた歌集『邪無愚留詠草（ジャングル）』を焼いた。病気の娘を慰めるためにいつか見せようと思って作った歌集であったが、見せるべき人がなければ、もはや持っていても仕方がないと思ったのであろう。心の中で愛しい娘の面影とともに荼毘（だび）に付したに違いない。

ほどなく第十八軍の将兵に内地帰還の知らせがもたらされたが、同時に戦争犯罪調査が本格化した。安達中将は第十八軍の最高責任者として、すべての責任を一身に負う覚悟を固め、ニューギニアで非命に斃（たお）れた幾多の将兵と運命を共にする決意をした。

この当時の安達中将の思念と行動を、田中中佐はつぎのように語っている。

「安達中将のことですから、御自決の決心とか遺書の起案とかは、終戦の直前から始められたのではなかろうかと思います。そして遺書のあらましは、恐らくムシュ島で出来上がっていただろうと想像します。と申しますのは、ムシュ島においては、安達中将は一人でよく書き物をしておられましたし、帰還船が来るたびに、帰還将兵を乗船場付近の椰子林に集めて、軍司令官としての最後の訓示に代えて、作戦中の奮戦の労を謝し、帰還後の健闘を祈る意味の血涙のあいさつをされていた姿には、私ども幕僚はただならぬものを感じていたわけです」

安達中将に帰還の意志はまったくなかった。しかしいたずらに自決を急ぐことも、軍司令官の立場にある者として許されなかった。戦犯問題の結着を見ぬかぎり、軍司令官としての責任を免れるものではない。

安達中将に残された最後の仕事は、戦犯裁判による犠牲者をできる限り少なくすることであった。そのためには証人として進んで法廷に立つ覚悟であり、もし部下将兵が戦犯に問われるなら、その最終責任は自分にあると法廷で堂々と開陳するつもりであった。自分の軍人としての、さらには人間としての価値はそこで決まると、安達中将は思い定めていたのである。

⑽ 日本軍は悪いことはしていない

昭和二十一年一月十日、安達中将は、東部ニューギニア関係の戦犯容疑者百四十人とともにウエワクの収容所に送られ、翌二月十一日、ラバウルの収容所に移送された。そこには、光部隊がおり、安達中将らもその部隊に合流した。光部隊とは、ラバウル、ブーゲンビル、ボルネオ、セレベス、アンボン、ナウル、オーシャンなどの各地から集められた戦犯容疑者の部隊で、命名者は第八方面軍司令官の今村均大将であった。

安達中将がラバウル戦犯収容所に入ってまず始めた仕事は、食糧自給のための百姓仕事であった。安達中将は持病の脱腸が悪化するのもかまわず、赤道直下の炎天下で鍬をふるい、天秤棒で水を運んだ。それを見た光部隊の将兵たちは、安達中将の精神のたたずまいの宜しさに感銘した。

ほどなく戦犯裁判が始まった。濠軍に追及された戦犯事件のほとんどは、特設勤務隊に編入されていた約三千人のインド人に関係していた。

彼らは大東亜戦争開戦当初のマレー作戦で日本軍の俘虜となったのだが、その後、宣誓して釈放され、俘虜ではなく日本軍の構成員となり、日本軍に属していた以上、戦犯事犯は成立しない、というのが日本側の主張であった。

しかし、戦犯裁判は日本軍への報復であるとの暗黙の了承がある判事と検事は日本側の主張を認めず、容疑者はつぎつぎと告訴されていった。そのため安達中将は、自らすすんで弁護側の証人として法廷に立ち、部下の容疑を可能なかぎり軽くしようと弁護に尽力した。

そして昭和二十二年四月十日、今度は安達中将自身の裁判が開始された。起訴理由は、

「国際法を無視し、また第十八軍司令官として、部下、将兵を指導監督するべき責任を怠り、その結果、部下将兵をして戦争犯罪を行なわしめた」

というものであった。そして証拠として、約七十件にのぼる部下将兵の犯罪事実があげられた。それに対して安達中将は冷静に反論した後、つぎのように総括的意見を述べた。

「自分としては国際法を故意に無視し、又は部下監督指導の責任を怠ったとは思わない。むしろ軍紀の維持については、懸命の努力を払って来たつもりである。第十八軍の将兵中、もしかりに裁判所の言うような犯罪事項があったとしても、それは戦争という異常に困難な状況がもたらした不可避のものであると信ずる。自分としてはむしろあのような烈しい戦況にくらべて軍紀は良く維持されたと思う」

戦争が人々を狂気に駆り立てるのは確かである。それを知るからこそ安達中将は、出陣当初の訓示にも「至厳の軍紀」を入れ、その厳守を軍団に徹底させたのである。検事側はそういう事実を調べもせず、また認めもしなかった。

しかし、安達中将も責任逃れをするつもりは毛頭なく、はっきりとこう言い切った。

「ただし、一部において行なわれたかも知れない犯罪が、よし不可避のものであっても、自分はニューギニアの最高指揮官として、これを恥とし、その道義的責任を感ずる」

これこそが吉田松陰流にいえば、「士の道は義より大なるはなし」とする武士道精神の神髄であり、安達中将が牢固たる武士道精神の保持者であることがこの凛烈な言葉によっても証明される。そして安達中将はこうつづける。

「右の道義的責任は、一応法律上の責任とは考えないのであるが、裁判所側がこれをもって法律上の問題であるとして、自分にこの責任を問おうとするならば、自分はあえてこれを辞さない所存である。なぜならば善良かつ忠勇な将兵を、あのような犯罪を不可避とするごとき境地に導いたのは一に軍司令官たる自分の統率そのものであったからである。自分はここる」

に敬虔（けいけん）な心をもって彼の莫大な犠牲者を追想し、哀悼の念を表現する言葉を知らないのである」

清節を持（じ）するとはこういうことである。安達中将は真正なる武士道の道統を受け継ぐ日本軍人として、法よりも義を重視し、すべてを天命に委ねたのである。

この罪状認否については、よほど感動的であったのか、田中中佐もつぎのように語っている。

「濠州の裁判では、初めに罪状認否というのがあります。被告に『有罪と思うか、無罪と思うか』とまず言わせるのであります。だれでも『無罪』と答えるのですが、安達中将は、『道義的には日本人の部下に対しても、濠軍の戦死者に対しても責任を感じている。しかし、これが法律上有罪に該当するかどうかは、裁判所が決定したらよいだろう』と答えられた次第です」

さらに田中中佐は、安達中将の軍人としての見事さをこう語る。

「そして被告人としての陳述においても、御自身の有無罪論などは無視し、日本軍は決して起訴状にあるような悪いことはしていないと信ずること、仮りに若干の非違があったとしても、それは異常に困難な環境下のことであり、部下将兵を責めるのは酷であること、及びもし責めるならばそのような困難な状況において作戦させた自分を責めるべきであると、あくまでも日本軍の統率の本義に立脚し、日本陸軍の名誉の維持に努力されたのであります」

一軍の名誉は、最終的にはその軍隊の最高指揮官の出処進退にかかっている。最高指揮官がどのような行動をとるかで、名誉が守られもし、また汚されもする。第十八軍の名誉は安達中将のこの堂々たる陳述で守られ、何よりも非命に斃れた十一万の英霊の名誉を回復したことにこの陳述の最大の意義があったのである。

⑪ 人間、死のうと思えば、どんな手段でも死ねるよ

昭和二十二年四月二十三日、安達中将に対する判決が下された。「無期禁固」であった。ラバウル法廷がいかに復讐裁判であっても、軍人の龜鑑ともいうべき無実の軍人を死刑に処することはできなかったのである。それを証明するように、この裁判を実見した田中中佐によれば、裁判長はいかにもすまなそうに判決を申し渡したというし、判決直後、主席検事は安達中将に近寄り、

「部下が行なった戦争犯罪のために、軍司令官として責任をとらざるを得ない貴下に対し、御同情申し上げる。刑が重くなって気の毒である」

と言って、中将を慰めた。ところが、それを聞くと中将は、

「御厚情は深謝するが、部下の行為は私の責任です。あなたに同情してもらうつもりは毛頭ありません。同情や憐憫を受けることについて、日本の武人は恥辱だと考えています」

ときっぱりといい切った。これが武士道の道統を受け継ぐ日本軍人の真骨頂である。もし量刑を論ずるなら、すでに死刑を宣告されている十名の部下同様、安達中将は極刑を望んだであろう。

濠軍の裁判では判決が下された後、被告側には減刑嘆願書を出す権利があるのだが、もちろん安達中将はそのような権利は行使しなかった。しかし、部下受刑者の救済に最後の力を尽くし、要旨、つぎのような文章で始まる請願書を裁判所に提出した。

「自分の所信はラバウル法廷で述べた通りであって、判決を受けた今日でもいささかも変化はない。しかし、ニューギニアの最高指揮官としての万般の責任と、彼我の莫大な犠牲者に対する衷心よりの哀悼との見地において、かえって有罪判決を本懐とし、これを甘受する所存である」

そして、部下受刑者救済のためにこう論述した。

「第十八軍将兵は、インド人は俘虜にあらずとの確信の下に行動したのであって、その行為は法律上、善意かつ無過失である。この見地から部下受刑者の減刑について、十分情状酌量を加えられんことを切望する」

さらに、

「自分の部下の受刑者中、まったくの無実の罪を受けているものがある。これらについては再審議せられたい」

として、部下それぞれに対する詳細な所見を裁判所に提出し、その結果、死刑判決を受けていた部下の一人が無罪となった。

同年九月八日、濠軍司令部からラバウル裁判終了の通告が出され、拘留中の部下八名が無罪釈放されることになった。また祖国日本への最後の帰還船が十八日頃に出るとも通告された。

この知らせは、安達中将にとっては何よりのプレゼントであり、もはや自決以外にはこの世でやり残したことは何もなかった。

翌九日、田中中佐は安達中将との別れが近いと直観し、光部隊弁護団事務所に安達中将を招き、心ばかりの会食をした。のちに田中中佐はこう語っている。

「そのとき、軍司令官はいつもとまったく同じで平静な態度だった。だからほとんどの人は気づかなかった、と思うが、私は軍司令官が死処をさがしているのを知っているのだが、これがお別れ、と思った。しかし、長いこと軍司令官のお伴をしていたため知っていたので、自分個人のことで一度決心したら、断じてやり通す性格だから、私は黙っていた」

しかし、安達中将が死処を探しているということを知っていたのは、田中中佐だけではなかった。

たとえば、第二十七野戦貨物廠の針谷和男は、安達中将が戦犯容疑者として、ムシュ島収容所からウエワクへ向かう日（昭和二十一年一月十日）に、全軍将兵を前に行なった訓示の光景を、手記にこう描いている。

——もし軍司令官が、投降の日のような一介の老野夫としか見えなかったとしたら、私どもはその膝下にとんで行って縋（すが）りついて泣いたかも知れない。しかし、涙にぼやけながらも、台上に仰ぎ見えるのは、前に居並ぶ一人の部下の面をも見落すまいと、大きく眸を見開いたまま立ちつくす堂々たる将軍の英姿であった。その姿には、凡俗の近づけぬ神厳の気があふれていた。――

そして針谷はこう直観した。

――各兵団部隊訣別の礼に、荘重厳正な答礼の掌を静かに下ろすと、きびすを返して黙々と司令部宿営地の方へ引き上げてゆく後ろ姿、それすら居並ぶ人影にさえぎられ、たちまち見えなくなってしまったが、ここに集まった将士の胸裡に巻きおこされた興奮、感激の嵐は、解散を命ぜられた後、しばらくおさまらなかった。「軍司令官は死なれるつもりだ」。いなずまに一撃された思いに身を固くしたままの私は、嗚咽をウッとこらえると、ひとしきり涙が溢れ出るのをどうすることもできずに、部隊の後尾に立ちつくした。――

またラバウルの光部隊にいた、セレベス独立混成旅団長の遠藤進一中将も、早くから安達中将の自決に気づいていた一人で、ある日、田中中佐に、

「安達中将は自決を考えておられるらしいが、お前は幕僚として諫止せよ」

と命じた。しかし、田中中佐はそういう申し出はするなと、安達中将に釘をさされていたため、「遠藤中将御自身でお話になってみたらどうですか」というと、遠藤中将は「ではやってみよう」ということで、安達中将のもとへ行ったのだが、安達中将は、

「軍司令官が皆、自決する必要はあるまい。しかし、自分の軍は作戦環境や結果が他の軍とは全然違うのだから同日の論は勘弁してくれ」

といったという。

また田中中佐はムシュ島を離れるとき、杉山茂高級参謀から、「軍司令官は自決を覚悟し

ておられるからよろしく頼む」といわれ、万一の時のためとして薬剤を手渡されていたのだが、半年ほどたってその薬剤を試してみたところ、熱帯の気温の関係か、効力がなくなっていた。そこでその旨を安達中将に伝えると、

「心配することはないよ。人間、死のうと思えば、どんな手段でも死ねるよ。くれぐれも心配しないでくれ」

と泰然といったという。安達中将は終戦の日の段階というよりも、たとえこの戦争に日本が勝ったとしても、日本に帰るつもりは毛頭なく、自分が生きた段階で戦争が終わったなら、ニューギニアの地で非命に斃れた十一万の英霊と運命を共にすると覚悟していたに違いない。

⑿　部下将兵に対する信と愛とに殉ぜん

安達中将は昭和二十二年九月十日に壮烈な自決を遂げるが、かねてよりその誠心を吐露した遺書を認めていた。一通は第八方面軍司令官今村大将と第一復員局長上月中将宛で、一通は光部隊の残留戦犯部下将兵宛で、残りの一通は東京で父の帰還を待ちわびている三人の我が子宛であった。このうち前二者の遺書は作戦参謀の田中中佐に預けられており、中将の自決後にそれを読んだ田中中佐は、のちにその感想をつぎのように語っている。

「第十八軍作戦の主宰者であり、統率者であった安達中将のお気持が何んのてらいも誇張もなく、本当にすっきりと短い文章の中に表現されておりますのに深い感激を覚えました。私がことに感銘を覚えましたのは、ニューギニアで散華した部下に対する信と愛とに殉ずるこ

とに徹せられたことと、この御自決はたとえ戦いに勝って凱陣というような場合といえど変わらないという固い御決意と、軍司令官としての最後の勤めを果たされるまでの、隠忍・承詔必謹の御心境でありました。私は心の底から本当に御苦労さまでございましたと叫びたい気持でありました」

そこでまず今村大将と上月中将宛の遺書を紹介するが、漢文調の「恐入奉候」というような文章は「恐れ入り奉り候」と適宜簡潔に読み下し、句読点を追加した。

＊

私儀、昭和十七年十一月、第十八軍司令官の重職を拝し、彼我戦争の帰趨まさに定まらむとする重要なる時期において、皇軍戦勢の確保挽回の要衝に当らしめられ候こと、男子一期の面目にして有難く存じ奉り候。

然る所、部下将兵が万難に克ちて、異常なる敢闘に徹し、上司また全力を極めて支援を与えられしに拘らず、小官の不敏、よくその使命を完うし得ず、皇国今日の事態に立ち到る端緒を作り候こと、罪まことに万死も足らず恐れ入り奉り候。

又この作戦三歳の間、十万に及ぶ青春有為なる陛下の赤子を喪ひ、而してその大部は栄養失調に基因する戦病死なることに想倒する時、御上に対し奉り、何と御詫びの言葉もこれ無く候。

小官は皇国興廃の関頭に立ちて、皇国全般作戦寄与の為には、何物をも犠牲として惜しまざるべきを常の道と信じ、打ち続く作戦に疲憊の極に達せる将兵に対し、更に人間として堪え得る限度を遙かに超越せる克難敢闘を要求致し候。これに対し黙々これを遂行し、力竭きて花吹雪の如く散り行く若き将兵を眺むる時、君国の為とは申しながら、その断腸の思いは唯神のみぞ知ると存じ候。当時小生の心中堅く誓いし処は、必ずこれら若き将兵と運命を共にし、南海の土となるべく、たとい凱陣の場合といえども渝らじと決心致し居り候。

一昨年晩夏、終戦の大詔、続いて停戦の大命を拝し、この大転換期に際し、聖旨を徹底して謬らず、かつは残存戦犯関係将兵の先途を見届くることの重要なるを思い、恥を忍び、今日に及び候。然るに今や諸般の残務も漸く一段落となり、小官の職責の大部を終了せるよう存ぜらるるにつき、この時機にかねての志を実行致すことに決意仕り候。

即ち小官の自決の如き、御上に対し奉る御詫びの一端ともならずと思う次第にて、唯々純一無雑に陣歿、殉国、並びに光部隊残留部下将兵に対する信と愛とに殉ぜんとするに外ならず候。小生のこの処置に伴い、閣下並びに同僚各位に御迷惑をかくること尠なからずと存じ候えども、何卒小生の微衷を諒とせられ、御海容あらんことを希い奉り候。

又小生には左の二残務ありと存じ居り候。

一、復命

軍状奏上については、両閣下に御願い申し上げ候。

材料は田中兼五郎中佐に準備致さしめ置き候（直隷軍司令官のみ文書奏上のことと聞きしを以て）。

二、陣歿、殉国将兵の遺族救護の件

この点に関しては、真に万斛の憂を懐きあり。自ら渾身の努力を致すべき筋なるも能く果し得ざるにつき、何卒従前に引き続き宜敷く御願い申し上げ候。

右二件甚だ勝手乍ら切に御願い申し上げ候。明治の聖世に生れ、国家興隆の潮に乗りて壮年を過し、しみじみ皇国の有難さを身に徹し候。皇国をこの姿に還し、更に今回蹉跌せし大経綸を達成せん日の速かならんことを一意念ずる次第に候　　以上

＊

安達中将は軍司令官として戦場に立てたことを「男子一期の面目」としつつも、勝利を収め得なかったことは「罪まことに万死も足らず」とし、さらに「十万に及ぶ青春有為なる将兵を失ったことを心の底から詫びている。しかも彼らは「人間として堪え得る限度を遙かに超越せる」戦場で黙々と戦い、やがて「力竭きて花吹雪の如く」散っていった。

それを眼前にした安達中将は、「これら若き将兵と運命を共にし」南海の土となると心に誓い、たとえ凱陣の場合であってもこの誓いが変わることはないと決心した。そして中将は己れの果たすべき任務を完遂したのち、「唯々純一無雑に陣歿、殉国、並びに光部隊残留部下将兵に対する信と愛とに殉ぜん」として、自決を断行したのである。まさに「愛の将軍」というにふさわしい見事な身の処し方である。

また田中中佐はこの遺書に関して、つぎのような感想を述べている。

「これはまた、なんと透徹した責任感、統率感であろうか。ことに、陣歿、殉国（戦犯処刑）した部下の信と愛とに殉ずることに徹底された、その御趣意と、たとい凱旋の場合とい

えども変わらないとされた、その御決意とは、いまなお雷鳴のごとく私の心肝を打つのを覚える。

そしてまた、ラバウルにおいて、長期間の忍辱に堪えながら、自らの責任において、なすべきことを完全になし遂げられたうえ、しかも、水も漏らさぬ配慮をもって、一分の隙もなく従容として、その宿志を果たされた見事さは、ただただ敬仰のほかはない次第である」

死は鴻毛よりも軽しとする日本軍人にとって、死ぬということ自体はさしたる難事ではない。難しいのは軍人として見事に死ぬということであり、それを立派にやってのけた者こそ、日本真男子というにふさわしい。

⒀　深く諸君に御礼を申し上げる

安達中将は、光部隊に残った二十数名の旧部下将兵にも遺書を認めている。彼らはすべて有期刑に処せられており、そのお詫びの意味もこめて、中将は彼らにこの遺書を残したのである。遺書はまず、

「私は今日を以て最愛の諸君と御訣れをすることとした」

という文章で始まり、前段は今村大将と上月中将に宛てた遺書と同様のことが記され、後段はつぎのような文面となっている。

＊

私は御上に対し奉り、又国民諸君に対し、何とも申訳なしとの思いに満ち満ちて居る。し

かしこれは余りに重大にして、私の一死の如き、御詫びのしるしともならず、かく考えること、寧ろ私として僭越な考えであると思う。即ち私は純一無雑に初志に順い、十万の陣歿、十の殉国（戦犯処刑）の部下将兵に対する信と愛とに殉ずるのである。

祖国のこの現状を目前にして、渾身の努力奉仕を敢えてせずして逝くことは、私も相すまぬことと思う。又老軀を提げて復興に挺身し度い意欲、胸に燃えざるに非ず。然し彼の十万の陣歿、十の殉国の枯骨をこの地に残して、私が生きて還るが如きことは、到底出来得べきことではない。これは理屈や是非得失を超越した思いであり、無論その中には私の詩や哲学も含まれてはいるが、更に将帥としての動かすべからざる情熱信念であるのだから、この点は何卒堪忍をして欲しい。

さて諸君には作戦三ヵ年の間、実に非常な御苦労をかけた。而して皆立派にやって下された。これに対する衷心感謝の思い、今以て胸に燃えて居る。然るにその諸君を今日の境地に立ち到らしめたことは、何時も申すことながら、何とも申し訳ないことにて、ここに御訣れをするに際し、更に衷心より謝する次第である。

なお最後まで諸君と苦労を共にし、諸君の全部が郷里に還る姿を見届けてからとも考えたが、およそ事は時機というものがあり、どうも今が時機である様に思うから、この点も何卒諒承して欲しい。

御国の大事を前にして、個人の幸不幸を言うべき筋合ではないが、暫くこれを許して戴きたい。私は個人としては実に幸福なる一生を送ってきた。明治の聖世に生育して、国運興隆の澎湃たる潮に乗って生長し、しみじみ皇恩の有難さを身に徹し、而して軍人としての最後の十年を、戦陣に本分を徹底するの機を与えられた。一身に関する限り、実に有難き一生であった。

然し以上にも劣らず、この世を辞するに方って、深く自分の幸福として心肝に銘するものがある。これは諸君が私に示して下さった極めて暖かい情誼、情愛である。

私は最近二十数名の良い子供を持ってその情愛の下に生活しているような有様であった。私がこの温かい情愛、人間の美しい面影を一生における最後の感銘として、世を辞する幸福を与えられた事につき、深く諸君に御礼を申し上げる。

それでは諸君、よく自愛なされ、無事に帰郷の上、御国の為に御尽し下さい。

＊

この遺書を読んだ光部隊の残留戦犯将兵は、例外なく滂沱と涙を流したという。第十八軍全軍の責任をとって自決しようとする将軍が、「この世を辞するに方って、深く自分の幸福として心肝に銘するものがある」として、それは「諸君が私に示して下さった極めて暖かい情誼、情愛である」と言い残した。これに感激しなければ日本男子ではない。

終戦後、各地の戦犯収容所では上下の関係も乱れて、互いに罪をなすりつけ合うといった醜状が少なからず現出したというが、ことラバウル収容所にあっては、安達中将の見事な品格と気節が、最後まで部下との間の愛情をつなぎとめたといえよう。

田中中佐は、安達中将の精神のたたずまいの宜しさをこう語っている。

「安達閣下は、ニューギニアでは車や馬に乗られる機会はほとんどなく、出張といえば巻脚絆(まききゃはん)を巻いての徒歩行軍が大部、宿営もおおむね露営であった。食事も大部の期間は少量のサゴ椰子澱粉(やしでんぷん)、御馳走などは夢物語りである。一般通念の軍司令官の衣食住とは、およそかけはなれたものであったのである。したがって、健康、体力は最低の状態にあり、ただ気力だけでもっておられる状況であった。われわれ部下は、これに対して、なんともお気の毒と思うばかりであった」

そして田中中佐は「ところが」として、感激をこめて、こう続けた。

「閣下は、なんら不平不満を抱かれることなく、かえって部下に詫び、そのささやかな心づかいに対して、心から感謝されているのである。当時は終戦直後、ことに、戦犯収容所ともなれば、上下の利害が必ずしも一致せず、疎遠、離隔が通常の姿であったが、これはまたなんと美しい、父子相抱くような上下の情愛であったことか」

そして田中中佐は、万感の想いをこめて、

「遺書をいただいた旧部下たちの多くは、すでに三十の齢(よわい)を過ぎていたが、親を失った子供のように泣いた」

と語った。安達中将という軍人の精神のたたずまいがいかに美しいものであったか、このエピソードからもよくわかるであろう。まさに安達中将は清節の士であった。

⒁ 唯一の財産は「清節を持す」ということである

安達中将は南方出征の直前に夫人を亡くし、終戦後、長女を亡くしたが、なお一男二女が内地におり、伯父の十九方で元気に暮らしていた。長男が春海、二女が潮子、三女が磯子で、中将はこの三人にも遺書を残しているが、これは単なる遺書というよりも、人生を真摯に、かつ前向きに生きるための力強い教訓書のような内容となっている。

＊

前略、待ちに待っていてくれた三人と永久にお別れする日が来た。

私は若い頃から、公事に没頭し過ぎて、親として皆に対する責務を殆んど尽し得なかったし、又皆の母上も早逝せられたし、皆に大変苦労をかけ、可哀そうに思って居る。而して今回この艱難なる世路を親なくして進んで行かさねばならなくなった。私としてはまことに感慨深いものがある。然も皆も相当の歳になった次第であるから、一つここで腹をきめ、この環境においてしっかりした歩武で進んで行く様にしたい。それで、皆に考えて居って欲しい点を左に述べる。

一、我家は財産と称するものは何物もない。従って今日になって見ると、何等三人の将来の生活なり勉学なりを保証する何物もないのである。即ち皆急にかなりひどい貧乏人になったのである。これは国の大変動の場合、どこの国でも起る現実である。〝それでも決していじけるのではないよ〟。それ故、この事実は皆明白に認識して、これに添うように腹をきめねばならぬ。今後はいつでも自ら職場に立って、自ら活き、自ら自分の進路を開拓して行く覚悟を、腹をきめなければならん。実行は伯父様方の御指導によるとして、この腹がシッカリ定まれば、今後起る困難に際しても動揺しなくなる。

二、昔の人は「天は自ら助くる者を助く」と言った。若い三人がこの艱難なる世路を打開して進むにあたりても、根本は自ら助くるより道はない。どうか、自ら助くるの決意を堅くして三人が仲よく助け合うて行くならば、必ず天は助けるものである。

三、これから皆は色々なる難儀にも遭うと思うが、このためどうか清く正しく伸び伸びと育つて居る皆の人間としての美しい性質を失わない様にして欲しい。それは、腹がきまって居って、困難に対して受身にならず、進んでこれが打開を計ること、及び三人が相励まし、相慰め合って行くことにより達成せられると思う。

四、三人は将来どこに到達すべきかということについては、永く離れている私にはよく判らぬから、皆の考えに任せる。唯私が強く希望するのは国家の良民として恥かしからぬ人となることである。

五、皆は良き伯叔父母を多数持って居る次第であるから、万事この方々と御相談し、御指導を受けて進んで行きなさい。

六、春海。伯父様と御相談して、これが出来るならば、現在の大学教育は終了して、将来発達の地歩を築いて欲しい。然しこれからの世の中は、大いに実力本位に進むであろうから、一生熱心なる勉強と修養に終始すれば、いかなる状況になっても、男としての抱負を遂行して行けないことはないということも考えて置くべきであろう。

自分は生来不敏不徳で、家の名誉として皆に話すような事績は何事もない。只軍人としての節義について常に気をつけて来た。この一点においては子供を恥かしく思わせるようなことはないつもりである。

皆の曽祖父幸子之助翁、祖父松太郎翁は清節を持して一生を終った人である。吾々の家において皆に残し得る財産ありとせば、唯一清節を持すということばかりであろう。

それでは皆、身体に気をつけて、又しっかりして今後の艱難な人生行路を、三人手を組んで、勇ましく清く明朗に進んで行き、悔いなき一生を送ることを祈る次第である。

＊

聖訓五箇条に、「軍人は質素を旨とすべし」とあるように、清貧に生きるということは安達中将の信条であった。「清節を持す」という生き方こそ、軍人としてという前に、人間としてもっとも重要な倫理であり、かつ美学であるとして、中将はそれを実践躬行したのである。

それゆえ中将は子供たちへの遺書に、「清く正しく伸び伸び」と生き、「人間としての美しい性質を失わない様に」と明記したのである。そして兄妹三人力を合わせて、「勇ましく清く明朗に」生き、「悔いなき一生を送ること」を祈り、そういう生き方を厳守することによって、「国家の良民として恥かしからぬ人となること」を熱望した。

「清節を持す」とは「俯仰天地に愧じず」ということでもあり、まさにこれこそ安達中将が血肉と化した武士道精神の眼目であり、中将は誇りをもって、三人の子供たちに、「吾々の家において皆に残し得る財産ありとせば、唯一清節を持すということばかりであろう」と言い残したのである。

⒂ 安達中将の自決は第十八軍に最後の光彩を与えた

昭和二十二年九月十日午前二時すぎ、安達中将はラバウル戦犯収容所の空室で壮烈な自決を遂げた。享年五十七歳。

田中中佐はその感懐をつぎのように語っている。

「光部隊の一室で制服着用のうえ、日本の方を向いて端座し、小刀をもって型通り腹を切られ、自ら首をしめての自決でした。いつか、私に言われたとおり、他人の手を借りずに見事な最期でした。

朝になって急報があり、私は急いで光部隊に参りましたところ、門のところに遠藤中将が待っておられ、御本懐おめでとう、というあいさつでした。光部隊何百という将兵も、何か惜しいものを失ったような空気と、晴れ晴れしい空気とが渾然一体となった雰囲気のようでした。それほどまでにされなくてもという気分と、日本の将軍ここにあるのを発見した喜びというか、満足というか、その両方があったように感じたわけです」

また田中中佐は別の場で、つぎのようにも語っている。

「その日、私は御遺骸の埋葬と今村大将あての御遺書をお渡しするため光部隊を訪ねた。じつに安達中将は、その自決によって、軍司令官としての統率、とくに将軍みずからの表現による〝純正鞏固な統率〟を完成された、というべきであろうか。

私たち旧部下としては、将軍がその自決によって第十八軍の歴史に最後の光を加えていただいたことに、心からの感謝を捧げる次第である」

安達中将の自決は軍刀を没収されていたため、切れ味の極度に悪い小さなナイフによって行なわれた切腹であった。形とすれば武士の作法に則（のっと）って、ナイフで腹を切ったのだが、当然それだけでは致命傷になるはずもなく、そのため中将は自らの手で頸動脈を圧迫することで絶息した。終戦時には千人に近い軍人軍属が自決したが、これほど凄絶な自決法は例がない。安達中将はまことに強烈無比な意志の保持者としかいいようがない。この自決はもはや凄絶というよりも、人間の意志の強さを立証するほどに荘厳なものであった。

しかも安達中将は、自分の自決がラバウル収容所に迷惑をかけるのをおそれ、収容所長のアプソン少佐宛に、

「自分の死は光部隊の生活や裁判とは無関係なもので、一に日本軍指揮官としての特別の責任感から発するものである」

という書簡を書き置き、収容所長の責任が問われない配慮もなされていた。まさに用意周到な自決といわなければならない。

そして中将の遺骸は、その日のうちに、花吹山の麓に埋葬されることになった。しかし、この墓地はラバウル関係の戦歿者墓地であったため、ニューギニア関係将兵はほとんど埋葬されていなかった。ただ墓地の一角にニューギニア関係の二人の将兵の墓があり、その間に

一人分空いていたので、安達中将はこの旧部下二人の間で永遠の眠りにつくことになった。

なおこの際、軍医の厚意で中将の指一本がひそかに切られて田中中佐に渡され、田中中佐が内地に復員したとき、中佐から遺族に渡された。

葬儀には、第八方面軍司令官今村大将とその幕僚も参加を許され、濠州軍管区司令部からは副官が参列し、

「濠州人には自殺の習慣はないが、安達中将の自決の趣旨はよく判る。立派な軍司令官である」

と挨拶した。

ここに安達中将の戦争は終わった。田中中佐はのちに、この自決を総括してつぎのように語っている。

「安達中将の自決に関しては、中将自身念を押しておられるごとく、私も全部の軍司令官が自決なさるべきであったなどとは夢にも思いません。しかし、安達中将が御自分の全精魂を傾けて統率の大事に当られ、しかも、生命をかけてまでこれを完成されたという事実には、全く敬服のほかありません。そして将帥の道というものがいかに厳しいものであるかを痛感するのであります」

そして田中中佐は、安達中将の荘厳な自決についてこう結論する。

「第十八軍作戦を芸術にたとえることが許されるならば、安達軍司令官の自決は、漢詩における偉大な結句として、あるいは龍を描いての点睛（てんせい）として、第十八軍作戦全体に最後の光彩

を与え、その趣旨を一層明らかにするものではないかと考えます」

安達中将の自決は、十一万もの将兵が非命に斃れた第十八軍の比類なき敢闘を証明し、その鞏固な団結の最後の一頁を飾るものであった。そしていかなる戦況においても清節を持しつづけた安達中将の名は、日本民族の誇りとして、永遠にその芳烈を国史に刻みつづけるであろう。

第二章

BC級戦犯 横浜裁判三大事件

バターン死の行進事件

(1) バターン死の行進の概要

開戦当初、日本陸軍の南方作戦は三方面で展開された。すなわち山下奉文（ともゆき）中将（当時）率いる第二十五軍がマレー作戦を、今村均（ひとし）中将率いる第十六軍がジャワ作戦を、本間雅晴中将率いる第十四軍がフィリピン作戦を、それぞれ担当した。

このうち本間中将の第十四軍は、昭和十六年十二月二十二日にフィリピンのリンガエン湾に上陸すると、さして敵の抵抗をうけることもなく、昭和十七年一月二日には首都マニラを占領した。

米軍と比軍は前月二十七日にマニラの非武装都市宣言を発して、マニラ西方のバターン半島とその沖合いにあるコレヒドール島へ退却し、その一帯を要塞化して日本軍を迎え討つ体制を着々と整えていた。米比軍の総司令官ダグラス・マッカーサーはコレヒドール島要塞に籠もり、後方支援の民間人二万人を含めた約十万人の部隊をバターン半島に配備した。

マニラ制圧で米比軍とるに足らずと錯覚した第十四軍司令部は、バターン半島の米比軍掃討戦を第六十五旅団に命じた。ところが、この旅団は警備部隊として臨時編成された七千人ほどの老兵部隊で重火器を持たず、いわば小銃だけの部隊であった。

そしてこの三流旅団は一月八日、満足な地図もないバターン半島に進撃を開始した。この時点で米比軍はバターン半島の要塞化をほぼ終えており、それを知らない第六十五旅団はうかうかとそこに踏み込んでしまった。その後、惨憺たる戦闘の連続となり、第六十五旅団はナチブ山系の敵の最前線は突破したが、そこで戦線は膠着し、将兵は疲労とマラリア、さらに補給困難による弾薬・食糧の欠乏のため戦闘力をほとんど失った。

そのため第十四軍司令部は麾下の第十六師団から二個大隊を戦線に投入したが、その二個大隊も圧倒的な勢力をもつ米比軍に包囲されて玉砕してしまった。

二月十日、軍司令部は第六十五旅団に攻撃中止命令を発した。これが第一次バターン攻略戦である。

その後、大本営はバターン攻略のために大規模な砲兵部隊を送りこみ、その配置が完了した四月三日、第十四軍は総攻撃を開始した。このとき展開された砲撃戦は日本陸軍史上最大規模の砲撃戦といわれ、その効あって、攻撃開始からわずか七日目の四月九日、バターンの米軍司令官キング少将は日本軍に降伏した。

そして日本軍のつぎの攻撃目標は、バターン半島南方にあるコレヒドール島要塞となるのだが、ここに思いもしない事態が発生した。バターン半島一帯から、まるで地の底から湧き出るように、ぞくぞくと投降者が現われたのである。当初、第十四軍司令部はバターンの敵残兵は三万人くらいと踏んでいたのだが、実際に現われた投降者は十万人を超えていた。すなわちアメリカ兵一万二千、フィリピン兵六万四千、ほかに難民と一般市民が二万五千人以上で、その正確な数はつかめない。

しかもバターン半島という限られた一帯に十万以上の人員がいたため、皆、食糧不足とマラリアにかかって体力は極度に低下しており、立っているのがやっとという人間がほとんどであった。

さらに日本軍にはバターン占領後には、コレヒドール島攻撃という至上命令が出ており、バターン半島とコレヒドール島の間では壮烈な砲撃戦の展開が予想され、十万人にも及ぶ投降者を一刻も早く戦場から離脱させる必要があった。

しかも日本軍にはこれだけ大量の捕虜を輸送できる自動車がないから、最短距離でも六十キロあるサンフェルナンドまで、徒歩で護送しなければならなかった。当時の第十四軍は自分たちの食糧にもこと欠くありさまであったため、とてものこと捕虜に十分な食糧を与えることはできない。そのうえ、捕虜十万はほとんど半病人のようなものであるから、通常なら三日もあれば、サンフェルナンドまで行き着ける行程であるが、半病人の群れではそれも期待できない。

かてて加えて、フィリピンの四月は日本の盛夏以上の炎暑である。ここを戦闘で傷つき、マラリアを病み、空腹を抱えた十万もの人間が行進すればどういう結果になるか。かといってこの十万人をバターンに放置しておけば、コレヒドール島からやがて射ち込まれてくる米比軍の砲撃によって、どれほどの死傷者が出るかわからない。日本軍とすれば、十万の捕虜を救うためにも、行進を断行する以外なかったのである。

そのため捕虜たちは行進途中でつぎつぎと倒れてゆき、戦後開かれた軍事法廷において、その犠牲者は、米軍捕虜千二百人、比軍捕虜一万六千人と発表された。さらにその起訴事実には、つぎの条項があげられていた。

――少量の食料、水、遮蔽物および医療上の配慮を与えることさえも故意かつ計画的に怠り、拒否したこと。捕虜たちは道傍で食物や水を飲もうとして立ち止まると、殴打や銃剣による刺殺、銃殺にあった。捕虜たちは靴をとりあげられ、彼らの両足が傷ついて血を流した後ですら裸足で行進させられた。――

――前記戦争捕虜たちを日本軍砲兵陣地近くに休止させ、コレヒドールからの砲火にさらし、その結果多数のアメリカおよびフィリピンの兵士たちを殺したこと。――

そのほか、日本軍兵士は、窃取、強奪、略奪、暴行、監禁等々、考えられうるあらゆる残虐で非人道的な行為を米人、比島人に加えたと起訴事実は伝えている。

確かにバターン半島の行進では、捕虜に死者が続出した。だが日本軍の将兵にも、行進中に倒れてそのまま絶命した者もいた。日本軍将兵も捕虜同様に飢えと病（やまい）に冒されながら、サンフェルナンドまでの六十キロを歩きに歩いたわけで、日本軍の移動が自動車によって行なわれたわけではない。米比軍将兵に死者が多かったのは、行進を開始する以前から、飢えと病でその体力が極端に落ちていたことも考慮に入れなくてはならない。その証拠に、比島人の死者一万六千人に対して、比較的食料事情のよかった米国人の死者は千二百人であり、六十キロの行進のみに死因を求めるのはきわめて短絡的な思考といわなければならない。

(2) 死の行進の真実の姿

対日戦遂行のために米政府が自国民を煽動したスローガンは、第一に「真珠湾を忘れるな」であり、第二に「バターン死の行進を忘れるな」であった。緒戦から劣勢を強いられた米政府にとって、国民の敵愾心を煽るためには、バターン死の行進は格好の宣伝材料だったのである。

そこで日本軍の将兵は、この行進をどう捉えていたのかというと、第六十五旅団麾下の百四十一連隊長・今井武夫大佐はつぎのように述べている。

「私たちは、米比軍捕虜約六万人と前後しながら、同じ道を北方へ進んだのです。捕虜は数人の日本軍兵士に引率され、着のみ着のままの軽装で、飯盒と炊事用具だけをぶら下げて、えんえんと続いていました。疲れれば道端に横たわり、争って木陰と水を求め、勝手に炊事を始めるなど、規律もなかったのですが、のん気といえばのん気なものでした。それを横目で見ながら進んでいるわれわれは、背嚢を背に、小銃を肩にした二十キロの完全装備で、隊伍を整えての行軍でした。正直言って、捕虜の自由な行動がうらやましかったぐらいでしたね」

前項の「起訴事実」とはまったく違う内容であり、戦後、米軍がバターン死の行進の公判を維持するために、針小棒大のでっちあげを行なったことが、この発言からも明らかであろう。さらに今井大佐はこうも語っている。

「戦後、米軍から、これがバターン死の行進と聞かされ、私も横浜軍事裁判所に連日召喚されて調べられました。初めは、米軍は他方面の行軍と間違えているのではないかと考えたほどで、このときの行軍を指したものだとは思ってもみなかったですね」

第六十五旅団に属して、バターン戦を実際に戦い、この行進を自らも行なった連隊長のいう言葉である。政治的思惑などのない、軍人の冷静な観察といってよいであろう。

また百四十二連隊の副官であった藤田相吉大尉は、さらに具体的にこの行進について述べている。

「国道十五号線は南サンフェルナンドからバターン半島の東岸をマニラ湾を包むように走る。舗装してないが幅三十メートルの道は、半島突端マリベレスまで延びている。この本道に出て、米比軍捕虜が黙々と北上する姿を見た。先頭も後尾もかすんで見えないほどおびただしい数だ。彼らは腰に水筒を一つぶら下げているだけだが、いかにも憔悴している。道路上に大柄の米兵が、うつ伏して倒れているのもある。どの顔も不遜なやけっぱちな面構えだ。彼らの護衛に任じる部隊は、わが吉沢支隊の第一大隊だ。出発にあたって、兵団直轄となったのはこのためであったのか。護衛兵は、およそ二十メートルの距離で、兵二人を彼らの右側に配置している。護衛兵の先頭は第一中隊の斎藤一少尉だ。日、米の兵は話ができないから、ただ黙々と進んでいく」

少々元気のない行列ではあるが、一応、整然と進んでいるのがわかるであろう。それに護衛兵は二十メートルに二人というから、圧倒的に捕虜の人数が多いこともわかる。こういう行列の捕虜を、「起訴事実」にあるように、日本兵が好き勝手に撲殺(ぼくさつ)したり、刺殺したり、銃殺したりすることができるであろうか。そんなことをすれば、捕虜が怒って反乱を起こす可能性もある。

日本軍人は武士道をその思想基盤に置くが、武士道の眼目の一つが惻隠の情であり、たとえ敵でも苦境にあれば救いの手を差し伸ばすのが真正の軍人であり、半病人の捕虜を虐待することなど、武士道の許すところではない。それゆえ藤田大尉はこう語る。

「後日、バターン半島死の行進として悪名高く、本間軍司令官が銃殺刑に処せられた〝罪科〟の一つにあげられたそれがこの米比軍捕虜の大移動だ。しかしそれは裁判の誤りである。米比軍がこの捕虜の移動を〝死の行軍〟というならば、戦勝国たる日本軍の移動は〝超死の行軍〟だ」

そして藤田大尉は、自ら捕虜を護送した経験をもとに、その理由をこう述べる。

「いったい米比軍は持てる弾を撃ち尽くし、持てる食糧を食いつくすまでは頑強に抵抗し、これが尽きれば平然として手をあげる。降伏すれば、その時から日本軍はわれわれを給養する義務があるとうそぶいている。虫のよい考えである。国際条約があったとしても、日本軍はかくも多数の捕虜がジャングルの中から出るとは予想もしていない。したがって、糧食や医療の材料も輸送の機関も収容所の準備もないのだ。なぜ糧秣のあるうちに降伏しないのか、と言いたい」

　これが現実に戦場で戦った兵士の偽わらざる実感であろう。食糧・弾薬があるうちは、日本兵を一人でも多く殺傷することを願い、それらがなくなると手のひらを返すように、保護を求め、国際条約を楯にその義務の履行を求める。法律上は確かにそうであっても、「虫のよい考えである」と藤田大尉はいう。

　これは藤田大尉にかぎらず、前線で戦った日本軍の全将兵が実感したことであろう。またそうしなければ戦争犯罪だというなら、戦争犯罪という概念自体に多くの問題が内包されていることになり、そのような曖昧な概念のために、人の命が塵芥のように捨てられてはたまらない。それゆえ藤田大尉は憤激をこめてこう語る。

「コレヒドールの敵はまだ降伏していないではないか。しかも現に捕虜群と並列して進む日本軍の姿を見よ。重い装具をつけて、あえぎながら進んでいるではないか。貴様らにさんざん撃たれ、肉体的にも精神的にも言語に絶する苦難に耐えた日本軍だ。出来れば背負える背嚢も貴様らに負わせてやりたいぐらいだ。貴様らを軽装で行軍させるのが、むしろ慈悲だと思え、と言いたい。勝った軍が、負けた軍以上の苦しみを味わわねばならん理由はないのだ」

　戦後、マニラで行なわれた戦争裁判で、こういう真実の声が証言として採用されることはなく、日本軍の非をつく証言のみが採用された。

(3) フィリピン側から見た死の行進

本間雅晴中将の生涯を描いた書に角田房子の『いっさい夢にござ候』があるが、その中で角田は、マニラ滞在中に死の行進の経験者に直接会って取材をしている。そのいくつかをつぎに紹介する。

「疲労と暑さで行進はつらかったが、暴行を加えられたことはない。沿道の婦人から食物や水を与えられたが、引率の日本兵がそれをさまたげたこともなかった」

レオカディオ・デ・アジス（シティズンス信託銀行総裁）

「移動中、日本兵と同じ量の米と塩をもらった」

マリアノ・エンコ（フィリピン航空副社長）

「さんざんなめにあった。世界中で日本の兵隊が一番粗暴だ。しかし、仲間が殺されるところを見たことはない。道に死体がゴロゴロしていたが、みな疲労と病気で倒れたのだ。食糧もないのに、アメリカ軍が余り長くがんばったのがいけなかった。どうせ負けるとわかっていたのだから、もっと早く白旗をあげれば、三日や四日歩かせられても、あんなにたくさん死なずにすんだのだ」

ホセ・ビメンタ（運転手）

バターン死の行進に現実に加わったフィリピン人が角田にこう語っている。だが、これは戦争が過去のものとなったからいえることで、戦争直後にこういう発言をするものはまずいなかったとして、角田はその理由をこう述べている。

「残虐行為は実際にあったのだから、検察側にとってそうした証人だけを選ぶことは容易であったろう。一方、弁護団側は『移動中、何らかの害も受けなかった』と語る生存者を見つけることはできたが、彼らを証人台に立たせることは不可能である。同胞に袋だたきになることを覚悟してまで、憎悪の的である本間（中将）に有利な証言をしようというフィリピン人はいなかった」

要するに勝者が敗者に対して行なう戦争裁判は、肝心かなめの証人が検察側にとって都合のよい人間で固められるということであり、裁判の公正などというものは初めから無視されているのである。

ことにバターン死の行進は、日本軍への敵愾心（てきがいしん）を煽るために米軍によって政治的に巧妙に利用されたため、日本軍がそれを計画的かつ組織的に行なったとして、日本軍の残虐性をことさらに強調した。

だが角田は死の行進は、計画的でも組織的でもなかったとして、こう説明している。

「この裁判から二十数年後、アメリカの作家ジョン・トーランドは一九七一年度ピュリツァー賞を受賞したTHE RISING SUNの中で〝バターン死の行進〟を扱い、殺人を含む残虐行為もあったが、また捕虜に向かって部下の暴行を詫びた日本将校もあった——など多くの実例をあげて、この悪名高い行進が組織的に行なわれたものでないことを立証している」

計画的、組織的な大量虐殺の典型は、アウシュビッツの収容所におけるナチス・ドイツによるユダヤ人虐殺であるが、バターン死の行進はそれと比べれば、計画的でもなければ組織的でもないことは、自ずから明らかであろう。

戦争裁判における米軍の情報操作は牽強付会という以外なく、角田もこの死の行進の実相をつぎのように述べている。

「理由もなく殺人が行なわれた話も、数少ない病院車で親切に輸送された話も、ともに真実なのである。この行進は、上にたつ一人の人間（本間）が特殊な意図によって計画されたものではないから、移動中の捕虜がどのような経験をしたかは彼ら一人一人の運というほかない」

平和なときに人を殺せば殺人者だが、戦争のときにはなるべく多くの敵を殺した者が英雄となる。すなわち平時の理屈は戦時には通用しないということである。

もう一人この行進を体験した日本軍人の声を紹介しておこう。歩兵第百二十二連隊で中隊長代理を務めた中西泰夫中尉の感想である。

「三日間の行軍はアスファルト道なので、炎熱はとくにきびしかった。気のゆるみもあったと思うが、マラリアも出て、お互いに苦しい行軍であった。昼間は休んで夜行軍したら、被害はもっと少なくできたのではなかろうか。ただ敵だけを行軍させたのではなく、戦ったわれわれも、ともに行軍をしたのである。米軍だけに死の行軍をさせたような喧伝をするのは、論外である」

そして中西中尉は、こう断言する。

「マッカーサーが、米比軍を見棄てて豪州へ逃げ、見捨てた部下にたいし申し訳するためのゼスチャーとして行なったのが、極東裁判である。まったく日本軍の実情を無視したもので、後世のため、正しく史実を残していただきたい。われわれも同様に行進したのに、これは『死の行進』と呼ばれていない。わが中隊のなかにも、十名ほどの死者を出しているのである」

バターン死の行進の実相がいかなるものか、これで明らかであろう。

(4) マッカーサーの復讐

フィリピン防衛の総司令官であったマッカーサー将軍は、本間雅晴中将率いる第十四軍がリンガエン湾に上陸すると、マニラの非武装都市宣言を発して、いち早くコレヒドール島要塞に逃げ込んでしまった。

さらにバターン半島に日本軍が猛攻撃をかけると、マッカーサーは悪戦苦闘する味方将兵を置き去りにして、わずかばかりの側近とともに魚雷艇に乗りこんでミンダナオ島に脱出、そこから飛行機で濠州のダーウィンへ逃走してしまった。

後年、フィリピンの航空基地から多くの特攻隊を送り出すに際して、自分もかならず後から征くと誓いながら、やがてマニラから戦線逃亡してしまった第四航空軍司令官・冨永恭次中将と同様である。

しかもこのとき、マッカーサーは自責の念にかられたのか、〝アイ・シャル・リターン〟

という言葉を残している。本当に戦意があるならば、バターン半島とコレヒドール要塞を守っていた部下将兵とともに矢折れ、弾尽きるまで戦うべきであった。

これが三月中旬のことであるが、その後、戦意をなくしたバターン半島の米比軍は日本軍に投降して、かの「バターン死の行進」という悲劇を現出してしまったのである。米比軍の最高司令官が踏みとどまって部下将兵を力強く指揮していたら、あのような悲劇は起こらなかったに違いない。

マッカーサー自身も、これを軍歴上の汚点と自覚していたため〝アイ・シャル・リターン〟という言葉には、自分の名誉回復という野心もこめていたのである。人一倍誇り高い気性のマッカーサーは、逃亡将軍というあだ名をつけられることが耐えられず、その後、名誉回復の機会を狙いつづけた。

それからほぼ一年後、マッカーサーはこう述べている。

「かつてのわが将兵や婦人たちは牢獄の苦役にうめきながら酷使され、われらの保護下にあった一千六百万の忠誠なフィリピン人たちは、過去数多くの軍隊が誇ってきた騎士道の理想を持たない征服者たちの下で、ドレイの苦しみにあえいでいる」

それではマッカーサーの騎士道の理想とは何なのか。

しかもマッカーサーの狭量は、フィリピンから自分をみじめに敗走させた日本軍の司令官・本間中将に個人的な怨念を憎幅させ、その怨みを晴らすことに全精力を集中させた。

そんな折、バターン死の行進を体験した三人の米兵が収容所を脱走して、ゲリラ隊に救出され、濠州に送られてきた。そこでマッカーサーは彼らに会い、日本軍の暴虐行為を耳にした。マッカーサーにとっては、これこそ汚名を挽回する福音であった。

そのためマッカーサーは事実確認をすることもなく、三人の脱走兵の話をうのみにして報道陣に発表し、さらに彼自身、つぎのような声明を出した。

「戦争捕虜に野蛮で残酷な暴虐行為が加えられたことを示す、この疑いの余地のない記録に接して、私は全身にいいようのない嫌悪の念を感じる。これは軍人の名誉をささえる最も神聖なオキテを犯す行為であり、日本の軍人の信条にぬぐうべからざる汚点を残すものである。近代の戦争で、名誉ある軍籍をこれほど野蛮にふみにじった者たちに対して、適当な機会に裁きを求めることは、今後の私の聖なる義務だと私は心得ている」

そしてさらにマッカーサーは、こういう。

「全能の正義に満ちた神は、必ずや無力な将兵に対するこの恐るべき犯罪行為を罰し給うに違いない。抗すべからざる不利な状況の中で、気高く、勇敢な戦いをいどんだこの将兵たちを指揮したということは、私にとって得難い栄誉である」

マッカーサーには、この勇士たちを見殺しにしたという自覚が完全に欠けており、逆にこの悲劇を利用して、自分の汚名挽回を図らんという功名心ばかりが浮き上がっている。

『人間の記録・バターン戦』を著した御田重宝はその著の中で、小気味よくこう述べている。

「マッカーサーは口を極めて日本軍の蛮行をなじっているが、どうもマッカーサーの演出くさい。バターン半島から逃げ出した自分の行為をカムフラージュするために、ことさらにあばき立てたという感さえする。現在でもフィリピン国内にあるモニュメントには必ずその『死の行進』の姿が誇大にデザインされているが、マッカーサーの宣伝に、まんまと乗せられた格好である。部下を捨てて逃げた指揮官が、部下の遭った〝虐待〟を誇張するのは、いかにも芝居じみて見苦しい」

やがて戦争は終わり、マッカーサーは連合国軍最高司令官として東京に着任した。彼のまずなすべきことは、自分にフィリピンからの敗走という屈辱を与えた本間中将を苛酷に裁くことであった。戦時中のアメリカ人の敵愾心をあおったスローガンは、「真珠湾を忘れるな」と「バターン死の行進を忘れるな」の二つであったが、前者には自分が関与していないため、マッカーサーは後者の跡始末をつけることに全力をあげた。その方法は、当時のバターンを含めたフィリピン戦線における日本軍の残虐行為の最終責任は第十四軍司令官であった本間中将にあるとして、中将を血祭りにあげることであった。これは復讐裁判という以外にない。

そしてマニラで軍事法廷が開かれ、本間中将には事前の予定通り死刑が宣告された。マッカーサーは駄目を押すように、最終決定の審査書にこう記した。

「私はまたもや、大きい戦いの中でのかつての敵に最後の審判を下すという不愉快な義務を課せられた。裁判の審議は、被告が野戦部隊の上級司令官には不可欠の強い性格と道義心に欠けていたことを示している」

「これほど公正に行なわれた裁判はなく、これほど被告に完全な弁護の機会が与えられた例はこれまでになく、またこれほど偏見をともなわない審議が行なわれた例もない」

としている。ここまで居直ればもはやいうべき言葉もない。戦犯裁判とは大なり小なりこういうものであり、公正も正義も、世間一般で使われる公正や正義とはその意味を異にし、あくまでも勝者の恣意的な公正であり、正義にすぎぬことが、これからもよくわかるであろう。そしてマッカーサーは晴れ晴れとした心で、こう宣言する。

「私は有罪の判定を承認し、西部太平洋部隊司令官に刑の執行を命じる」

戦犯裁判は、名目上は戦場で行なわれた国際法違反の残虐な犯罪を裁く場であるが、その実、戦犯裁判自体が正義に名を借りた裁判であり、この裁判で有罪を宣告された者こそ、実は正義であったという逆説も成り立つのである。

(5) 本間中将の従容たる最期

昭和二十一年四月三日、本間雅晴中将はフィリピンのロス・バニヨス刑場で銃殺刑に処された。享年五十九歳。

本間中将はアメリカ陸軍を相手に戦って勝った日本史上はじめての凱旋将軍である。だが、また中将は「悲劇の将軍」とも呼ばれた。

すなわち彼はフィリピン制圧に手間取ったため、開戦から一年とたたない昭和十七年八月三十日付で、第十四軍司令官を解任されて予備役に追われ、戦後早々には位階を剥奪されて礼遇停止となり、そのうえ戦犯指名されてフィリピンに移送された。栄光の将軍がわずか三年余で囚奴に堕ちたのである。

しかも戦犯指名の最大の理由は、本間中将がそれまで聞いたこともない「バターン死の行進」というものであった。本間中将は昭和二十年九月十五日にその身柄を米軍に拘束されて以来、日記や書簡を通して、折々の感懐を書き留めているが、そこには身の潔白と戦犯裁判の違法性が繰り返し綴られている。

「日本の武人として立派な態度を取りたいものだとそれのみ考えている」

「正義とは勝者のみ一方的に偏在するのか。戦争は終ったのだ。戦場はなくなったのだ」

「新聞によると私は『バタアンの猛獣』だそうだ。山下の『マライの虎』に対するつもりだろうが、下らぬことを言うものだ」

「十万人の部下の身替りに命を投げ出すのだ。死に場所を得たと諦める」

「私の場合は初めから有罪と決めてかかるに違いない。きのうの検察官の質問で見当がつく」

「公判は大がかりのものですが、大がかりなのと公正なのとは全然別問題です。私は始めから公正な裁きを受けるものとは期待していないのです。万事が人間の想像しうる限りにおける最大の悪環境の中の裁判です」

「裁判官たる五人の将官、検事、弁護士まで悉く（ことごと）マッカーサーの部下で、マ氏は私のため苦杯を嘗（な）めた人です。此の復讐的観念が全体の空気を支配しているのです。それに所謂（いわゆる）死の行進は、米国内に広く宣伝せられ、私は米人の眼には、極悪非道の人非人として描き出されています」

「私が死刑になれば、国民は米国が勝者の威力を以って如何に無茶苦茶な国であるかを知る。この意味において死も亦意義あり、国家に奉公する道でもある。もう十年か十五年生きた所で病死する体だ。後世の歴史家の公正な裁判を待つ」

昭和二十一年二月十一日、マニラ軍事法廷は本間中将を銃殺刑に処するという判決を下した。そこで本間中将は妻・富士子や雅彦、尚子、聖作という三人の子供たちに遺書を認めた。

妻宛の遺書には、

「過去二十年ノ家庭生活ヲ顧レバ茫々夢ノ如シ。御身ハ温良貞淑ノ妻トシテ能ク家ヲ修メ子女ヲ養育シ唯々感謝アルノミ」

という文章で始まり、葬式等に関する細々とした指示が記されている。子供たちへの遺書は感動的である。

「之は父が御身達に残す此の世の最後の絶筆である。父は米国の法廷に於て父の言い分を十分述べて無罪を主張した。然しこんな不公正な裁判でこちらの意見が通る訳がない。遂に死刑の宣告を受けた。死刑の宣告は私に罪があると云うことを意味するものに非ずして、米国が痛快な復讐をしたと云う満足を意味するものである。私の良心は之が為に毫末も曇らない。日本国民は全員私を信じてくれると思う。戦友等の為に死ぬ、之より大なる愛はないと信じて安んじて死ぬ」

そして中将は改めて、

「米国が公正な国だというのは真赤な嘘だ」

と断言する。米軍による復讐裁判をまのあたりにした中将のこれは偽わらざる本音であろう。

また中将は、三人の子供たちに妻・富士子の素晴らしさをこう伝えている。

「母ははる〴〵マニラまで来て実に立派に働いて呉れた。法廷に於ける母の証言は完全であったと弁護団の人達は云った。母は他の私の友人達と共に人事の限りを尽してくれた」

富士子の法廷での毅然とした姿は語り草であったという。角田房子はその著『いっさい夢にござ候』で、その一場面をつぎのように感動的に描いている。富士子が弁護団側証人として出廷し、弁護人から「あなたの目にうつる本間中将はどのような男性か」と訊問されたときの富士子の答えである。

「わたくしは東京からマニラへ、夫のためにまいりました。夫は戦争犯罪容疑で被告席についておりますが、わたくしは今もなお本間雅晴の妻であることを誇りに思っております。わたくしに娘が一人ございます。いつかは娘が、わたくしの夫のような男性とめぐりあい、結婚することを心から望んでおります。本間雅晴とはそのような人でございます」

夫への信頼と尊敬のこもったこの言葉ほど、四面楚歌で孤立無援の法廷闘争をつづけていた本間中将を感動させ、また力づけた言葉はなかったであろう。そのため中将は、子供たちに宛てた遺書の中にも、

「母の正義感は正しく強い。御身等は珍しく立派な母を持ったことに感謝し、孝養を尽さなければならない。（中略）母を大事にして呉れ。母は父が御身達に残す最大の遺産であり、

御身達は又父が母に残して行く最大の遺産である」

と記すのである。さらに中将は子供たちに、

「常に利害を考うる前に正邪を判断する事。

素行上に注意し、汚点を残さぬようにする事。

一時の感情から一生の後悔を残さぬよう」

という三つの訓戒を残している。利害よりも正邪を思えというところに、本間中将の牢固たる軍人精神を見るべきであろう。これは「利を見ては義を思う」という武士道精神を代弁するものでもある。

本間中将はさらにもう一通、富士子宛の遺書を残しているが、その末尾はつぎの一文で締められている。

「最後ノ時機モ遠クハアルマイ。米国ノ一方的ナ無法ニヨリテ殺サレルノハ如何ニモ残念ダ。復讐心ニ充チタ法的私刑ダ。大事ナ時ニ奉公出来ヌノガ遺憾ダ。長生ヲシテクレ。子供達ヲ頼ム」

だが五首残された辞世のうちの一首は、

予て(かね)より捧げむ生命(いのち)いまここに
死処を得たりと微笑(ほほえ)みてゆく

という涼やかなものであった。人の命はいつかは尽きるものである。それゆえ古来、いつかは尽きる命なら、よき死処を得ることこそ武士の本懐といわれている。本間中将も現代の武士である軍人として、従容としてその本懐を遂げたことになる。

(6)　もう一つの従容たる最期

バターン死の行進事件では、本間中将のほかに第十四軍の幹部二人が起訴されて、死刑判決を下されている。

一人は第十四軍第三輸送隊司令官・河根良賢少将で、もう一人は同軍第六十一兵站地区隊長・平野庫太郎大佐である。昭和二十四年二月十二日に刑死したときの年齢は、河根少将が六十歳、平野大佐が六十四歳であった。

この両名の記訴状にはつぎのように記されている。

「昭和十七年四月九日より同月二十七日に至るまで、ルソン島バターン半島より米軍捕虜及びフィリピン軍捕虜をサンフェルナンドに移動するに当たり、炎天下長距離の行軍をなさしめて、いわゆる『バターン死の行進』を強制し、必要なる保護を怠り、結局輸送完了まで米軍捕虜約千二百名、フィリピン軍捕虜約一万名の死亡に寄与し、またオドンネル捕虜収容所においては収容中の捕虜に対し虐待を加え、米捕虜千五百四十八名、フィリピン軍捕虜約二万五千名の死亡をさせたるものなり」

起訴状にはこう記されているが、こういうバターン地域全体における戦争責任は、しいてあげるなら同地区の戦闘の日本軍司令官である本間中将にあり、統帥上は本間中将の部下に過ぎない河根少将と平野大佐に責任ありとする起訴状は法理論的にも誤りである。しかも二人とも直接的に捕虜虐待を実行したわけではないから、この両名の起訴はまったく為にするところの報復という以外にない。

たとえば、平野大佐は昭和六年八月に軍籍を離れ、郷里延岡で在郷軍人会会長を務めるなど清節の名士として知られていた。

そして昭和十六年七月に再召集を受け、本間中将の麾下の第十四軍に編入されて兵站地区隊長の職についたのだが、ここでも有徳の軍人として多くの部下に慕われた。とても捕虜虐待をするような人物ではない。

戦後、平野大佐は戦犯容疑で逮捕されたのだが、獄中で克明な日記をつけ、バターン死の行進についても、つぎのような記述がある。

「(前略) 混雑な最中に小官として充分部下を督励してこれが事故を未然に防止するがごとく努めたるも、状況上如何(いかん)ともする能はず。けだし誰がこれに任ずるもしかるべしと信ず。あへてこれを虐待するがごとき私心は毫末もなかりしことを神明に誓って憚(はばか)らず」

さらに戦犯裁判でも、平野大佐は捕虜の移動に関しては、つぎの四点を厳守するように部下に命じたと供述している。

一、暑いので捕虜を十分休息させ水を与えること。

二、病人や負傷兵の取り扱いには特に気をつけること。

三、逃亡兵には気をつけること。
四、輸送はできる限り迅速に行なうこと。
炎天下の過酷な行進を配慮したこの命令のどこが捕虜虐待につながるのか。またオドンネル捕虜収容所でも、平野大佐は捕虜虐待を繰り返し三万人近い捕虜を虐殺したとされているが、その点に関しても大佐は、法廷でつぎのように供述している。

「自分はオドンネル捕虜収容所に四回視察にいったが、昭和十七年五月下旬には収容所で死亡した捕虜の供養のため、マニラのカトリック神父による礼拝を行なっている。収容所で死亡した捕虜の数は一万人ぐらいだったと思う。そのうち九千人ほどがフィリピン人であった。死因はマラリアと赤痢が主であった。マニラの本間裁判でオドンネル捕虜収容所における捕虜の処刑が問題になったと聞かされたが、自分の在任中そのような事実をまったく聞いていない」

このようにオドンネル捕虜収容所で死亡した捕虜の死因は、ほとんどがマラリアと赤痢であり、日本兵が捕虜を大量虐殺したなどという記録はどこにもない。

確かに捕虜たちは食糧不足に悩まされていたが、これは日本兵も同様であり、捕虜がマラリアや赤痢にかかってつぎつぎと死んでいったのは、彼らがバターン半島に籠城して以来の疲労の蓄積と体力の極端な消耗がその最大原因だったのである。

だが河根少将と平野大佐の処刑は、米軍の裁判シナリオにあらかじめ組み込まれていたものであり、昭和二十三年六月二十九日、両名に絞首刑を宣告した。大変な裁判もあったものである。

だが、河根少将と平野大佐はこの不当判決を潔く受け容れた。確かに平和な世を作るためには捨て石が必要であり、両名は日本軍人の誇りにかけて、新世界建設の人柱にならんという高邁な覚悟を固めたのである。

平野大佐の遺書が残されている。それは、

「死生一如、一切空也。吾れ本夜浄土に参り安住せん」

という言葉で始まり、つぎのような凛烈な文章が記されている。

「昭和二十四年二月十日夜八時、死刑執行の指令を受けたる以来、飜然として諦観心身軽爽を覚え、今や沈静浄光に浴しつつあり。人間此の境地に至る、蓋し仏信仰の賜なるを痛感す。必ずや日本人として、はた武士として従容として最後を全うすることを神仏に期するものなり。皆様御安心下さい」

「日本人として」、また「武士として」見事な覚悟といえよう。この誇りに生き、かつこの誇りに死するのが真正の日本軍人というものである。

そして平野大佐は、牢固たる死生観を開陳する。

「私としては死といふことは已に恐れてもゐないし、悲しんでもゐないのである。之は当初からの覚悟と三年間に於ける仏信仰より来れる慈恩なりと諦見してゐます。思ふに人生は何れは死なねばならぬ、唯其の長短こそあれ大した隔りはない。私は已に人生五十を十五歳超越して来た。而も幾多の死線を越えて来てゐる。此の意味からしても余り慾は云へない」

武士道の根本は死を怖れぬことにあり、平野大佐は武士道を見事に血肉としていたといわなければならない。

逆にいえば、古来、武士の武士たる所以は惻隠の情があるかどうかといわれてきたように、武士道を体得した者が捕虜虐殺などという不仁不徳な行為をするはずがないのである。

そして昭和二十四年二月十一日、平野大佐は巣鴨プリズンでの処刑直前までの己れの行動をつぎのように淡々と書き残す。

「午後五時夕食、種々多量の御馳走があり、最後の食事として有難く賞味した。其後夕の行に入り修証義を奉誦、愛詩を高吟、和歌数首を称へ、次いで坐禅、益々精神の安静を得、少時横臥休眠す。

今十一時頃ならん。刻々時間を消す。之より仏間に集合して花山（信勝）師の引導を受け、葡萄酒を頂いて天皇陛下の万歳を奉唱して刑場へ行くこととなる」

平野大佐の入獄した巣鴨プリズンの場合、絞首刑は午前零時三十分頃に執行される。大佐に残された時間はあと一時間であり、大佐はこの遺書を簡潔にこう結んだ。

「夜は更け、唯スチームのエンヂンの音を聞く。寂たり。然れども私は弥陀と共に在るの信条にありて平静である」

日本武人らしく従容と死すとは、まさにこういうことである。

石垣島米軍飛行士殺害事件

(1) 石垣島事件の概要

昭和十九年三月、大本営は沖縄に第三十二軍(司令官・牛島満中将)を創設し、台湾の第十方面軍(司令官・安藤利吉大将)の傘下に置いた。近い将来、米軍が台湾ならびに沖縄方面に進攻してくると予想したためである。

そこで第三十二軍は、沖縄本島に二個師団と一旅団を配備し、八重山諸島の宮古、石垣両島に海軍部隊を加えた守備隊を配備した。このうち石垣島には約一万人の陸海軍将兵が駐屯することになった。主任務は白保、石垣、宮良の三飛行場の守備と敵の上陸阻止であった。

同年十月十日、沖縄本島那覇市の大半を炎上させた那覇大空襲があり、その二日後には石垣島が初めて空襲された。

その後、米軍は昭和二十年一月にフィリピンを制圧し、二月から三月にかけて硫黄島を占領し、つぎの照準は沖縄にぴたりと合わされた。そして米軍は四月一日を沖縄上陸日と決めたのだが、宮古、石垣両島が台湾を発進する特攻隊の中継基地に使われることを恐れ、両島に対する空爆を開始し、八重山諸島方面の制空権、制海権は完全に連合軍に握られた。

石垣島の海軍警備隊は司令の井上乙彦（おとひこ）大佐（四十七歳）以下約三千人の小戦力で、対空班と陸戦隊、それに爆装ボート震洋による水上特攻隊の三つの戦闘部隊に別れていた。

米軍の石垣島に対する本格的な空襲は三月下旬から始まったが、それから三ヵ月間で延べ三千六百機にものぼる艦載機や爆撃機が来襲し、当初は飛行場に限定されていた空襲も徐々にエスカレートして、米軍の市街地への無差別爆撃も開始された。さらに卑劣にも、サバニ舟で漁をする漁民にまで銃撃を加えるという非人道的行為を繰り返し、軍人のみならず一般島民の憎悪を激しくかきたてた。

そして四月十五日朝、石垣島上空に十二機編隊の米空母艦載機グラマン・アベンジャーが来襲した。日本軍の高角砲・対空機関銃が一斉に火を吹くなか、編隊は飛行場に銃爆撃を加えて飛び去っていったが、なぜか一機だけ上空を去らずに市街地や沿岸で漁をするサバニ舟に執拗な銃撃を加えていた。

当然、日本軍の対空砲火はその一機に集中し、高角砲弾が一発、同機に命中した。するとたちまち黒煙をあげて、同機は海面に向けて墜落していった。そのとき、上空に三つのパラシュートが開き、島の南端・大浜集落から約三百メートル沖合いの珊瑚礁の上に舞い降りた。午前九時頃のことである。

ほどなく海軍警備隊が出動して三人の身柄を拘束し、警備隊本部で訊問が始まった。三人は米海軍第九十七編制航空隊の所属で、操縦士のバーノン・ティボー中尉（二十八歳）、通信担当のウォーレン・ロイド兵曹（二十四歳）、機銃担当のロバート・タグル・ジュニア兵曹（二十歳）とわかった。

訊問が終わると、三人は防空壕に監禁されたが、その後、海軍警備隊の幹部将校と陸軍の憲兵隊長らが善後策を談合した結果、陸軍側は海軍に一任すると回答した。そのため海軍側はいろいろな善後策を出したのだが、三人を台湾高雄にある警備隊本部に移送する船便がなく、また島内に三人を収容する施設もなく、さらに食糧も極度に不足していたため、警備隊の井上司令は三人を処刑することに決定した。

いかに戦時下とはいえ、これはかなり無法な決定であったが、海軍警備隊はこの前日の敵の攻撃で二人の隊員を機銃掃射で殺されており、この決定も戦闘の延長と見れば、決して違法には当たらないと井上司令は決断した。

逆にこの三人を処刑しなければ、戦友二人を殺された警備隊全員の怒りを抑えられず、今後の部隊全体の戦意の低下にもつながると、井上司令は判断したに違いない。

それゆえ米兵三人の処刑は、あくまでも石垣島海軍警備隊内部の問題として、台湾・高雄の本部には連絡しなかった。すなわち三人に捕虜の資格を与える以前に処刑することによって、海軍警備隊としてはこの事件をこの日の戦闘行動の一環として捉えたのである。

そのため井上司令は、三人の処刑実行者を選んだ。一人は震洋特攻隊長の幕田稔大尉（二十五歳）、一人はその前日に二人の部下を空襲によって殺された学徒出陣の第一小隊長・田口泰正少尉（二十二歳）、もう一人は中隊長格の榎本宗応中尉（四十一歳）であった。

その日午後九時半、警備隊陣地内の照空隊前広場に三人の米兵が引き出された。南国の月明かりの下にすでに五十人を超える隊員が集まっていた。広場の一ヵ所に奥行き一・五メートル、幅二・五メートル、深さ一・七メートルの穴が掘られていた。

その穴の前にまずティボー中尉が据えられた。剣道の達人であった幕田大尉がティボー中尉の傍らに立つと、軍刀をスラリと抜いた。そしてティボー中尉の首が差しのべられると、幕田大尉の軍刀が一閃した。

つぎはタグル・ジュニア兵曹が穴の前に据えられた。田口少尉がタグル兵曹の傍らに立ち、同じく軍刀を一閃させた。だが、田口少尉の腕が未熟であったのか、殺すに忍びなかったのか、首の三分の二ほどしか斬れなかった。

三人目は訊問の際、反抗的な態度を取りつづけたロイド兵曹であった。彼だけは柱にしばりつけられていた。そのため二人の戦友を殺された兵士たちがつぎつぎとロイド兵曹に近づいては殴打を繰り返した。

やがてそのリンチが終わると、刺突を命じられていた榎本中尉が銃剣を装着して、ロイド兵曹の胸を突いた。その後、兵たちがつぎつぎと刺突を行ない、いつの間にかロイド兵曹は絶命していた。そして穴はふたたび埋めもどされて、上に重石が乗せられた。

その後も石垣島に対する米軍の攻撃はつづけられ、この凄惨な事件もいつか忘却の彼方へ押しやられて終戦となった。ところが、それから数ヵ月たった頃、この事件に関わった一兵士が良心の呵責に耐えかねたのか、事件の概要をもらし、それが占領軍当局の知るところとなったのである。

(2) 不可解なBC級戦犯裁判

石垣島事件の特異な点は、三人の飛行士殺害に対して四十六名もの将兵が起訴されたことである。たとえばB29搭乗員三十八人を処刑した東海軍米搭乗員処刑事件の起訴人数が岡田資中将を含めても二十人だったことと考え合わせれば、石垣島事件の四十六人という人数がとび抜けて大きいということが知れよう。

またこの岡田中将は後に巣鴨拘置所の死刑囚専用棟である五号棟で、石垣島事件の井上乙彦司令と会い、

「なんで君はこんなに大勢引き連れてきたんだ」

と苦言を呈したという。岡田中将と井上司令の人間としての器量の差といってしまえばそれまでだが、石垣島事件が奇妙な展開を見せたのは事実である。

日本の軍隊は、「上官の命令は朕が命令なり」と勅語にあるように、命令絶対の上意下達組織であり、部下は上官の命令に絶対服従しなければならないし、上官は発した命令に責任を負うと同時に、部下の犯した過ちもまた上官が負わなければならないとされている。

岡田中将の東海軍は、三十八人もの米搭乗員を処刑したにもかかわらず、全責任は自分一人にありとする岡田中将の凛烈な軍人精神により、刑死者は岡田中将一人ですんだ。ところ

が石垣島事件の判決は、起訴四十六人（一人は途中で免訴）中、死刑四十一人にも及んでいる。

日本軍の命令体系を考えれば、この四十六人のうち、士官が十一人で、下士官兵が三十五人であるから、少なくともこの三十五人は免罪されて然るべきだが、無罪はわずか二人で、あとは懲役二十年が一人と同五年が一人になっている。

これは一説によれば、当初、井上司令が知らぬ存ぜぬを通して、命令を下したのは自分であるといわなかったために、いたずらに刑死者を頻出させてしまったといわれているが、問題はそう単純でもなさそうである。

石垣島事件の公判は昭和二十二年十一月二十六日にはじまり、判決の言い渡しは翌年の三月十六日に行なわれているが、事件の経緯を裏付ける記録や物的証拠がまるでなく、関係者の証言だけで進められた異様な裁判であった。

三人の米搭乗員の遺骸は後に掘り出されて荼毘（だび）に付され、灰は海に捨てられた。また事件に関する書類は終戦時にすべて焼却されている。さらに真実を知るために不可欠の現場検証も一度もされていない。それでいて四十一人もの死刑判決が出されているのであるから、ある意味では無茶苦茶な裁判といえよう。

しかも判決が出てから十ヵ月後の昭和二十四年一月二十八日には二十八人が減刑となり、さらにそれから一年二ヵ月後の翌二十五年三月十八日にはさらに六人が減刑され、結局、絞首刑に処せられた者は七名にまで減っている。すると四十一人もの死刑を宣告した判決は何だったのかということになる。まったく不可解な裁判である。

しかもこの七人の死刑が執行されたのは昭和二十五年四月七日だが、この二ヵ月後には朝鮮動乱が勃発し、米軍も戦争裁判どころではなくなり、動乱一ヵ月後には巣鴨プリズンに勤務していた米軍兵士百四十二人に朝鮮出動の命令が下され、八月末には米兵に替わって日本の刑務官が勤務するようになった。そしてほぼ一年後の昭和二十六年九月九日には、連合国の対日講和条約調印となるのである。

要するに石垣島事件の七人の死刑は、戦後の戦犯裁判における最後の死刑執行であり、もしその執行が二ヵ月遅れていたら、七人が刑死せずにすんだ可能性が極めて高かったのである。これは七人にとっては不運としかいいようがない。

そもそも戦犯裁判というのは、殺害された米兵の遺族に対する配慮を最優先にして進められるため、報復裁判という側面が非常に強い。およそ裁判の公理は、「疑わしきは罰せず」であり、たとえばドイツ軍を裁いたニュールンベルク裁判のウェナーストラム判事も、「検察が自己の能力を示す目的で有罪を要求したり、復讐の意図を捨て切れなかったりすれば、その裁判は何の意義をも持たぬであろう」と述べている。東京裁判やニュールンベルク裁判というA級戦犯を裁く法廷は、国際監視の中で行なわれるため、型式的にはある程度の公正が保たれ、裁判長などは中立国から選出されるが、BC級裁判というのはそういう枷(かせ)がないため、裁判長も検事も弁護人も戦勝国の軍人や法務官から選出される。

しかも被害者遺族の心証を少しでもよくしようという潜在意識から脱し切れないため、法理よりも、被害者より多くの刑死者を出さなければならないという思惑に判事も検事も引きずられ、公正な判断ができなくなってしまうのである。石垣島事件の三人の死者に対して、四十一人もの死刑判決を出すなど、その典型である。

通常の殺人事件の場合、犯人が複数いれば主犯が誰で共犯が誰と厳格な審理が行なわれ、量刑にも自ずと差が出る。ところが石垣島事件の場合は、命令を出した司令も死刑なら、処刑実行者も死刑で、すでに死体となった米兵を刺突した者も死刑である。これほどでたらめな裁判はまず例がなく、判事も検事も、軍人でありながら軍の命令系統の何たるかを理解できず、平時と戦時の違いもわからない。

これでは公正な裁判とは絶対にいえないし、逆に戦犯裁判の無法を自ら立証しているようなものである。しかも判事も検事も、勝者に特有の言行に終始し、被告軍人ばかりでなく、日本人全体を見下し切っていた。

(3) マッカーサーの陰謀

石垣島海軍警備隊の司令であった井上乙彦大佐に対する評価は賛否両論大きく分かれるが、法廷に立ってからの井上司令は、何かを吹っきったように潔い態度に終始した。

たとえば米国立公文書館にある公判記録には、井上司令が米兵を処刑にした根拠として、つぎの三点があげられている。

一、飛行士たちは連日の無差別爆撃で、島の漁師はもとよりのこと、町長など非戦闘員の命を奪った張本人であったこと。
二、日本では昭和十七年にドゥーリットル編隊により本土を爆撃されて以来、無差別爆撃を行なった敵機搭乗員は処刑すべしと指令が出ていたこと。
三、戦況は末期的症状で、島には捕虜収容施設を望むべくもなかったし、台湾への輸送航路は完全に遮断されて、飛行士を管理しかねたこと。

さらに井上司令は公判で、検事から処刑をなぜ許可したのかと問われ、毅然として、

「許可しなかった。命令したのだ」

と答えている。命令という言葉を口に出すことによって、すべての責任は自分一人にあると公言したのである。これこそ一人でも部下を持つ日本軍人の正しい在り方である。

さらに井上司令は、公判の証拠書類の中にもつぎのような言葉を残している。

「私の部下たちは、この事件に関してすべて私の命令にもとづいて行動しました。従ってこの件のすべての責任は司令にあります。私の命令によって行動した部下たちが、何の責任も負わないと私は確信しています」

日本の軍隊においては上官の命令は絶対であり、部下は命令を拒むことはおろか、命令に対してその内容を質問する習慣さえ持っていなかったというのが井上司令の見解であり、部下が命令によって動いたことの結果責任はすべて上官にあり、その命令系統がくずれれば、軍隊そのものが成り立たないというのが井上司令の揺るがぬ信念であった。

また井上司令は、検事から問われた捕虜虐待に関しては、部下の具体的名前をあげてこう答えている。

「捕虜に対する暴行については、私はいまだその事実があったのかどうか疑問に思っています。第七十二号書証で、炭床（すみとこ）（兵曹長）が捕虜の墓に密かにしるしをつけ、（後で）花を持ってその墓を訪れたと述べています。私は彼がそのような人間だということを知っています。晩春の石垣島の野原に咲く大きな白百合を彼がどのように墓に捧げたのか、思い浮かびます。また、〝神様のようだ〟といわれ、部下にも慕われていた桑野（二等兵曹）が捕虜を殴っているところなど想像ができません。立派な将校である北田（兵曹長）が捕虜を殴ったというのも信じられません。彼は処刑の場にやってきて連絡などの仕事をしようとしただけだと思います。私は（処刑後に部下が）捕虜の靴を脱がせたことが戦争犯罪になるとは思っていません。埋葬の際に靴を脱がせるのは日本の習慣なのです」

ここに名が上げられた炭床、桑野、北田の三人は、のちにいずれも死刑を宣告されている。戦犯裁判というものがいかにいい加減なものであるかが、これからもよく理解できよう。

たとえば、新潟県下の捕虜収容所に関する戦犯裁判では、食糧不足を補うため職員が苦労して調達して捕虜に食べさせたゴボウを木の根と認定して、収容所長らに有罪を宣告したし、シンガポールで行なわれた裁判では、捕虜にビンタを一つ加えた事実がわかると、懲役が一年加算されるという無法がまかり通っていたのである。

こと戦犯裁判に関する限り、公正や正義といった言葉の定義を改めて考え直す必要があろう。米軍がこれらの言葉を使った場合、つねにその裏にあるまやかしを見抜かねばならない。

また井上司令は死刑執行日の前日、すなわち昭和二十五年四月六日、連合国軍最高司令官マッカーサーに部下将兵の減刑を訴えた歎願書を送っている。

＊

私は四月七日巣鴨監獄にて絞首刑を受ける元石垣島海軍警備隊司令井上乙彦であります。私独りが絞首刑を執行され、今回執行予定の旧部下の六名及び既に減刑された人達を減刑されんことを三回に亘り事情を具して歎願致しましたが、今日の結果となりました事を誠に遺憾に存じ乍ら私は刑死をしてゆくのであります。

由来、日本では命令者が最高責任者でありまして、受令者の行為はそれが命令による場合は、極めて責任が軽い事になってゐます。戦時中の私達の行動は総て其の様に処理されてゐたのであります。

若し間に合はばこの六名を助命して戴きたいのであります。

閣下よ。今回の私達の絞首刑を以て日本戦犯絞首刑の最後の執行とせられんことを伏して私は歎願致します。これ以上、絞首刑を続行するは、米国の為にも世界平和の為にも百害あって一利なきことを確信する次第であります。また神は不公正及び偽瞞ある公判によって刑死者を続出するは好み給はぬと信じます。尚之を押し進めるならば、神の罰を被るは必然と信じます。

願くは刑死しゆく私の歎願書を慈悲深く、広量なる閣下の御心に聞き届け給はん事を。

しかし、井上司令のこの歎願は受け入れられず、翌四月七日、井上司令以下七人の石垣島関係死刑囚の刑は執行された。

＊

この時期、マッカーサーは米国大統領になるという野望を胸に秘めており、米国人の人気を取るためにも、石垣島で殺害された三人の米軍飛行士の少なくとも倍ほどの日本人を殺さなければならなかったのである。

なお、井上司令の自分たちの絞首刑をもって日本戦犯絞首刑の最後の執行にしてくれという願いは間接的にかなえられた。しかし、それはこの死刑執行後わずか二ヵ月で朝鮮動乱が勃発したためであり、井上司令の歎願が聞き入れられたからではない。

(4) 井上司令の深い家族愛

石垣島海軍警備隊司令の井上乙彦大佐は、大正九年に海軍兵学校を卒業した生粋の職業軍人で、連合艦隊第二艦隊の副官や重巡洋艦摩耶の艦長などを歴任し、昭和十九年十二月に石垣島海軍警備隊司令に就任し、事件発生時は四十七歳であった。

そのため強持ての軍人を想像しがちだが、写真で見るかぎり大変温和な容貌で、事実、平素は大変穏やかな人柄であったという。二男一女がおり、夫婦仲もよく、処刑二日前の昭和二十五年四月五日に井上司令は妻・千鶴子に哀切な遺書を認めている。

「既に戦場で幾度か死地に陥ってゐたのが、今まで生きて来たのをもうけものだと思って下さい。二十一年の大晦日に拘引されて以来、父なき家をかよわい手で支へて来たのですが、この五年間の苦しみをいつまでつゞけねばならぬか判りませぬが、誠心の吾が家には何時かは必ず神様のお救ひがあると確信してゐます。私の魂はそれを祈ってゐます。私の魂は天にも浄土にも行きません。愛する千鶴子や和彦（長男）や文彦（次男）や千賀子（長女）といつも一緒にゐるつもりです。今日までは牢獄に繋がれて手も足も出ませんでしたが、魂が此の身体から抜け出せば、何時でもまた何処へでもすぐ行って、あなた達を助けることが出来ます。助けの入用な時やまた苦しい時はお呼びなさい。何時でも助けになりますから」

妻を思い、子を思う真情があふれた文章である。死刑執行まであと二日の井上司令にとって、今生での希望はただ一つ、残される家族の幸せな暮らしのみであった。井上司令自身はクリスチャンであったというが、「私の魂は天にも浄土にも行きません」と断言し、家族と「いつも一緒にゐる」という。そう思うことで司令は家族を励まし、己れの死を意義づけたのである。

刑死は自らの意志で死ぬ自決とは違い、犬死を避けるためにも、死の意義をこのように見つけなければならなかった。

そして死の恐怖を克服した井上司令は、遺書をこうつづける。

「私は齢五十一歳になって人生五十を過ぎて、命の惜しい時ではありません。また生きてゐても最早や米食虫に過ぎぬと思ふ体です。然し愛する妻子が戦犯の汚名で死刑された者の家族であると言ふ事を考へると可哀想です。当分は肩身の狭い思ひをし、またある処では白眼視されると思ふとたまらない気持ちがします。くよ〳〵してもきりがありませんから、私が息をひきとる四月七日の正午を境にして気持をきりかへて、再出発の覚悟をきめなおして下さい。この遺書がいつお手にとゞくか判りませんが、若し着かなくても、あなた達の更生の覚悟は決ってゐて、新生活に邁進なさる事が出来るのを確信して行きます」

当時、人生は五十年といわれていたが、特攻隊の若者たちなどは「人生半額二十五年」と割りきっていた。同じ海軍の士官として、井上司令は彼らの二倍も生き、「命の惜しい時ではありません」と断言した。

いたずらに生に執着しないのが軍人心得の基本であり、井上司令もすでに牢固たる死生観を確立していたため、自分の刑死の日の正午をもって、気持を切り換え、人生の再出発を図るように家族に望んだ。

そして家族を信頼する司令は、新しい生活はかならずうまくゆくと確信するのである。これは夫婦の絆、親子の絆が固くして初めていえる言葉でもある。

そして井上司令は虚栄を張るなと忠告する。

「あと墓も不用です。お葬ひや告別式などの儀式、殊に饗宴類は私の為には無用です。貧しさと寂しさの中にこの様な形式的な慰めを求むるはあなた達が幸福になる道ではないと思ひます」

井上司令は聖訓五箇条の「軍人は質素を旨とすべし」を実践した軍人であり、大佐まで昇進したが、最後まで借家住まいであった。金は必要ではあるが重要ではないというのが井上司令の信念であり、贅沢よりも清貧に美を見、家族にもつつましく暮らすことを望んだのである。

そして井上司令は、家族一人一人に言葉を残す。まず妻・千鶴子に。

「千鶴子は幸福な家庭に人となり、結婚生活の後半は忍苦の生活でありました。私の力の足らなさと運命の悲しさを今更兎や角言っても仕様がない事です。せめて三人の児を立派に完成する事によって後世の慰めにして下さい。

入牢までの二十年は振りかへって見れば夢のようです。苦しかった事も今となっては皆楽しい思ひ出となって浮んで来ます。然し終戦後は父に逝かれ、母代りの伯母を失ひ、今また私の此の悲運を諦めよと簡単に言って片づけるには重すぎるとは思ひますが、私達の身に持って生れた業と思はねばなりますまい。私には今日を除けば、家庭生活はお礼の申上げ様もない感謝の生活でありました。私の足らなかったこと、至らなかった所を今思ひ出して愧ぢ入ってゐます」

井上司令にとって、千鶴子はよほどいい妻だったのであろう。相思相愛の夫婦がともに歩いた歳月は、苦しかったことも皆楽しい思い出となるという。二日後に死にゆく井上司令にとって、この楽しい思い出こそ、何よりの手向けであった。それゆえ「家庭生活はお礼の申上げ様もない感謝の生活」であったという。

死刑囚は刑の執行が目前になると、一種の諦念が働き、多かれ少なかれ厭世的になるといわれるが、日本軍人として堅牢な死生観を確立していた井上司令は厭世的になるどころか、素晴らしい家庭生活を支えてくれた妻に対する感謝の念を高らかに宣言することによって、晴れ晴れとした気持で死出の旅をたどったに違いない。

つぎに長男和彦と次男文彦宛の遺書。

「和彦、文彦はおとう様の児としては出来すぎた児です。然し父の欠陥も遺伝されてゐることをよく知ってをいて修養して矯正して下さい。兄弟で話し合ひ、またお母様にお話しすれば全部判ると思ひます。今の能力をどちらに向けてどれだけ伸すかは、相談し合へば自ら決定出来ると思ひます」

死にゆく父の願いは、兄弟が仲よく力を合わせ、母に孝養を尽くすことが第一である。父にとって子は自分の分身であり、その分身の健やかな未来を考えることほど、親にとって大きな喜びはない。「和彦、文彦はおとう様の児としては出来すぎた児です」という文章の中に、井上司令の子に対する深い愛を知ることができるであろう。

また長女の千賀子にはこう記している。

「千賀子は永く別れてゐるうちに、よく育ってよい児になってゐると聞いて喜んでゐます。情操教育の最も大切なこの時機に、父なく、母は忙しくて可哀想です。お母様のよい性質を承けてゐるのできっと立派な女性になると確信してゐます。よいお兄様達がゐますから、お兄様達も千賀子を今まで以上に可愛がってやって下さい」

立派な軍人であることの前提は立派な人間であることとされているが、立派な人間であるためには、家族を誰よりも愛さなければならない。家族を愛することが郷土を愛することにつながり、郷土を愛することはやがて祖国とそこに住む人々を愛する祖国愛へと昇華してゆき、その祖国を守るためには命もいらぬという堅牢な軍人魂が形成されてゆくのである。

そして井上司令の遺書は、部下への感謝とお詫びの言葉で締められている。

「絞刑の友〇名（六名）と準備室に曳(ひ)かれて来てゐます。皆しっかりしてゐるのには敬服とも感激とも言ひ様がありません。唯頭が下るばかりです。前から責任者である私だけにして、あとは減刑して下さいと幾度か願ったが、終(つい)にこの結果になって御本人にも御遺族の方にも誠に相済みません。

公判以来、弁護に歎願にたくさんの方々にお世話になりましたが、御礼の方法もなく、死亡通知も出せるかどうか判らず、止むを得ぬ事だと思ひます」

井上司令の遺書はここで終わっているが、部下たちが「皆しっかりしてゐるのには敬服とも感激とも言ひ様がありません。唯頭が下るばかりです」と書き留めたことによって、死刑判決以来、司令の心に澱(よど)んでいたものの幾分かは晴れたことであろう。不当な死刑判決であっても、受け容れなければならないときには潔く受け容れる。日本軍人の見事さはここにある。

(5) 戦犯裁判は復讐裁判である

石垣島事件で、米兵の首をその手で斬った二人の士官、幕田稔大尉（当時二十五歳）と田中泰正少尉（同二十二歳）も、横浜戦犯裁判で死刑を宣告された。

このうち、幕田大尉は死刑判決に非常な不満を持っていた。戦時中に上官の命令で行なった行為は、あくまでも戦闘行動であり、それを有罪にし、さらには軍人に対する最悪の加辱刑である絞首刑に処するとは、戦犯裁判自体が違法であると確信したためである。

特攻隊長であり、そのうえ剣の達人であった幕田大尉は、海軍兵学校出の筋金入りの軍人であったが、処刑寸前に記した「無題」とする手記の冒頭にまずこう綴っている。

「夜九時頃、処刑言渡式があり、承認の署名を求められるかと考えていたがなかった。署名は兎に角こりごりである。全く強制暴力により署名させられ、それが自発的自白になる苦い経験は二度とくりかへしたくない。死によってすべて御破算になるのではない」

戦犯裁判の暗部がここにも浮き上がっている。米軍検事は公判を維持するために、ときには脅迫し、ときには暴力をふるって調書に署名を求めたことがここに明らかにされている。

そして幕田大尉は、さらにこう続ける。

「理性的に考えてみれば、署名した事が私の死後どうならうと私の知った事ではないのであるが、私は、現在即永遠の私の残生に対して莫迦げた高圧的な圧力に屈したくなかったのである」

何ごとであれ、物ごとに怯え立つような者は武士ではないと古来いわれているが、兵学校で剣と武士道をみっちりと学んだ幕田大尉は、傲り高ぶった勝者の「莫迦げた高圧的な圧力」に屈することを何よりも嫌った。大樹の陰に寄らず、長い物には巻かれないのが武士道精神というものである。そして幕田大尉は、昂然とこう断言する。

「私の良心に対し、私の内なる仏に対し、厳密に忠実でありたかったわけである。いくら考えても軍隊組織内に於て命令でやったことが、此の現実的な世界に於て死に価することは考へられない。原爆で死せる幾十万の人間を生かして私の眼の前に並べてくれたら、私は喜んで署名もしよう。そうでない限り受諾出来ないのである」

かつての武士が誇りに生き、誇りに死んだように、現代の武士である軍人も、そう生き、かつそう死ななければならないと幕田大尉は信念している。独立自尊の誇りを失えば、もはや軍人は軍人たり得ないと大尉は信じて疑わない。そして人が人を裁くことの愚をこう記す。

「大体この世界に於て、人間の行為に対し罰し得る者は居ない筈である。罰し得るのは自分自身だけである。自分自身の内なる仏があるのみである。敢て他人を罰するのは人間の増長慢なり。神仏を知らざる神仏に逆きたる者である」

ここで幕田大尉は、戦犯裁判の無法とキリスト教の非情を手厳しく批判している。人が人を裁くということは、実は人間性に対する冒瀆であり、神の領域を犯す僭越行為なのである。ましてや勝者が敗者を裁くなどということは、裁判に名を借りた報復・復讐にすぎない。そこには公正さというフェア精神がまるでなく、結果としての報復殺人、復讐殺人があるだけで、いわば戦犯裁判とは勝者が敗者を決め打ちにした死刑宣告を前提とする報復裁判・復讐裁判以外の何ものでもなく、判事と検事と弁護人がすべて米国軍人で占められた裁判に、公正や正義を期待するほうが無理である。

そしてこの不条理に気づいた幕田大尉は、「吾即宇宙」という真理に悟達し、「私は正に処刑されんとしてゐるが、なあんだ此の大宇宙を殺さんとしてゐるのも同じ事ではないか、知らざる者の阿呆さよ」

と喝破して、腹の底から湧き出んとする哄笑を止めるのに一苦労するのである。この心境に達すれば、米軍の判事や検事がやっている姑息な法律遊びがいかに愚劣なものか、手に取るようにわかる。要するに彼らは、「罪を憎んで人を憎まず」という法律の基本を完璧に失念し、「人を憎んで罪を憎まず」という錯綜した世界に入りこみ、被告人がいかなる法律に違反したかを検証するのではなく、被告人にいかなる法律を適用すれば死刑とすることができるかという本末転倒した茶番劇を演ずることに腐心しつづけたのである。

そして幕田大尉の慧眼は、これを正確に見抜き、「今頃此の俺を殺さんとするのは、丁度空気を棒でたたく様なものだ。吊り下げたと思ったら、あに計らんや、虚空の一角に呵々大笑するを聞かざるや」

と言い棄てた。日本軍人としてこの意気や壮とすべしであり、武士道をまったく解しない米人判事や検事は、少壮気鋭の日本青年将校に大コケにされていることも知らず、三文役者のように真面目くさった顔をして、死刑判決を下したのである。

(6) ひとすじに世界平和を祈りつつ

学生の徴兵猶予が廃止され、昭和十八年十月から十二月までの三ヵ月間で、約十三万人の学生が軍隊に入隊した。いわゆる学徒出陣であり、彼らは短期間の軍人教育をすませた後、予備士官の下級指揮官として戦場に立った。石垣島で降下米兵の首を斬った田口泰正少尉もそんな一人であった。

田口少尉は昭和二十年一月二十九日に石垣島に着任し、海軍警備隊の第一小隊長として五十人の部下を持つ下級指揮官となった。その人となりはきわめて温厚で、思いやりも深く、すぐに部下から慕われる存在となった。

こういう人物が降下米兵処刑の実行者に選ばれたのは、三人の米兵が捕まる前日、第一小隊が石垣港で輸送船から食糧を降ろす作業をしていたとき、敵機の機銃掃射により部下二名を殺されたためである。

もっとも当初は実行者として、海兵出身で剣道四段の幕田稔大尉と予備学生で剣道三段の松村久少尉が選ばれたのだが、当日、松村少尉は電話線の架設に出動して連絡が取れなかったため、松村少尉と同期生である田口少尉が右の理由によって選ばれたという経緯もある。そして米兵殺害容疑で田口少尉が逮捕されたのは、終戦から一年半も経った昭和二十二年二月十九日であった。

石垣島事件容疑者四十六人の裁判がはじまったのは、その年の十一月二十六日であったが、この年二十四歳になる田口少尉の言行は、金井重男という弁護人の話によると、他人に責任転嫁して自分だけが助かろうという卑劣な行為が微塵もなく、逆に部下たちを庇(かば)おうとする気持が切々と伝わり、じつに見事なものであったという。

だが翌二十三年三月十六日、処刑実行者として田口少尉に死刑判決が下された。もっともこのときは四十一名が「デス・バイ・ハンギング」とされ、米兵を殴っただけの者やすでに息絶えた米兵に銃剣を突いた者、あるいは現場にいたというだけの者、はては現場に行っていない者までが死刑を宣告されたのであるから、のちに金井弁護人は、「米軍側の憎しみの烈しさは気狂い裁判」「挑戦的な無茶苦茶な判決」と憤激を隠さなかった。

しかし、田口少尉は判決直後の三月二十二日、家族宛につぎのような書簡を送っている。

「前略　長い裁判も終はり、今は与へられた運命の赴くまま心静かに暮らしてゐます。人生上を見ても、亦下を見ても限りなし。唯、家の事のみ心残りですが、運命とあきらめられて、気を落ち付けて楽しく一生を過して下さい。私も生ある限り有意義に暮らして行きます。守君（弟）の立派に成人される様祈ってゐます。親族、知己皆様によろしく。では御機嫌よう」

死刑判決が下されても、田口少尉の心懐はきわめて静謐であった。運命に流されるというより、あるがままに運命を受け容れたのであろう。

そしてこの年十一月十二日、東条英機元首相らA級戦犯に極東国際軍事法廷の判決が下り、多くの国民の心の中には、かの戦争の清算は終わったという意識が芽ばえ始めた。

そして翌月八日、田口少尉は「12・8に思う」という文章を綴っている。

＊

十二月八日――。私にとっては決して忘れることの出来ない日である。大東亜戦争の名のもとに全世界が第二次大戦として大きな渦中に巻き込まれた日である。激烈なる戦闘、敗戦を経て今日まで既に七周年、私にとっては、上京、入学、現役召集、石垣島での激務、終戦、復員、復学、巣鴨入り、裁判、拘首刑(ママ)(判決)……と、この七年間の私は全生涯で一番変化の大きな時期であった。

二十代の夢多き青年時代をこのやうに過した小生だが、時代を怨み、運命を呪ふ気持ちが全く起きないのは不思議なことだ。おほむね真面目に過してきた小生には大して禍も無かったし(石垣島事件は除外)、思いどほりでこそないが、先ず順調に予定コースを歩んできた。現在の境遇にあるが故に、落ちついた気持ちで自己を内観し、情熱と自覚を持って最大限有意義に暮らし得ることは全く幸福なことだ。

*

その後、石垣島事件の死刑囚には二度にわたって減刑が実施され、当初四十一人であった死刑囚は七人へと大幅に削減されたが、田口少尉が減刑されることはなかった。田口少尉の場合はかの戦争で上官の命令によって、たった一度振り下ろした軍刀がこの悲劇を招いたのだが、その運命を呪うことはなかった。だが弟の守宛の書簡には、

「……必ず中道を歩まねばなりません。思想的、その他すべての点に……。偏った所には必ず疵が出来るものです」

と書き、さらに、

「一番大切な時に偏った方向に行ってはなりません。中道を歩んで下さい……」

と記している。

田口少尉に絞首刑の執行は昭和二十五年四月七日午前零時三十分頃と告げられたのは、その二日前の四月五日であった。そこで田口少尉は、その日の午後六時から翌六日の午後七時にかけて、「わが最後の記録」と題する遺稿を綴った。

その中には、わが生を愛しむが如きつぎのような文章が並べられている。

——息ある間は体を大切にしなければならない。生ある間は最後まで有意義に暮すのだ。

——二十有八年の生涯の思ひ出が走馬燈の如く脳裏を廻る。楽しい思ひ出も、苦しい思ひ出も既に皆懐しかった思ひ出として甦って来る。

——早くも我等の処刑の報を知った既決の人達及び昨日まで一緒に暮していた人達より呉々もよろしくとの報を聞く。友等の一刻も早き出所と健康多幸を祈って止まない。

——最後の食事をこの上もなく味はう心境は相変らず寂かだから愉快に美味しくいただけるだろう。

——唯今の時間は午後六時三十分、あと六時間ほどの寿命である。間もなく田嶋先生が最後の訪問に来られるかもしれないので、わが生涯最後の日記もこれにて稿を閉ぢねばならぬかも知れぬ。

そして田口少尉は辞世を、

ひとすじに世界平和を祈りつつ円寂の地へいましゆくなり

と詠み、この遺稿を、

「では日本よ、同胞よ、祖父母様、父母様、弟よ、御機嫌よろしう。左様奈良」

という一節で締めた。田口少尉の死刑執行は昭和二十五年四月七日午前零時三十二分であった。その夜、桜の花が吹雪のように散ったという。

九州大学生体解剖事件

(1) 九大生体解剖事件の発端

昭和二十年五月五日、マリアナ諸島グアム島の米軍基地から出撃した十数機からなるＢ29の編隊が、午前八時頃、九州・久留米市近郊の大刀洗飛行場を空襲した。編隊は一番機から五百ポンド（約二百三十キロ）爆弾を二十発ずつ投下して、すぐに基地上空を離れた。

ところがこの編隊が阿蘇山北方の熊本県阿蘇郡小国村上空に達したころ、編隊の最後尾に位置したマービン・ワトキンズ機長指揮のＢ29に、わが海軍の新鋭機「紫電改」が果敢に攻撃を加えた。操縦するのは弱冠十九歳の粕谷欣三海軍一等兵曹であった。

ワトキンズ機長は、のちに『汚名「九大生体解剖事件」の真相』の著者・東野利夫に、このときの紫電改の攻撃をつぎのように語っている。

「もうこの世の最後かと思った。その攻撃の方法が明らかに自殺型（体当り）だったので……。四名の射手が応戦したが死角を突かれた。カミカゼがＢ29に接触（体当り）した瞬間、窓ガラスが破れ、第四エンジンから火が噴き出した。そのときは全く生きた心地がしなかった。それから機体の危機を感じたので搭乗員に脱出を命じ、私と機関士（ポンスカ軍曹）は最後まで飛びつづけたが、片方の翼がちぎれたので墜落直前に窓から落下傘で脱出した」

搭乗員は十二名（一説には十一名）で、全員落下傘で脱出、機体は阿蘇中岳の北方十五キロから東北二十キロ付近に墜落、紫電改も同じ運命をたどり、粕谷一等兵曹は戦死した。

そしてこの空中戦は、多くの地元住民の目撃するところとなり、すぐさま山狩り隊が組織された。当時は鬼畜米英がスローガンであり、村人たちは手に手に猟銃や竹槍、あるいは鎌(かま)、鍬(くわ)、棒などを持ち、集団で山に分け入っていった。

その結果、降下した米搭乗員のうち、一名は墜落死、一名は拳銃で自殺し、一名は抵抗したために射殺され、残り九名が捕虜となった。当時の米空軍内では、敵地で無差別爆撃をやった揚句に撃墜されて捕虜となれば処刑されるという考えが一般的で、ワトキンズ機長もこう述べている。

「われわれB29の搭乗員は、日本で捕獲されると、みな殺されるとグアム基地で聞いていた。だから死を覚悟していた。このことは現地で最初に降下したクルー（搭乗員）が捕獲される寸前、ピストル自殺をした事実でもおわかりと思う」

捕虜になった九人の米搭乗員は憲兵隊の手で、福岡市の西部軍司令部に護送された。こういう場合、無差別爆撃を行なった降下搭乗員は国際法にいう捕虜としてではなく、戦時特別重犯罪人として軍律会議という略式裁判によって厳しく処断されるのだが、当時の西部軍というより日本軍全体に、軍律会議を開くなどという余裕はなかった。

四月一日から始まった沖縄決戦は熾烈化し、大本営も「決号作戦準備要綱」を全軍に指令し、六月末までに本土決戦のための防衛体制を構築するように厳命が下されていた。ことに九州を管轄とする西部軍の場合、敵が南九州に上陸することが予想され、二十五師団を上陸予想地域に配備し、他に十五師団を遊撃軍として動員する戦略が立てられていた。五十万人を超す大兵団の作戦配備である。国家存亡の秋ともいえるこの非常時に、十名たらずの降下米兵に貴重な時間を割くゆとりはとてもない。

しかも、前月には大本営から、

「東京の俘虜収容所はすでに一杯であるから、情報価値のある機長だけを東京に送り、あとは各軍司令部で適当に処置せよ」

という通牒が出ていた。西部軍司令部としては逡巡する必要はさらさらない。

そのため高級参謀の加藤直吉大佐は、西部軍司令官・横山勇中将の承認を得て、ワトキンズ機長のみを東京に移送し、残りの飛行士たちは「適当に処置」することにした。ここまではどこの軍司令部でも行なっていることであり、もし問題が起これば加藤大佐が腹を切ればすむことであった。

だが、西部軍では意外な方向にことが展開した。八名の捕虜を九州大学の医学部へ送致したのである。これが軍の命令で行なわれたことなのか、あるいは九州大学医学部の要請によって行なわれたことなのか、今もって明らかではない。軍関係の主謀者が事件直後の空襲によって死に、九大関係の主謀者が戦犯容疑で身柄を拘束された後に自殺してしまったためである。

そして九州大学に四回にわたって送致された八人の米搭乗員は、それぞれ生体解剖されて死亡した。きわめて後味の悪い「適当な処置」である。生体解剖などという残虐な方法で軍人を処刑するなど、許されることではない。

しかも直接に手を下したのが、軍人ではなく、民間の医師であるからやり切れない。軍人を処刑するなら、武士の礼節をもってその命を絶つべきであった。吉田松陰も橋本左内も、斬首によってその生を終えている。武士道にもかなう処刑であった。

この「九大生体解剖事件」は、どこかが間違っていたというよりも、何かが狂っていたのであろう。その何かが時代などといっては身もフタもないが、どこかに大きな狂いがあったことは疑いない。

(2) 新聞報道にみる事件の欺瞞

民間人を巻き込んだこの事件は、戦犯裁判でも非常に特異なケースであり、微妙な問題を多分に含んでいるので軽率な論評はできないから、実際に事件を目撃した東野利夫の『汚名「九大生体解剖事件」の真相』から、その経緯を考察してみる。ちなみに著者の東野利夫は当時、九州帝国大学医学部解剖学第二講座の平光吾一（ひらこうごいち）教授の研究補助員を務め、同書にも序章の前に、「この書を恩師平光吾一教授の十三回忌に捧ぐ」という献辞が記されている。東野は、この事件によって重労働二十五年の判決を受けた恩師の平光教授の冤罪(えんざい)を雪(そそ)ぐために同書を執筆したのである。

この事件では、西部軍関係で十一人、九大関係で十二人、偕行社関係（肝臓嗜食）で五人の計二十八人が起訴されているが、事件の主謀者である九州帝大第一外科教授の石村吉二郎と西部軍偕行社病院見習士官の大森卓は前述したように死亡しており、これが事件を混迷させた最大の要因なのだが、この事件の起訴を当時の新聞はつぎのように報じている。昭和二十三年二月二十六日付の西日本新聞で、大見出しは「生体解剖事件」とし、脇見出しに「無類の野蛮、冷酷な実験」「宴会に人間のキモ」といった猟奇的でセンセーショナルな文字が並んでいる。そして本文は、つぎの文章ではじまる。

「（総司令部法務局渉外部発表）二十八名の日本戦犯が近く横浜米第八軍軍事裁判所で今回公判に付せられる。彼等は生体解剖実験手術および人肉試食の罪にかかるものである。八名の実験犠牲者はすべて昭和二十年春捕虜となったB29搭乗員である。総司令部法務局長アルヴァ・C・カーペンター氏により起訴状および罪状項目はすでに署名された。同氏はこの事件に関し次の如く言明した。

人道的行為を無視せるこの事件の野蛮冷酷さは、これまで法務局が調査に当たった中でも類例のないものである。また横浜戦犯法廷で最初の日本婦人が裁かれるということも注目に値する」

横浜軍事法廷で最初の日本婦人とは、生体解剖に立ち会った看護婦長・津村シズ子のことであるが、こういう人物まで起訴するところにこの戦犯裁判の独善性があり、また恣意性がある。

たとえば西部軍関係で死刑とされた米搭乗員はこの事件の八人ばかりでなく、昭和二十年六月十九日の福岡無差別爆撃は市内の七割を焼きつくし、死者行方不明千三百余人、重傷者千百余人、罹災者総計は六万人を超えており、西部軍はその翌日、米搭乗員八人を処刑した。また広島と長崎に原爆が投下された直後の八月九日には同じく八人、終戦の日の八月十五日午後には同じく十七人を処刑している。

人数的には八月十五日の処刑がもっとも大規模なのだが、米軍は意図的にセンセーショナルな生体解剖事件を喧伝した。他の三件は無差別爆撃に対する報復処刑で、公判を維持しようとすれば日本国民の反発を買うことは明らかであり、それよりも生体解剖と人肉嗜食という猟奇的な事件を広く公開することで、日本軍の暗部をさらけ出して、日本軍は残虐であったというイメージを定着させ、戦犯裁判の正当性をアピールしようとしたのである。

看護婦長を起訴したのもそのためであり、戦犯裁判なるものが正義とは名ばかりで、ただひたすらに米軍の正義とやらを喧伝する政治的な意図がこめられているものであることが、これによっても明らかであろう。

そして新聞記事は、さらにこう続く。

「事件の概要は昭和二十年五、六月の間に四回にわたり、医学実験用の八名の捕虜が九大に移され、最初試験のため投薬され、病院手術室に次々と運ばれ、手術は医学実験のためのみでなく、むしろ捕虜に対する報復と医師に生体解剖と切開の機会を与えたものであった。実験解剖は捕虜の肺、脳、肝臓、胃、心臓の部分に行われ、単独の捕虜にこれらの解剖が繰返された。またその実験で海水が血漿（けっしょう）の代用となるや否やを試みるため注射をしたのである。実験の進行中、次々と捕虜の各内臓が摘出され、死後もその内臓の摘出が続けられた。

この生体解剖の結果、全捕虜は死亡し、また実験により摘出された肝臓は九大医学部職員の食堂で宴会の席上、しょう油で酒の肴（さかな）に調理された。（後略）」

いかにもセンセーショナルな記事であるが、当時は新聞もＧＨＱに検閲され、この記事はＧＨＱの発表をそのまま掲載したにすぎない。それが証拠に、この裁判の判決では肝臓嗜食は米軍によるデッチ上げであることが明らかになり、米軍は自らその馬脚を現わすというお粗末さであった。

また生体解剖に関しては、関東軍の第七三一石井部隊の方がはるかに大規模で組織的かつ計画的であったにもかかわらず、その最悪の戦犯容疑は不問に付された。それは米軍と石井部隊との間に密約があったためで、戦犯といっても勝者である米軍のサジ加減一つで死刑にもなり、無罪にもなる。戦犯裁判に法の正義や公正さを求める方が所詮、無理なのである。

ところが米軍の判事や検事とすれば、密約がないかぎり、無理でも何でも一人でも多くの戦犯に有罪、それもできれば死刑を宣告しなければならなかった。そうしなければ殺害された母国の遺族の猛反発をくい、米軍内での自分の出世も望めなくなる。

そのため、この裁判でも、西部軍関係では二名、九大関係では三名が死刑を宣告されたが、朝鮮動乱が勃発して戦犯裁判どころではなくなると、この五名はすべて減刑され、やがて釈放されている。

(3) 事件の重要関係者二人の死

本事件が複雑な様相を呈した元凶は、西部軍の高級参謀・加藤直吉大佐の優柔不断と、軍と九大の間を取りもった偕行社病院の軍医・大森卓見習士官の無思慮にある。

降下米搭乗員を処断すると決めたのなら、断乎として斬首に処すべきであった。彼らは無差別爆撃で無辜の民間人を大量に虐殺したのだから国際法にいう捕虜ではなく、戦時特別重犯罪人であり、彼ら自身、日本で墜落して捕まったなら殺されると自覚していたのだから、武士道に則って処断すべきであった。

そうすれば、彼らも子々孫々まで敵地で非命に斃れた勇士として、その名を永く語り継がれたに違いない。それを麻酔で眠らせてベッドの上で切り刻んで殺すなど、どう見ても武士道の倫理にも、美学にも反する。

およそ武人たる者、畳の上で死ぬことほど不名誉なことはない。斬首なら立派な戦死であり、武人の誉れである。たとえば『葉隠』にはこういう凛烈な言葉がある。

——昔の侍は寝蓙の上にて死する事を無念がり、戦場にて死にたくとのみ歎きしなり。

——寝蓙の上にて息を引き切り候は、先づ苦痛堪へがたく、武士の本意にあらず。討死程死に能き事はなく候。

――敵の中に駈け入りて突き殺されて死にたきなり。寝蓙の上にて死すべきが残念なり。

武士の死に際はかくあるべきであり、加藤大佐も米搭乗員の首を斬り、その死に花を飾ってやるべきであった。それが軍人の軍人に対する礼節であり、また惻隠の情というものである。古来、武士の武士たる所以は惻隠の情があるかどうかだといわれている。

もし斬首の非を問われたなら、己れの皺腹ひとつ掻っ切れば済むことで、何も難しいことではない。ところが、加藤大佐は彼らの身柄を九大の医師に引き渡してしまった。この事件を複雑怪奇なものとしてしまった最大の原因はここにある。

そもそも軍人が戦時特別重犯罪人を民間人に引き渡すなど聞いたこともないし、そういう行為をとること自体、軍人精神というものが弛緩していた証拠である。たとえば、昭和十九年九月八日には、「敵航空機搭乗員に関する件通牒」という示達が大本営より出ている。

一、戦時国際法規に違反せざる者は俘虜として取り扱い、これに違反の所為ありたる者は戦時の重罪犯として処断す。

二、防衛司令官、軍司令官は当該権内に入りたる敵航空機搭乗員にして、戦時重罪犯として処断すべき疑いのある者は軍律会議に送致す。

三、敵機搭乗員の捕獲並びにこれらの厳重処分に関しては、通常外部に発表せざるを本則とす。

ここにいう「処断」とか「処分」とは、すべて死刑を意味する。この通牒に従い、速やかに死刑を執行していたなら、この事件はきわめて単純な処刑事案として処理されていたに違いない。

そしてこの事件を混迷化させたもう一人の元凶が見習士官の大森軍医である。この大森軍医は九大医学部第一外科の出身で、石村吉二郎教授に学んでおり、いわば二人は師弟関係にある。

当時の外科医というのは経験第一主義で、難しい手術を数多く成功させた者が名医と呼ばれ、気鋭の外科医は、だれもが手術の機会を数多く持つことを望んだ。そういう医師たちにとって、八人の敵性人の生体はきわめて魅力的であった。敵性人でしかも死刑に値する重罪犯なら、たとえ手術に失敗しても罪に問われることもなく、それに対していたずらに自責の念に駆られることもない。

そこで大森軍医は、自分の手では処刑をしたくない加藤大佐と、生体での手術を魅力とする恩師の石村教授の間を取り持って、八人の米搭乗員の生体解剖を実現させてしまったのである。大森軍医はこの事件直後、皮肉なことにこの八人に仇を取られたように、B29の空襲によって死亡してしまい、その真の思惑がどこにあったのかわからないが、加藤大佐と石村教授がこの話に乗ってしまったことは否定のしようがない事実であり、この責任は逃れられるものではない。

もっとも石村教授は戦後になってこの事件が露見し、戦犯として身柄を拘束されると、良心の呵責に耐えかねたのか、収容された福岡刑務所土手町刑務支所の独房で縊死した。昭和二十一年七月十七日のことである。享年五十四歳。

遺書が数通残されている。「医局諸君」とする遺書は、つぎの通りである。

「医局諸君、不明の師をもち罪万死に値するも一死をもって許せ。あくまで研究せよ。

教授の皆様、お詫びのしようもなく。

一切は軍の命令、責任はすべて余にあり。

高須、森岡、森田、千田、津村、余の命令にて動く。願わくば速やかに釈放されたし。

平光(ひらこう)君すまぬ。

　十二時」

列記された名は石村教授が部長を務める九大第一外科の医局員であり、平光君とは解剖学第二講座の平光吾一教授である。「すまぬ」とは何を意味するか正確にはわからないが、石村教授が米兵の生体解剖に、平光教授の解剖実習室を使い、そのため解剖学講座からも平光教授以下四人の逮捕者を出してしまったことを詫びたのかもしれない。

しかし、この事件の主謀者ともいえる大森軍医と石村教授の死は日本側には決定的に不利な要因となり、裁判はいっそう混迷の度を深めてゆくのである。

(4)　祖国愛と自己犠牲の尊さ

この事件は法律というよりも道義に関わる問題であり、直接的に米兵に手を下したのは九大の石村教授以下の外科局員であるにせよ、軍人道の何たるかをついに理解し得なかった加藤大佐と大森軍医に重大な責任があることは明白である。ただし、石村教授以下が手術に名を借りた生体解剖に手を染めたことも明々白々であり、それを否定することはできない。

大学の医学部というのは今も昔もきわめて上意下達の社会で、そこは軍隊とも非常によく似ており、ある意味では戦場で功名を立てるという機会がないぶん、軍隊よりも大学医学部の方がより陰湿な世界といえなくもない。たとえばこの事件に限れば、生体解剖に参加した医局員というのは石村教授の命令に絶対服従せざるを得ず、実際問題として、石村教授の命令にさからって生体解剖を拒むことなど出来なかったに違いない。そしてそれを知るからこそ、石村教授も責任を部下に負わせるに忍びず、自死したわけである。

ところが、法廷で証人に立った林春雄東大教授は、この事件に関わった九大医学部の外科局員をつぎのように痛烈に批判した。

「病院内では俘虜というものはなく、ただ患者があるのみだ。医とは治療するということで、殺すことではない。従って教授がやるべきでないことを助教授に手伝わせようと命じた場合、私が助教授の立場にあったら、従わない。私はノーと答える。第一回目の手術が非合法であった場合、同じ手術が繰り返されたら、それには参加しないのが普通である。手術中に間違いと知ったら止めるべきだ。私はたとえ軍の命令で実験手術を要求されても決して応じなかったであろう」

これはまさに正論であり、反論の余地はない。ただし、である。こういう非の打ちどころのない正論を耳にしたら、そう言った人物の立場と状況を考察しなければならない。この林教授は戦時中、国家学術会議の議長であった。国家学術会議とはいうまでもなく戦前の国家主義を学問的に理論武装した学者たちの元締め的組織であり、その議長であった林教授がこのような正論を戦時下に吐けたかというと、同教授の言い方に習えば、「私はノーと答える」ということになる。

そしてこの点については、『汚名』の著者・東野利夫も手厳しく林教授を批判している。

「弾劾の論理に証人自身の戦時責任の痛苦の跡がない点は、戦中翼賛、戦後民主の変わり身をみせた一典型である。その発言は勝者の敗者に対する戦犯裁判における被告の立場をさらに不利に追いつめるものであった。医師一般のモラルとして首肯すべき点があるとしても、横浜戦犯法廷で陳述すべき正義とは何であったろうか」

生死の境目にいる同胞の足を引っぱるような論は、それがいかに正論であろうとも口に出すべきではない。それが日本人の清節というものである。そして東野はこう続ける。

「実験手術の主謀的責任者が死亡しているため、それにかわる法的責任を無理やりに九大側に押し付けようとしている検事の方針に迎合し、それが被告たちを死の淵に追いこむ不利な証言をしていることに気づかないのだろうか。戦犯法廷の意図から考えて、元国家学術会議議長の一般的有罪論をにわかに受け容れることはできない。医学のヒューマニズムを教示する姿勢の中に自己の立場を弁護する巧妙なすり替えが行われていたことは見逃せないのである」

戦犯とはその定義自体にきわめて問題の多い言葉であり、強盗や殺人といった一般の犯罪者とはまったくその概念を異にする。戦犯裁判で起訴された日本人というのは、あくまでも米軍から見た戦争犯罪者なのであって、日本人から見れば米軍によって無実の罪を着せられた同情すべき同胞であって、犯罪者でも何でもない。ここを忘れてはならないのである。無実の罪を着せられた同胞が生死の境にいるのなら、及ばぬながらも誠意のかぎりを尽くしてその同胞の助けになろうとする。それが同胞愛というものであり、また祖国愛というものである。これを忘れては人間ではない。

人間の真価は危地に立ったとき、初めてわかるとされているが、戦犯裁判などはその危地の最たるものであり、ここでどういう態度に出るかでその人間の価値は決まる。命惜しさに同胞を売るか、あるいは同胞のためにスラリと我が命を捧げ切れるか。

古来、武士は公のために犠牲の道を行く以外にないとされているが、この武士を日本男子に置きかえ、公を同胞か戦友に置きかえれば、自ずから為すべきことが見えてくるはずである。命は尊いものだが、尊いのは自分の命ではなく、自分以外の人の命であり、その命を救うためにわが命を潔く投げ出してこそ、花も実もある真正の日本男子といえるのである。

(5) 法律を恐れぬ毅然とした生き方

九大生体解剖事件が数多くの戦犯裁判の中でもっともセンセーショナルに取り扱われたのは、生体解剖という言葉自体の持つ猟奇性にある。実際のこの事件は、生体の手術と死体の解剖という二段階をもって構成されるのだが、米軍がこれをいっしょくたにして裁判を開始したために裁判自体が混迷してしまったのである。

そしてこの事件で割をくったのが、九大医学部解剖学第二講座の平光吾一教授であった。平光教授は第一外科の石村教授からの依頼で手術の場として解剖実習室を提供したにすぎない。しかも石村教授が拘留中に縊死したため、九大関係者では平光教授が最高位の人物となり、米軍としては何としても平光教授を厳罰に処す必要があり、事件を九大医学部全体の責任であるかのように思わせるため、米兵殺害とは何の関係もない平光教授を起訴し、重労働二十五年という馬鹿馬鹿しいまでに重い刑に処したのである。

そのうえ平光教授は解剖学の権威であり、九大生体解剖事件の猟奇性をあおり、事件の上辺を飾るには格好の人物と見て、米軍は平光教授をスケープ・ゴートとして、七項にも及ぶ罪状項目をデッチあげたのである。たとえば、第二項として、

「左の如き諸行為を加えたることにより該俘虜共を故意且つ不法に殺害せり（個人的行為）。

(イ)　該俘虜共を生体解剖せること。

(ロ)　当時己が監督下の解剖学科の解剖室、器具及び設備を該俘虜共の生体解剖に際し使用することを許容せること。

(ハ)　当時己が統轄下の解剖学科の教室員共の該俘虜を解剖せることを許容せること」

これに対して平光教授の口供書には、こう語られている。

「私自身は俘虜の屍体にも自ら手を下したことは絶対ない。ただし解剖学所属の者が屍体解剖、すなわち屍体の一部から研究のため臓器の一部を採取することについては、解剖学の研究者には得がたい機会であった。解剖の医局員は、自らの意思で自分の研究したい標本を採

取することは自由意志で出来たのが、従来からの解剖学教室の慣例であった。もしこのこと（標本採取）が悪いことと私自身が思っていたら、それは阻止できたと思う。その責任は私にある。

私は屍体から標本を採るように命令したこともないし、標本を採るとき現場に立ち会ったこともない。従って罪状項目にあるように、屍体を冒瀆したことはない」

ここでわれわれは、石村教授が遺書の最後に記した「平光君すまぬ」という言葉を想起すべきであろう。結果的に石村教授の自殺は、九大医学部の責任を平光教授に転嫁するという結果を招いたのである。

また同じ解剖学関係で訴追を免れた田村という助教授は、平光教授についてこう語っている。

「私は良心的に、平光教授はこれらの手術は普通の治療のための手術であり、最初から実験手術とは考えていなかったと信じます。私は平光教授を尊敬し、また親しく話すことも出来たので、もし俘虜の最初の手術が実験的なものであるなら、必ずそのように（私に）話したと思います。さらにもし平光教授が実験的なものと知っていたら、解剖実習室を貸すことに同意しなかったと思います」

平光教授とはこういう人物なのである。そしてこのように無実の人間にも重罪を課すのが戦犯裁判の実相であり、結局、平光教授は六十一歳にして重労働二十五年の刑を課せられた。教授の年齢を考えればこれは終身刑と同じで、戦犯裁判の冷酷非情さがこの判決にもよく現われている。

この判決が下されたのは昭和二十三年八月二十七日だが、それからちょうど一年がたった翌年同日、平光教授は日記にこう記している。

「石村教授が自殺しても医学部を守らんとしたこと、われらが秘密にして押通したことを封建的といえようか、然し義とする所を死を以て守ることは男の面目を保つ所以とせねばならぬ」

外面的には平光教授は自殺した石村教授の責任を転嫁されたようなものだが、平光教授が石村教授をいささかも恨んでいないことがこの凛烈な文章によってもわかる。医師とはいえ平光教授は日本男子として武士道精神の何たるかを自得していたのであろう。この文章などは吉田松陰を彷彿させるものがある。すなわち松陰曰く。

――士の道は義より大なるはなし。義は勇に因りて行はれ、勇は義に因りて長ず。

――士の行は質実欺かざるを以て要と為し、巧詐過ちを文るを以て恥と為す。光明正大、皆是れより出づ。

――死を全道に守るの語、死を守るとは死を徒らにせず、持ち詰めて居ることなり。全道は即ち善道と同意にして、武士の一死は、或は泰山より重く、或は鴻毛より軽きを以て、其の道を善くして、全道に於て一死を致し、平生の小忿を忍びて、忠孝の大節を立つることなり。

平光教授のいう「男の面目を保つ」とはこういうことであり、獄中にあってなおこういう文章を記せることに平光教授の士魂を見るべきであろう。

昭和三十年十一月二十七日、平光教授は減刑により巣鴨拘置所を出た。ほぼ九年半の獄中生活であった。かつて日本解剖学会の代表として国際会議で活躍し、「平光解剖学」の名声をほしいままにした教授は、その後、戦犯受刑者という汚名に耐えつつ、東京・杉並区で町医者として清貧な生活を送り、昭和四十二年五月に死去した。享年八十。

平光教授の綴っていた日記の最後には、つぎの言葉が綴られていた。

「人間の真の価値は人生の危機に直面する時に現われるという概念で、私の運命を眺めて下さい。この事件のすべては、私の死の上に明らかにされるでしょう」

平光教授の静かなる死は、人間には法律などよりもはるかに大切なものがあることを、確かにわれわれに教えてくれた。

(6) 人類の永遠平和のために

昭和五十二年五月五日、この事件の発端となったB29の墜落現場（大分県竹田市大字平田折立）に建てられた慰霊碑の前で、B29搭乗員十一名とそのB29に紫電改で体当たりして散華した粕谷欣三海軍一等兵曹の三十三回忌がしめやかに行なわれた。

この碑は「殉空の碑」と命名され、碑文には、平光教授の教え子で、『汚名「九大生体解剖事件」の真相』の著者・東野利夫の手になるつぎの詩が刻まれた。

火の国の大阿蘇の彼方
決戦の炎　大空に流れ
轟音火を吐き　この地に墜つ
端午に散りし紫電改の若桜よ
死の淵に降りし白き捕われ人よ
つましき　田舎人(いなかびと)の懺悔の中に眠れ
平和を願う　みんなの祈りの中に眠れ
阿蘇の噴煙よ　永遠の弔魂の炎となれ

戦争が終われば敵も味方もない。この碑の価値は戦死したB29搭乗員と日本の少年航空兵を共に祀(まつ)ったところにあり、戦争が終わったかぎり敵味方の恩讐(おんしゅう)を忘却の彼方に追いやることがなによりも大切である。いつまでも戦争を引きずっていてはならず、新しい平和な世を作ることこそが、戦争で非命に斃れた多くの人々の霊を慰める最良の手立てとなる。

その後、東野は八方に手を尽くして、この事件におけるB29の搭乗員の唯一の生存者であるワトキンズ機長を探し出し、昭和五十五年六月二十二日、米ヴァージニア州コローナルハイツで、同機長と対面した。

ワトキンズ機長は墜落現場である大分県竹田市郊外で逮捕されて福岡市の西部軍司令部に連行され、さらにその後、東京の憲兵隊に送致されて事情聴取をされて後、大森収容所に拘置され、終戦とともに釈放されたという経歴を持つ。当時、ワトキンズ機長は二十七歳で、階級は空軍中尉であった。

東野はワトキンズ機長のこの経歴を知るゆえ、面会前、機長は反日、嫌日の感情が強いのではないかと危惧したというが、案に相違して対面した機長は非常に気さくな人柄で、会談は四時間を超え、その間、機長は終始、笑顔とユーモアを絶やさなかったという。

そしてその会談の中で、ワトキンズ機長は無差別爆撃に関して、つぎのような注目すべき発言をしている。

「あの当時の基地（グアム島）は異常に緊張した雰囲気にあった。B29搭乗員は往復十六時間の日本爆撃から帰ると睡眠もよくとれないくらいで、爆撃の是非を考える余裕などなく、ただ上司の命令通りに動くのがやっとだったというのが事実だ。戦争末期になると精密爆撃（軍事目標）だけでは効果が上らないので、都市までが爆撃の対象となった」

そこで東野が「それは無差別爆撃ということか」と問うと、ワトキンズ機長は、

「戦争末期になると軍事目標がカムフラージュされ、軍需工場の一部が住宅地に隠されたりして、……無差別爆撃の定義はむつかしい……」

と答えている。しかし、これは難しいことでも何でもない。工場があろうがなかろうが、人口の集中した都市部、ことに住宅地に対する爆撃はすべて無差別爆撃であり、その典型が昭和二十年三月十日の東京大空襲であり、広島・長崎に対する原爆投下なのである。これを無差別爆撃といわずしては、無差別という言葉の意味がなくなる。

ただし東野は、単にＢ29の機長にすぎなかったワトキンズにこれ以上、無差別爆撃の意味について追及するのは酷と思い、この質問を打ち切り、九大生体解剖事件に話題を移した。

ワトキンズ機長がこの事実を知ったのは、東京の米第八軍法務部で検事から調書を見せられた昭和二十二年十月のことである。そこで東野は同じＢ29に搭乗していた部下のクルーが実験手術（生体解剖）されたことに対し、日本側の関係者を恨んでいるかと問うと、ワトキンズはこう答えた。

「否、恨んだり悪い感情などはもっていない。この事件の関係者の中で、まだ胸を痛めている方がおられたら伝えて下さい。私は決してその方たちに悪い感情などももっていないということを」

そしてワトキンズ機長はこう続ける。

「死んでいった部下たちは可哀そうだったが、ナチスがやったような残虐な殺され方でなく、麻酔をかけられてわからないようになって死んでいったのがせめてもの私の救いです」

これに対して東野が、戦争は狂気の所産であり、「戦争ほど人間の悲惨と愚劣をみせるものはほかにないと思いました」というと、ワトキンズ機長も、きっぱりとこう言い切った。

「その通りだ。私もあの戦争は自分の生涯の最も苦しい体験だと思っている。勝ったからといって英雄的だと思ったことは一度もない。だから事件のこともいままで三十五年間、胸中に奥深く秘め、細心の注意を払い、ごく限られた関係者にしか、決して漏らしたことはなかった」

真実、戦争を懸命に戦った者は、戦争の悲惨さと戦争の不条理をだれよりもよく知るという。ワトキンズ機長も、そうした真正な軍人の一人なのであろう。

そしてこの会談の最後に東野が、B29の墜落現場で毎年慰霊祭が行なわれているので、それに招待しようというと、ワトキンズ機長は感謝の意を表しつつも、もはや日本へ行くことはないとして、「竹田のみなさまへ」というメッセージを東野に託した。そこにはこう記されていた。

＊

〝殉空の碑〟の慰霊祭は祖国の安寧のために尊い生命を捧げた御霊を想起し、あの忌わしい戦争の悲劇を考えさせるよい機会だと思います。

私はこれらの御霊に深い感銘と悲しみを覚えるのであります。

今まで国家と国家の間には幾多の戦争があり、そのたびに沢山の尊い生命が失われていきました。

私、マービン・S・ワトキンズは一九四五年五月五日、九州に飛来したB29の機長として、竹田市のみなさまに私の部下と日本の少年航空兵を追悼する合同の慰霊碑を建立して下さったことに深く感動し、その御努力に感謝いたします。

日米両国の今日の平和と友好の陰には、生命を捧げて礎となった犠牲者があることを、わたくしたちは決して忘れてはなりません。

過去三十六年にわたって共に享受してきたこの友好を日米両国の者が、今後とも末永く維持するよう心からお祈りいたします。

＊

こういう視点に立てば、戦犯刑死者も含めて戦争のあらゆる犠牲者は平和な世を作るための礎ともいえるわけであり、またそう思いきわめて、戦争のない平和な社会を作ることが、現代を生きる人類に課せられた最大の責務であろう。

戦争に正義の戦争などはない。戦争はすべて悪である。もし仮りに正義の戦争はあると主張する者がおれば、それは為にするところの思い上がりに過ぎず、人間性の尊厳を冒瀆する最たるものといわざるを得ない。たとえかなわぬ夢であろうとも、人類の永遠平和のために尽くせるだけの手を尽くすことこそ、人間の人間たる所以なのである。

第三章
BC級戦犯　真実のことば

日本軍人の誇りに死す――刑死者のことば

俘虜、非戦闘員の虐殺、南京虐殺事件の罪名は絶対にお受け出来ません。お断り致します。死を賜りました事に就て(つい)は天なりと観じ、命(めい)なりと諦め、日本男児の最後の如何(いか)なるものであるかをお見せ致します。

陸軍少佐　野田毅

鹿児島県出身・昭和23年1月28日、中国・南京にて刑死、35歳

昭和十二年十一月十四日、野田少尉（当時）の属する第十六師団第九連隊は揚子江岸白茆(はくこう)口付近に上陸し、南京に向かって進撃を開始した。

このとき、東京日日新聞の記者が戦意をあおるために、「百人斬り競争」という見出しをつけて、同連隊富山部隊の副官であった野田少尉と小隊長であった向井敏明少尉が南京占領

までにどちらが先に日本刀で敵兵を百人斬るかという競争を始めたと報道した。

もちろんこれはフィクションで、銃後の国民に大陸で日本軍の将兵がいかに善戦しているかを少し大げさに報道したもので、国民の方もこの記事には大いに力づけられた。ところが戦後、この記事のために野田少尉と向井少尉は中国軍によって捕らえられて南京戦犯拘留所に収容され、さらに一方的な戦犯裁判で両名は死刑を宣告されてしまったのである。

しかもそのうえ、中国側はありもしなかった南京虐殺事件をデッチあげ、両名は南京でも俘虜や非戦闘員を虐殺したとして、その件が罪状に加えられた。しかしこの起訴理由がいかにウソっぱちかは、野田少尉の属する富山部隊が、南京陥落後も城内に入っていないことからも明らかで、向井少尉にいたっては丹陽付近の戦闘で負傷して、その後は戦闘には参加していないのである。現地にいなかったり、戦闘に参加していなかった者が、どうして南京の住民を虐殺することができるのか。

だが中国軍は強引にこの裁判を強行した。日本軍に連戦連敗しつづけた中国軍は、南京大虐殺という架空の事件をデッチあげることによって、日本軍の暴虐を世界の世論に訴え、負けつづけてきた自軍の弱さ、モロさを糊塗しようとしたのである。そのため戦犯裁判では、野田少佐（その後、昇進）と向井少佐の弁明は一切認められず、また両名の無実を実証する反対証拠も一切取り上げられなかった。中国軍にとって、両名を南京大虐殺の象徴として銃殺することは初めから決まっていたことで、この裁判は有罪無罪を争う場ではなく、デッチあげた南京大虐殺を世界に事後承認させるための放送塔の役割を果たしたのである。

だが立派だったのは、法廷に立った野田、向井両少佐の態度であった。

たとえば野田少佐は死刑判決が下された昭和二十二年十二月十八日の出来事を、日記にこう記している。

「日本男児として恥しくない態度で終始しました。『今迄の戦犯公判では一番立派な態度でした』と後から通訳官や其の他の人から聞きました。最後の檜舞台のつもりで大音声で答弁致しました。従来の公判では死刑を宣告された瞬間、拍手があったり、或は民衆の喧々囂々たる声があったらしいですが、吾々の時は終始静粛でありました」

そして野田少佐は死刑判決が下ったときの心境をこう記している。

「公判の最後に死刑の宣告がありましたが、別に感動も何もなく、まるで他人事の様な気がして、自分で自分が不思議な位平然としていました」

日本軍人の見事さというのは、軍人勅諭にあるように、死なねばならないときがやってくると、ただちに「死は鴻毛よりも軽し」と覚悟することができる点にある。

また十二月二十六日の日記に、野田少佐はこう記している。

「今日はフンドシと肌着を洗濯した。ついでに身体を拭く。何時引張り出されてもきれいにして行きたい。石田三成が薬を所望した気持がよく解る。（中略）

拘置所の中国軍医は仲々親切で、いづれ近い内に死んで行く我々の処へ健康状態をきいて薬を置いて行く。医は仁術、医だけではない。愛は万古を通じてあやまらざる一大哲理だ」

死刑執行命令が出されれば、明日にも死なねばならない身にとって、愛の永遠というものを野田少佐は切実に感得したのであろう。
また翌二十七日の項には、こう記されている。
「看守兵の中に顔は不細工だが親切な班長さんがをる。『お気の毒に何とも言葉がない』と漢字で書いて煙草をくれた。国境を越える愛だ。何故地球の人類はお互いに憎み怨み疑わねばならぬのか。だがやがて人類の一宇、絶対平和境が来る。太陽系の一族がお互いに交通し得る時が来るのだ。ケチ〳〵戦う時代は過ぎる。世界が武器を捨てる時が必ず来る。そして国境のなくなる時代が」

戦争を行なう最大の理由が平和の実現のためという大矛盾は、人類が生存競争をつづける限り解決できない根本的な矛盾であるが、戦争中の行為をもって死刑を宣告された者にとっては、戦争こそが諸悪の根源という揺るぎない観念が心の底に定着するのであろう。野田少佐のこの言葉はそれを明白に証明している。

そして少佐は三十日の日記にこうも記している。
「つまらぬ戦争は止めよ。曾っての日本の大東亜戦争のやり方は間違っていた。独りよがりで、自分だけが優秀民族だと思ったところに誤謬がある。日本人全部がそうだったとは言はぬが、皆が思ひ上っていたのは事実だ。そんな考えで日本の理想が実現する筈がない。愛と至誠のある処に人類の幸福がある」

この日、野田少佐は翌日の大晦日こそ死刑執行の日だと思いこんでおり、この日の日記には、

「死して護国の鬼となる」

と記し、翌日の日記には、

「我は日本男児なり」

と記して死への覚悟を新たにしたが、幸か不幸か、死刑執行の伝達はなかった。

それから一月ほど後の昭和二十三年一月二十八日、野田少佐と向井少佐の両名の死刑が執行された。その直前、野田少佐は「死刑に臨みて」という一文を草している。それにはまず、

「此の度中国法廷各位、弁護士、国防省の各位、蔣主席（蔣介石）の方々を煩はしましたことにつき、厚く御礼申上げます」

と記し、それにつづいて冒頭の「俘虜、非戦闘員の虐殺、南京虐殺事件の罪名は絶対にお受け出来ません。お断り致します」云々（うんぬん）という日本男子の赤心を吐露した凛烈なる言となるのである。

さらに手記はこうつづく。

「今後は我々を最後として、我々の生命を以て残余の戦犯嫌疑者の公正なる裁判に代えられん事をお願ひ致します。宣伝や政策的意味を以て死刑を判決したり、或は抗戦八年の恨みを晴（は）らさんが為、一方的裁判をしたりされない様祈願致します」

野田少佐はこう記して、不公正かつ不正義な戦犯裁判にくぎを刺すとともに、自らの死を「東洋平和の人柱」と位置づけて、この手記をつぎのように締めている。

「我々は死刑を執行されて雨花台（うかだい）に散りましても貴国を怨むものではありません。我々の死

が中国と日本の楔となり、両国の提携となり、東洋平和の人柱となり、ひいては世界平和が到来することを喜ぶものであります。何卒我々の死を犬死、徒死たらしめない様、これだけを祈願します」

そしてこの手記の最末尾には、

「中国万歳
日本万歳
天皇陛下万歳」

と三行にわたって記されていた。見事な覚悟である。のちに蔣介石は「徳を以て怨に報ゆ」といって日本との講和を図ったが、その考えは野田少佐のこの手記に基づいており、蔣介石も無実の人物に死刑を執行したことに内心忸怩たるものがあったのであろう。

なお、野田少佐は処刑当日の一月二十八日にも日記に、

「南京戦犯所の皆様、日本の皆様さようなら。雨花台に散るとも、天を怨まず、人を怨まず、日本の再建を祈ります。万歳、々々、々々」

と最後の思いを書き留めている。「天を怨まず、人を怨まず」と今生最後の日に書き留めたところに、野田少佐の堅牢な軍人精神を読みとることが出来る。こういう立派な人物を戦争犯罪人として銃殺刑に処さなければならなかったところに、戦犯裁判の意図と欺瞞を読みとらねばならない。逆に戦犯裁判の無法を知りつつ、あえてその判決に従った数多の日本軍人の出処進退の見事さは、日本国が存続する限り、日本人の龜鑑として永く口碑に語り継が

なければならない。

私は毅然として、いや笑って死んで行くよ。かへり見て恥ぢる所はない。
何時(いつ)かは我々の犠牲にも一掬(いっきく)の涙を注がれる秋(とき)も来るであらう。

陸軍憲兵大尉　堀重吉

北海道出身・昭和23年4月6日、ジャワ・バタビアにて刑死、38歳

オランダ領東インド地区の戦犯裁判は苛酷をきわめた。戦前、インドネシアの宗主国として君臨していたオランダは、開戦早々から日本軍に連戦連敗し、多くの兵士が捕虜として収容所に入れられて終戦まで身柄を拘束された。この反動として、終戦後、オランダ軍は苛烈な戦犯狩りを行ない、ほとんどデッチあげの罪名で九百五十二人の日本人を逮捕し、裁判の名を借りた復讐によってそのうち二百三十三名もの日本人を処刑した。巣鴨プリズンで処刑されたＢＣ級戦犯五十一名に比べ、いかに多くの日本人が蘭印地区で殺されたか、この数字からも明らかであろう。

堀大尉は終戦時、ジャワのスラカルタ憲兵分隊に属していたが、戦後すぐさま分隊長の中野欣一郎憲兵少佐らとともに逮捕された。容疑は現地での組織テロの検挙取り調べに際し、暴行虐待を行なったというもので、対日憎悪感情をむき出しにしたオランダ軍は、先任将校

である堀大尉をまず生け贄とし、さらに大尉の部下二名にも死刑を宣告した。昭和二十二年十一月十二日のことである。

その直後、堀大尉は妻艶子につぎの文章ではじまる書簡を送っている。

「別れてから五年、遂に再び相見ることが出来なくなった。凡て是れ天命である。偉大なる運命の前には五尺の身を以て訴へんとするも、遠く及ばざるものあるを知った。思ひもかけぬことで責任を問はれ、南海の地に土と化す」

自分の死を天命と見るのは武士道の道統であるが、「思ひもかけぬこと」で極刑を言い渡されたことに堀大尉の無念がある。だが、その無念をも天命と思い切るのがまた日本軍人の潔さというものである。それゆえ大尉はこう記す。

「此の判決を受けた時も、無念といふ気もないではなかったが、かねて覚悟はしてゐたので、心は平であった。唯涙のこぼるるは旧部下の厚い情である。又刑友の親切である。堀君（無罪釈放となった堀定夫軍曹）には殊更に御世話になった。とても言葉では言ひ尽せない。よく御礼を申上げて下さい」

戦場で危地に陥ったとき、何よりも頼りになるのはそれまで生死を共にしてきた戦友であり、ほとんどの場合、この戦友愛というのは一生つづく。それほど戦友とは強い心の絆が生まれるのである。そこで大尉はこうも記す。

「何かあったら堀君に御相談するように。敗戦祖国も悲惨な現象を呈してゐるであらうが一時的な現象で、闘いに破れた以上は当然だ。気をしっかり持して進んでくれ」

妻子ある戦犯死刑囚に共通する心情は、もはや妻子を守り養うことができぬという深い悲しみである。

「三十八年の生涯もあと二ヶ月のみ。今泌々とお前や子供達のことを想ひ浮べてゐる。幸福にすることが出来なくて本当に申訳ない。許して戴きたい。時々東京や姫路の生活を思ひ出す。子供達もさぞ大きくなったらう」

死刑囚は未来を完全に閉ざされている。彼らが心の安らぎを得ることができるのは追憶の中のみである。しかしそうであっても、妻や子の明るい未来を望まない者はいない。

「体の弱いお前が財も無く三人の子供を抱えた将来を想像すれば、正に断腸の思いだが、頼む。子供を素直に心豊かに美しく育て丶下さい。よく考へられて最善の途を選ばれんことを」

堀大尉の妻への最後の願いは、どの親でもそうであるように、「子供を素直に心豊かに美しく育て丶下さい」ということであった。わが子が美しい祖国の山河のように、美しい心を持った人間として成長してくれるように切に願うのが親心というものである。そして堀大尉はここで詩人となる。

「独房の前に僅かの芝生があり、『トキ色』の花が咲いてゐて、私の心を深く慰めて呉れる。夕方、暗い独房の中で孤り虫の音に耳を傾け、祖国の姿、家族のこと、遠い昔の生活を思ひ出してゐる。そして又時々『海征かば』や『暁に祈る』を歌ってゐる。そしてじっと眼を閉ぢると、闘いの我が十数年、色々の事柄が夕焼の様に脳裡を去来する。お前にも随分苦労をかけた。全く苦労のかけっぱなしだ。くれぐ〜も体に気を付けてくれ。もう故郷は白雪に覆はれてゐるであろう」

堀大尉は北海道帯広の出身である。当時の男子は二十歳になるとみな軍務に服する義務があったから、堀大尉も十五年間は戦野に立ち、終戦からの三年は獄で一種の法戦を続行したことになる。

「闘いの我が十数年」という言葉の中には、軍人であることの誇りと軍人であるが故の哀しみがこめられている。

そして堀大尉は、妻宛のこの手紙を冒頭の「笑って死んで行くよ。かへり見て恥ぢる所はない」という潔い文章で締めている。大尉は軍人としての己れの生き方に、いささかも悔いるところはなかったに違いない。

さらに大尉は「とき色の花」と題する遺稿も残しているが、これは題名から想像するよりもはるかに凛烈な内容となっており、戦犯裁判に対するぬぐい難い不審の念が提示されている。そこではまず、

「戦犯裁判の是非については今更何を云わんや。予ねて期しありしところにして我が心は極めて静かなり。唯憾むらくは部下二名の犠牲を出せしことのみ」

と記して、戦犯裁判の本質をこう説く。

「人類の歴史は人類が滅亡するか、又神にならざる限り依然闘争の歴史を繰返すべく、又常に正義は力なり（正義は力によってのみ裏づけられる）の悪い法則の下にのみ支配せらる、

であらう。人を裁くものは神にあらず。また人なり。我に過ちあり、彼に過ちあり」

人が人を裁くこと自体がまず問題なのだが、まして武力によって相手を制した勝者が敗者を裁くとなれば何をかいわんやというのが、堀大尉の偽わらざる実感であった。それゆえ大尉は、こう断言する。

「我が涙は死の求刑を受けし時でもなければ、死の判決を受けし時でもなく、又死を恐る、が故にでもない。唯上司の温い教へ、旧部下の厚い情、知友諸子の親切同情に触れし時のみ。私は闘いに破れて、四面楚歌の中に幾多の辛苦を味はひ、今死に向ふ身であるけれども、信念は益々鞏固となるを覚ゆ」

古来、艱難汝（かんなんなんじ）を玉（ぎょく）にすといわれているが、堀大尉も幾度かの辛酸をなめてこの境地に達したのであろう。ただ惜しむらくは、堀大尉にはもはや残された時間がないということであった。

「かえりみれば実に人生は劇の如く、又夢の如し。人生限りあり、名は尽くるなしの感慨も時に湧く。

我も又歴史の人ならんか」

人は誰でも歴史の中に生死する一個の人間である。たとえ勝者であっても、いつかは滅びる。人の寿命に長短はあっても、歴史という長い時の流れに比すれば、百歳生きたとしても知れたものである。それならば己れの寿命というものを精一杯に生きるしかない。

堀大尉は己れの来し方を、「劇の如く、又夢の如し」といったが、わが人生をそういえること自体、精一杯に生きてきた証であり、その痛切な思いが、この遺稿の最末尾の「我も又歴史の人ならんか」という感懐となって現われたのであろう。ある意味でこの一文は、堀大尉の苛酷な運命を止揚して、その生きざま自体を美しく抒情したともいえる。

いずれにせよ、一種の詩情をもって生涯を終えることが男子の本懐であるなら、堀大尉もきわめて悲劇的ではあるが、男子の本懐を遂げたといってもよいであろう。

戦争犯罪人として「チャンギー」の露と消えますが、自分は帝国軍人として何等やましい事をしたわけではなく、世間に対しても恥しいと思ふ様な事は少しもないからどうか此の点だけは安心して居て下さい。

陸軍憲兵曹長　寺田隆夫

和歌山県出身・昭和21年7月11日、シンガポール・チャンギー刑務所にて刑死、年齢不明

寺田曹長は和歌山県の出身で、長じて陸軍の憲兵隊に入り、終戦時にはシンガポールの昭南憲兵隊に属していた。

そして戦後、寺田曹長も御多分にもれず、戦犯容疑者として身柄を拘束され、名ばかりの裁判を経て、死刑を宣告された。

冒頭の文章は、寺田曹長が家族宛に認めた遺書の書き出しの部分である。そこに寺田曹長

は「自分は帝国軍人として何等やましい事をしたわけではなく、世間に対しても恥しいと思ふ様な事は少しもない」と明言している。戦犯裁判などという茶番劇よりも、魂の叫びともいえるこの独白の方に真実があるのは確かであり、日本人であるなら戦犯裁判の判決などは無視、あるいは蔑視して、多くの戦犯死刑囚の魂の叫びともいえる遺書に全幅の信頼を置かなければならない。それが祖国再建の礎石となって散っていった御魂に対するわれわれ後世の人間の敬意であり、また弔意である。

終戦後の一時期、占領軍の尻馬に乗って戦犯を一般の犯罪者と同列に考え、戦犯者のみならず、その家族にまで軽侮の視線を送る軽佻浮薄な輩が少なからずいたが、彼らにはあらゆる責任を一身に負って刑死した戦犯死刑囚のような精神のたたずまいの宜しさといったものがまるで感じられない。

彼らは戦犯という文字の字面に捉われて、戦犯者を一般の犯罪者と同列に考えたのだが、戦犯者の精神の格調の高さは、そういう軽薄な人間の遠く及ぶところではない。とくに戦犯死刑囚の遺書に見る格調高い精神は日本史の偉観ともいってよく、その精神の格調の高さはおそらく死の恐怖を超克した透徹せる死生観にその多くは担保されているのであろう。それゆえ彼らの遺書のほとんどは、肉親縁者に対するお詫びの言葉と感謝の言葉に終始している。泣き事や恨みを書きつらねる者はまずいない。

たとえば、寺田曹長もこう記している。

「御両親様には長い間御苦労をかけつゞけで、誠に申訳ありません。どうか許して下さい。

自分のものは兄弟中で適当に処分して戴けれ
ば、これに越した喜びはありません」

戦犯死刑囚にとって、心の最後のよりどころとなったのは家族である。彼らは家族があればこそ、軍人の鑑といえるほど見事な最期を遂げることができたのである。

逆な言い方をすれば、家族の名誉、家門の誇りのためにも、彼らは自らを厳しく律し、軍人らしい潔さをもって死に対処した。この壮厳ともいえる生き様が、彼らの精神のたたずまいというものをいっそう美しくしたのである。

そして寺田曹長は、さらに続ける。

「兄さん、弟勇には会ふ事が出来て本当にうれしく思ひました。其の中に帰る事になりませう。帰ったら兄弟仲良く助け合って寺田家の繁栄に努力して下さい。貯金通帳『満りさ二一三八八』紛失しましたから、再発行して受取って下さい。自分の貯金の中から志津子及稀哲(妹弟か)に各壱千円づ、やって下さい。姉夫婦及親類の皆々様に、どうぞ宜しくお伝え下さい」

寺田曹長の人柄がしのばれる文章である。そもそも清節を尊ぶ軍人は、真面目で几帳面なタイプが多い。こういうタイプの人間が多くいればこそ、軍紀は守られ、軍隊全体の戦闘力も維持向上されるのである。日本の将兵が世界一の軍人資質を持つと諸外国からも高く評価されたのは、将兵各自の真面目で几帳面な性格によるところ大なのである。

そして寺田曹長のこの遺書は、つぎの一節で締められている。

「自分の戦友が訪ねて呉れるかも知れませんから、其の時はよく話を聞いて下さい。ではこれで安心して死んで行く事が出来ます」

戦友とはかけがえのないものである。ことに生死を賭けた戦場で生まれた男同士の友情は、何ものにも代え難いほど美しいものだという。おそらく寺田曹長にもシンガポールにそういう戦友がいたに違いない。

そして家族に伝えるべきことを伝えると、遺書は「ではこれで安心して死んで行く事が出来ます」という壮烈な言葉で締められている。いかなる死を迎えようとも、安心して死んでゆくことができると断言できれば、それは疑いなく男子の本懐である。

寺田曹長も、この刑死を単なる敗死とは認めていなかったのであろう。あくまでも戦争の延長としてこの裁判を捉え、不当な判決に対する抗議の意味をこめた名誉ある戦死として自らの死を位置づけたに違いない。

今度の件、職務上の玉砕で、多くの人々と一緒に喜んで死につきます。

陸軍憲兵軍曹　野沢藤一

栃木県出身・昭和21年7月11日、シンガポール・チャンギー刑務所にて刑死、40歳

野沢軍曹は明治四十年四月、栃木県宇都宮市に生まれ、旧制宇都宮中学を卒業後、いったん警察官になった後、陸軍に入営して憲兵となり、大東亜戦争開戦後、シンガポールに派遣

され、そこで終戦を迎えた。

シンガポールは戦時中、華僑虐殺事件が起きるなど、日本憲兵の行動は戦後、連合軍によって厳しく弾劾された。野沢軍曹の逮捕、拘留もその一環であり、戦犯裁判はほとんど一方的に進められ、野沢軍曹は死刑を宣告されて、昭和二十一年七月十一日、刑は執行された。

この刑に先立ち、野沢軍曹は覚悟の遺書を認めた。そこにはまず「御両親様」として、つぎのように記されている。

「長い間色々とお恵を受けて大過なくやって参りました。その間何等なす事もなく、今度又国家のために殉ずる事になりました。どうか私の気持をお察し下さいまして、今迄の我儘をお許し下さい。私の事に就いては嘆かないで下さい。喜んで国に殉じて参りますのですから。最後に妻子の面倒をおかけしなければならぬ事を深くお詫び致します。どうぞ何日までも仕合せにお過し下さいます様祈って居ります」

野沢軍曹の心懐は、「国家のために殉ずる事になりました」という一文に尽きよう。しかも「喜んで国に殉じて参ります」と断言する。日本軍人の心映えの見事さはここにある。一切の泣き事、恨み事をいうことなく、潔く国家のために殉ずる。そういう死こそ、まさに軍人の本懐ということである。

そして野沢軍曹は妻の静枝には、

「今迄色々苦労ばかり掛けて申訳ありません」

と記したうえで、冒頭の「今度の件、職務上の玉砕で、多くの人々と一緒に喜んで死につきます」という凛烈な文章となるのである。戦犯裁判を「玉砕」と捉えたところに野沢軍曹の昂然たる気概を読み取ることができる。

玉砕とは瓦全（がぜん）の対極に立つ概念で、軍人の理想とする死に様であり、それは単なる敗死ではなく、軍人道の精髄ともいうべき栄光の死である。すなわち野沢軍曹は己れの死を玉砕として位置づけ、その栄光の中で己れの生を終えようとしたのである。

だが、野沢軍曹は己れの栄光ある死に満足しつつも、残される妻子への配慮も忘れない。

「然し今後の事を思ふと胸迫る思ひが致します。棘（いばら）の道、何かと大変な事ばかりでしょうが、元気を出して子供の養育、親への孝行、よろしくお願ひします。（中略）

それでは呉々も体を大切にして楽しく暮して下さい。親類知人の皆様によろしくお伝へ下さい」

そして野沢軍曹は、美保子、洋子、昭彦という三人の子供たちにこう書き残す。

「父はお国のために死んで参ります。今にそのわけは分る事になりませう。悲しむ事なく、お母さんの言う事を聞いて立派な人になって下さい」

ある意味で、「父はお国のために死んで参ります」と自信をもって書き残せる軍人は幸せである。彼は一死殉国の大義の実践者であり、軍人として最高の死処を得たともいえるからである。

また野沢軍曹は、妻子宛にもう一つ遺書を残している。この遺書には野沢軍曹の赤裸々な内面がいっそう鮮明に出ている。

遺書はまず、つぎの一節ではじまる。

「回顧すれば約一年前、突然帰国し、静枝を初め子供等より驚愕されると共に、又俺は生れて二十日余の昭彦を抱いたのも今は昔の夢となった。然し俺個人とすれば、在昭間飛行機で満州に出張する等、人間としてやる事なす事見る事、一人前の人間らしき事は一応は出来た事を思へば、所謂人間の望みを達し得たと思ふかも知れない。然し此れは単なる人生生涯の自己満足である」

昔の武士は誰でも、「侍一人前のことをやって生涯を終えたい」と思ったという。この「一人前のこと」をやれるかどうかで、男の価値は決まるといってよい。そしてこの「一人前のこと」とは、いうまでもなく、世のため、人のために我が身を捧げることであり、私利私欲とはもっとも遠いところに位置づけられる一死殉国の凛烈な精神世界といえる。

「俺は謂ふ、国家の干城として赤紙に依り召集され、シンガポールに来たのは遊覧でもない、個人的満足を得んがためでもない事は周知の事実である。俺は口を大にして云ひたい。それは国家のため身命を此の地に埋める事であった」

日本軍将兵のうち九割九分は、命令を絶対厳守するきわめて優れた軍人気質の保有者である。問題は残りの一分にある。それを看破した野沢軍曹は、憤激をこめてこう記す。

「然るに現在の我々の境遇は何んであるか、それは余りにも情けない眩滅(ママ)の悲哀である。今俺は国家を恨むものではない。只恨む者は、我々国民を偽瞞と強制と命令とを以て、葉書一枚でお前等の体は来るのだと大言壮語した軍閥政治家を恨むものである。

現在の我々の境遇を端的に謂ふなれば、憂鬱と煩悶と神経衰弱的な気狂ひじみた人間となって終った」

戦時中は最前線で戦い、戦後はそれを罪に問われて死刑を宣告された戦犯ほど、腐敗堕落した軍閥政治家を憎む。彼ら軍閥政治家こそ、祖国日本を滅亡への道に進ませた元凶であるからだ。

だが死刑を宣告された以上、戦犯たちに逃れる術はない。そこであらゆる未練を断ち切って、運命を敢然と受け容れる。

「今後如何なる悲路を進行するかは只運命に委す以外にない。此の一片を見て、静枝を初め子供等は最大の悲哀を感じ、涙々として落ちる涙を留め得ないだらう。然し我慢してお呉れ。今後、子供等の時代に、必ず僕に代って立派な、然も僕の面目を挽回して呉れる事は疑ひない事実だと思う」

死にゆく野沢軍曹にとってこの世での唯一の希望は、夢を子供に託すことであった。それゆえ妻にこう記す。

「僕が静枝に御願ひする事は、健康なる体を以て子供を育て、僕の名に恥しめない様にする事が静枝の義務であり、又僕の最後の御願ひです」

多くの戦犯死刑囚にとって、魂の最後のより所は肉親であった。彼らは最後の最後には肉親の面影を瞼に浮かべて、刑場の露と消えた。彼らにとって、肉親こそは己れの生を確認する唯一の、そしてかけがえのない大切な心のよすがだったのである。

幸生は日本人らしく堂々として逝きます。私の最後を見届ける人はありませんが、日本人の最後の立派さをアメリカ人に知らせてやります。

海軍上等兵曹　頴川幸生（えがわ）
兵庫県出身・昭和23年8月21日、東京・巣鴨刑務所にて刑死、38歳

戦時中、頴川上等兵曹は佐世保の西部軍福岡俘虜収容所第十八分所に勤務していたが、戦争末期から戦後にかけて、二度にわたって言葉に尽くせぬ大悲劇に見舞われている。

その一つは八月九日に長崎に投下された原爆で、妻子をはじめ、年老いた両親と姉の一人とその子を合わせて、七人もの肉親を亡くしたことである。さらにこの頃、長兄と次兄も応召中で生死は不明であった。

もう一つの悲劇は、まったくの無実であるにもかかわらず、戦犯指名されて、その挙句（あげく）に死刑を宣告されたことである。理不尽といえばこれほど理不尽な判決もないだろう。

戦後、頴川上曹は戦犯容疑で逮捕される前に、一時病床に伏していたことがあり、そのとき、つぎのような手記を認めている。

「私は以前、俘虜の働いてゐる海軍施設部の俘虜警戒隊員として勤務した。そして、其の私が俘虜虐待者として内偵されてゐる事を知ってゐる。然し私は、これに関して自分の良心に

かけて、恥じない。神かけて誓ふ事が出来る」

潁川上曹の冤罪は関係者の等しく認めるところだが、本人がこう断言するのだから、無実であることに間違いはない。真正の軍人は決して嘘をつかないからである。

「私が若しか、不幸にして、戦犯容疑者として逮捕される事があれば、真実を本当に知る事の出来ない人は、私といふ人間が残虐精神の持主と思ふかも知れない。しかし、真実を知ってゐる者は、自分より他に無い。そして私の僅乍らも愛の恵みを受けた多くの人の俘虜となっておられた人達が知ってゐるだろう」

この文章から、潁川上曹は捕虜を虐待するどころか、捕虜に恩恵を与えていたことがわかる。

潁川上曹が佐世保の海軍施設俘虜警戒隊に着任したのは昭和十七年十一月十七日だったが、それ以前は南支、海南島における数々の掃討戦に従事していた。そしてその戦闘で潁川上曹が体験、目撃したことは、

「残虐行為と痛ましい良民の姿のみだった。戦争の如何に人類に不幸を齎らすか、其の痛ましい現実に、戦争に対する疑念を抱いておった」

ということである。それゆえ佐世保の俘虜収容所勤務になったときには、米軍捕虜を前にしてこう述べている。

「私は皆さんに対して心から気の毒に思ってゐるよ。そして、真に理解出来ると信じてゐる。絶大な援助を惜しまない。自分は最善を尽したい」

さらにこうも述べる。

「私はもともとグラスメーカー（ガラス貿易商）であり、軍人ではない。不幸にして今戦ってゐるが、私は決して戦争を好んでゐない。平和は必ずくる。それまで君達は故郷に残した妻や子供に再び廻り会へる様生き抜かねばならぬ」

古来、武士の武士たる所以は惻隠の情があるか否かであるといわれているが、額川上曹が米軍捕虜に示した惻隠の情はまことに見事なものである。

その後、額川上曹の仕事ぶりは俘虜警戒隊の指揮官に認められて、やがて全幅の信頼を得、第十八分所の実質的運営者となってゆく。ところが、この第十八分所も他の収容所同様、食料や衣料、薬品が不足し、体力の衰えた捕虜が相次いで病死、衰弱死していった。その実態を額川上曹は、つぎのように記している。

「在勤中四十五、六名の人が亡くなったやうに思ってゐる。そして、私は埋葬の度毎に、先頭に立って進んだ。小石で縁どられ柩が納められ、土がかけ終る迄、私と牧師、そして一部の人の祈りが続けられた。小石で縁どられ十字の墓標は立てられた。しかし、此の墓標も段々増えていった。其の墓標が増える度に、私は本当に淋しかった」

そして額川上曹は、捕虜の死は虐待ではないとして、こう記す。

「死亡者は、殆んど急性肺炎や急性気管支炎だった。栄養失調が共なってゐたものと思ふ。抵抗力の余りにも弱いといふ事が、私にそう思はさした。然し、虐待して死に至らしめたといふ事は絶対にない。ただ、余りにも条件が悪かった」

だが、戦犯裁判はこういう事情はまったく考慮しなかった。米軍にとって重要なことは最終的には米人捕虜五十四人が死んだという事実であり、しかもそれらの死はすべて虐待死として、その責任者を極刑をもって断罪するのが戦犯裁判に課せられた最大の使命であった。

それゆえ捕虜虐待などまったくしなかった頴川上曹は、実質的な所長代行として収容所の運営を取り仕切った中心人物として起訴され、ついには絞首刑を宣告されてしまうのである。戦犯裁判に再審はないから、一審判決がそのまま最終判決となる。

そして頴川上曹が立派だったのは、死刑判決が下されると、姉よね子宛の遺書に冒頭の「日本人の最後の立派さをアメリカ人に知らせてやります」と断言し、さらに、「決して見苦しい態度はとりません。誰よりも立派に堂々たる態度をくづさなかった事を信じて下さい」

と明言したことである。

この気概や壮とすべきであろう。武士道を知る頴川上曹にとって、死ぬこと自体は問題ではなく、どう死ぬかだけが問題であった。戦死であろうが、刑死であろうが、あるいは自決であろうが、日本男子の最期は堂々たるものでなければならない。日本武士道にあっては、終わり良ければすべてよしなのである。

そして頴川上曹は、姉宛の遺書にこう記す。

「面会に来なかった事を決して悔んで下さいますな。幸生は成程(なるほど)不運な男でありましたが、皆様の愛情に包まれて今迄暮して参りました。亡き豈子（妻）も子供達も心から慕って呉れました。今度は親子水入らずで永遠に仲よく暮せます。自分も一日も早く逝くことが倖です」

潁川上曹の妻子ら肉親七人は、米軍が長崎に投下した原爆によって殺された。さらにそのうえ、潁川上曹自身も完全な冤罪によって死刑を宣告された。無実の人間に死刑を宣告する戦犯裁判とは一体、何なのか。

しかし、潁川上曹はそんなしち面倒臭い理屈には一切耳を傾けず、この遺書をつぎの一節で結んでいる。

「お姉様もう何も遺す言葉はありません。残り少ない姉弟仲良く、いつ〳〵迄も健かにお暮し下さる事をあの世とやらから祈って居ります。お姉様のお顔が浮んでつい涙がにじみました」では永久に〳〵お別れ致します。

辞世は、
ふみのぼる絞首の台をゐがきみてたじろがぬわれ心うれしき
であった。見事な軍人魂である。

このように立派な軍人を無実の罪で殺したその愚挙、暴挙は大いに恥じなければならないであろう。

日本魂は、幾多の苦悶を包蔵しながら、強く堪へ、顔で笑ふことが出来るのである。日本人の意気を見せようと、寧ろ積極的な勇気が湧いてくる。

陸軍憲兵曹長　半澤勇

福島県出身・昭和24年9月26日、ジャワ島・グロドックにて刑死、31歳

終戦時、半澤曹長はジャワのジョンベル憲兵隊に所属していたが、組織的テロを検挙しこれを不法処刑した罪で逮捕され、蘭印バタビア法廷で裁かれて死刑を宣告された。その際同時に、憲兵隊長の和田都重大尉以下将校二名、曹長一名、軍曹四名が逮捕され、うち和田大尉と半澤曹長、南良次軍曹が死刑となったのである。

この判決もご多分にもれず復讐裁判の不当判決であるが、死刑執行前日の昭和二十四年九月二十五日、半澤曹長は戦友の某氏に遺言ともなる書簡を認めている。

「私も今や汚名を帯びて刑場に散る事になりましたが、これは元より私の本懐ではありませぬ。然し古今の史上に興亡盛衰、有為転変が繰返され、これを通観するとき、自ら自己の在るところを知らされます。そして天命を知って足れりと為すに到達し、永遠の世界に入って行きます」

半澤曹長の場合は完全に冤罪であったのだが、裁判長とベルグ氏という人物が決然として半澤曹長のために助命奔走し、九ヵ月も死刑執行が延期されたことを名誉として、潔く刑に服する覚悟を決めたという経緯があった。そして半澤曹長は某氏に、

「私によって最大の打撃を受ける妻子も之等の事情を知れば、悲しみの中にも自然に慰めら

れ、又私の妻子を愛する心に喜びの湧くことを汲み取らる丶事と信じます。そんなわけですからお帰りの節は激励してやって下さい」

と依頼した。普通、冤罪での死刑など犬死、無駄死の最たるものと考えられるが、戦犯裁判で日本の敵であるべき裁判長らが自分の助命のために奔走してくれたことに半澤曹長は心を打たれ、復讐裁判である戦犯裁判ではいずれ極刑は免れないから、この感動を胸に已れの生を終えようと覚悟していたのである。そしてこの書簡にこう綴った。

「今日は二十五日昼少し前、執行は明朝、至極元気ですから御安心下さい。（中略）もう執行を待つ許り、今夜はゆっくり眠って酷使した肉体を休ませて、おさらばしようと思って居ります」

半澤曹長はかねがね軍人の最期は潔いものでなければならないと思っていた。それゆえ「独房悲歌」と名づけた手記に、死刑に対する心構えを、つぎのように書き留めていた。

「意識して銃口の前に立つには、相当な勇気がいる。宗教的な信仰も何もない吾々青年は、日本人の意気だけで頑張るだけだ。人に笑はれたくない」

この「人に笑はれたくない」という意識が、古来、日本男子の行動を律する強力な原理ともなり、「恥を知る」という武士道の眼目の一つを形成したのである。「日本人の意気」というものも、この武士道精神を母体とする。そして半澤曹長は、さらにこう続ける。

「精神的準拠は覆り、虚無と絶望から危く崩壊せんとするのを強く支へているのは、日本人的自覚であらう。その自覚を更に確固たらしむるのは、直接間接に激励する同胞の存在であらう」

当時は、日本民族は誇りある民族であるという考えが徹底していた。誇りある民族であるかぎり、自らの手でその誇りを汚すようなことは出来ない。戦場においても、その思いが絶えず軍人を律し、生死を賭けた戦いの場でも、つねに勇気が怯懦を凌駕したのである。瓦全を図るより玉砕をよしとするのは、尚武の心を尊重する日本軍人の本然の姿といえる。

そこで冒頭の「日本魂は、幾多の苦悶を包蔵しながら、強く堪へ、顔で笑ふことが出来るのである」という文章へつづき、さらに「日本人の意気を見せようと、寧ろ積極的な勇気が湧いてくる」と半澤曹長はいう。

確かに日本男子にとって、「花は散り際、武士は死に際」であり、戦死であろうと自決であろうと、はたまた刑死であろうと、己れの死に際しては日本人の見事さを敵に見せつけてやろうという意識が強烈に働く。

これが戦国時代以来の男道と呼ばれるものである。簡潔にいえば男道とは、男はかくあるべきだという強烈な美意識であり、日本男子が生死の関頭に立つと、例外なくこの美意識が強烈に働き、敵をも感動させる見事な最期を見せるのである。

半澤曹長も獄中で見た日本人の勇気を、こう綴っている。

「上杉、野中君が、一暴れして死に花を咲かせようかと考へていたが、全体のためを考へて、躊躇してゐたのは、必ずしも純粋な意味に於て壮と云へないであらうが、最後迄闘魂に燃えて居た点、異なるものがある」

軍人はあくまで戦士であり、戦士であれば戦闘力が残っているかぎり、決して戦意を失わない。日本軍人の見事さはここにあり、半澤曹長も、上杉と野中という戦友の勇気を右のように称えたのである。そのうえで曹長は、

「特に終始悠然とした恬淡さで一際目立ったのは、吾々より一代古いが、岡田少佐であらう」

とし、その理由をこう記す。

「彼は動もすれば、沈滞的な空気を醸す状況にあって、後輩を導かんとして、一歩進んだ自覚の上に立って居た。日本人的自覚が、苦難に堪へる源泉力であるが、これを確固たらしめるのは、先に述べた如く、知友、同郷人、同胞の激励に依るところ誠に大である」

刑死には、戦死や自決にみるところの一種の壮快さというのがまるでない。そこで自らの勇気を敵にも味方にも見せつけるためには、刑場へ行きつくまでの態度を堂々としたものにしなければならないことはいうまでもない。刑場へと向かうことは、一歩一歩と死に近づくということであり、そのときに泰然自若とした態度がとれるか否かということが、その軍人の勇気を立証する一番の手がかりとなる。

ここで半澤曹長は三人の例を出す。

「処刑直前、和田軍曹が小さい堀を見て、『この川は、何処へ流れる河か』と訊いたのは、判断に苦しむが、山根軍医が、見るもの総て清く美しく見えると云ったそうだが、実際そう見えるのだらう。

橋本君が坊さんに『先になって歩いてくれ。俺は後から一人で行く』と云って悽愴な笑を

浮べたと云ふが、それは坊さんの臆病な見方か。が、人の真剣なるや、霊気が漂ふことは肯ける。

清水君が太陽を見て、美しいお月様が出たと云ったのは間接的に聞いたのだが、鬼気迫るものがあらう」

半澤曹長が三十一歳で刑死するのであるから、右の三人はみな二十代の青年であろう。いずれも見事な態度である。人によっては刑場に向かう恐怖のあまりに、腰が抜けたり、失禁する者もいたというが、牢固たる死生観を確立した軍人は、自分の死を客観視して、いささかもたじろぐところがない。古来、武士の命はいつ果てようとも潔くあらねばならないとされ、何ごとであれ物事に怯え立つような者は侍ではないとされているが、右の三人の若者も現代の武士である軍人として、最後の最後まで日本男子の美意識を堅持しつづけたのであろう。

そして半澤曹長は、この三人の軍人の見事な最期を評して、

「自ら死地に向って歩く瞬間の気持を受けて熟考してみる時、そこに、吾々青年の犠牲の真の姿を感受しないわけにはゆかない」

と記している。古来、武士たる者は公のために犠牲の道を行く以外にないとされているが、半澤曹長もこの三人の軍人同様、日本男子の見事さを敵にも味方にも見せつけて、堂々と犠牲の道を辿ったに違いない。

人間死生の事は深玄、必ずその因は天命に在り。況して戦陣に臨みて身予ねて僕の念頭になし。今この事に及ぶも従容平静を失することはありません。

陸軍大尉　芦田昭二

東京都出身・昭和22年9月5日、ジャカルタ・チピナン刑務所にて刑死、33歳

芦田大尉は戦時中、蘭印インドネシア、フローレンス島の俘虜収容所長であったが、戦争終結後、所長時代の責任を問われて、ジャカルタのチピナン刑務所に収容された。

その頃、芦田大尉と同房となったのが森岡庸人陸軍軍医大尉で、のちに釈放された森岡大尉は復員して、芦田大尉の人となりを、つぎのように語った。

「芦田大尉は大正四年生れ。東京都出身、幹候にて任官された実に立派な軍人であり、京都の美術学校を卒業された画家でもあり、歴史、芸術に造詣深く、明治維新の志士の面影もあった」

この芦田大尉が傾倒していたのが幕末の志士・吉田松陰であり、たとえば大尉の母宛の遺書は、こう書き出されている。

「僕平生の修養未熟にして慎独天地を格す事出来申さず、大事に立到りました」

吉田松陰が斬首と決まり、肉親に送った永訣の書の冒頭はこうである。

「平生の学問浅薄にして至誠天地を感格することが出来申さず、非常の変に立到り申し候」

芦田大尉がいかに松陰に傾倒していたか、この一文を見ても明らかであろう。松陰の遺書はさらにこう続く。

「嘸々御愁傷も遊ばさるべく拝察仕り候。

　親思ふこころにまさる親心　けふの音づれ何ときくらん」

千古不朽の絶唱といわれたこの和歌はここに出てくるのである。芦田大尉は母一人子一人の家庭であった。そのため敬愛する松陰の永訣の書の冒頭にならうことにより、この和歌の心を母に伝えたかったのであろう。

そして大尉の遺書は、こうつづく。

「且部下若干名に対しても夫々の負担を生ぜしめし事、僕の不徳故に申訳なし。すべては戦に敗れし事に在りとの外、只今何も説明の言なく、自ら釈然として後日の批判に俟つのみ。唯一家の名のためにいへば、『吾今国のために死す。死して君親に背かず』の衷心を所持し、ゆるがざることは僕の幸福に存じます」

松陰は斬首を申し渡されて評定所を出るとき、朗々としてつぎの詩を吟じた。

　吾れ今国の為に死す
　死して君親に負かず
　悠々たり天地の事

鑑照は明神に在り

芦田大尉も死するに際し、松陰の俯仰天地に愧じずというこの清明心をわがこころとして、堂々と死に立ち向かったのであろう。

そこで冒頭の「人間死生の事は深玄、必ずその因は天命に在り」という透徹した死生観の開陳につながるのである。死に臨んでも、「従容平静を失することはありません」となれば、大尉は日本男子として、もはや何の悔いるところもなかったであろう。

ただ森岡大尉によれば、

「芦田大尉の最大な思いは、戦後の東方民族の独立運動であった。房の厚き壁を通しても、民族独立の『メルジカ、メルジカ』の声が聞えてきた」

ということである。芦田大尉の志士的気質は、インドネシア独立運動の志士たちの行動に激しく共鳴し、真に恒久平和を願う大東亜共栄圏の建設を最後まで夢見ていた。それゆえ、辞世にもこう詠んでいる。

東方の民よ起きよ起きよ　汝昭和の挽歌あだにはならぬに

芦田大尉にとって、日本が大東亜戦争に敗れたことは大いなる痛恨事であったが、それが東南アジア諸国の独立解放に大きく貢献したことは、自分に対する最大の手向けでもあると思った。それゆえ、大尉は遺書をこう結んでいる。

「国家荊棘（けいきょく）（苦難・混迷）の今後、又東方民族のゆくへを想望すれば感慨無量です。御両親様、近親はじめ先輩、知友の恩恵に深く感謝しつゝ告別申し上げます」

大東亜戦争は見方によれば、白色人種に対する有色人種の戦いでもあり、有色人種の雄である日本は確かに武力闘争で敗れたが、この大戦争の終結後、インドネシア、ビルマ、インド等が白色人種の植民地であることから解放され、国家としての独立を遂げた。日本の考えた大東亜共栄圏とは違った形となったが、この戦争で日本はアジア民族の帝国主義からの解放に大きく寄与し、芦田大尉をしてその遺書に、「東方民族のゆくへを想望すれば感慨無量です」と書かせたのである。

国と其（そ）の運命を倶（とも）にし、国は既に敗れたが、私としては昔の憲兵軍曹の自覚を以て明鏡止水の心で死に就（つ）きます。

陸軍憲兵軍曹　宮末末吉

福岡県出身・昭和21年11月12日、香港・スタンレー刑務所にて刑死、27歳

香港憲兵隊の宮末軍曹は終戦後、イギリス軍によって拘束され、昭和二十一年八月十九日に開かれた戦犯裁判において死刑を宣告され、十一月八日に判決確定の通知を受けた。同軍

曹の死刑はその四日後の十一月十二日午前七時に執行されたが、死刑確定通知を受けた日、すぐさま両親と親族宛の遺書を認めた。

軍曹は八月に死刑判決を宣告された時点から日本軍人の誇りにかけて、従容と死にゆくことを決意していた。それゆえいざ死刑執行というときになっても、「明鏡止水の心」を保つことができたのである。古来、武士というものは最終的に立派に腹が切れるかどうかのみにかかっているといわれてきたが、宮末軍曹も軍人らしい潔い最期を遂げようと心を決していたのである。

それゆえ冒頭の文章につづけて、宮末軍曹は、

「想へば吉田松陰、橋本左内の如き憂国の志士も矢張り私の現在の年齢と相前後するものでした」

と記している。ちなみに安政の大獄で斬首となった吉田松陰は数えで三十歳、橋本左内は同二十六歳であり、宮末軍曹もこの二人の憂国の志士の従容たる最期に己れの運命というものを重ね合わせたのであろう。

宮末軍曹は日本男子として憲兵という職務に誇りを持っていた。それゆえ遺書にもこう記している。

「私の犯罪は吉村氏（同房の知人）から詳細話されること丶は存じますが、憲兵として永い間特高警察に活躍した故のもので国家の為の犯罪であり、全然世間一般の破廉恥罪とは其の性質を異に致します事を充分御承知下さい。何れ『マ（マッカーサー）司令部』から正式な

通知が有る筈(はず)です」

戦争犯罪という言葉の意味するところは非常に曖昧(あいまい)である。同じ行為を犯しても戦勝者は罪を問われず、戦敗者のみが戦争犯罪人となる。しかも宮末軍曹の場合は、香港の治安の維持のために職務を遂行したのである。本来なら当局や市民から顕彰されてしかるべき職務であり、宮末軍曹もこの点を、

「憲兵としては誰にも負けずに一生懸命其の職務を遂行致しました。そして死刑台に上る迄(まで)立派な□(不明)を保持し得ました」

と記している。憲兵の場合は、職務に忠実であればあるほど敵性人の憎悪を買う。おそらく宮末軍曹は軍事法廷において、おびただしい罪状をデッチあげられたに違いない。戦犯裁判における戦争の不条理というものは、日本軍にあっては憲兵と外国人捕虜収容所の勤務者に集中的に現われるのである。

だが、これも運命と敢然と受け容れるのが、また軍人の潔さというものである。それゆえ宮末軍曹はこう綴る。

「津野（郷里）では今や民主々義社会実現の余波を受け、或(あるい)は日々自ら社会進歩を辿(たど)りつゝあること、察せられますが、幾十年かの後、私の死が大東亜の暁に何らかの力になって現われることを信じてゐます。私の勲章は其の儘(まま)保管して置いて下さい」

宮末軍曹は自分が行なってきた職務を反省したり、悔いたりして死ぬのではない。逆にやるだけのことはやったという誇りを持って死のうとしているのである。宮末軍曹には敗者の

惨めさは微塵もなく、東洋平和の礎になるという昂然たる気概をもって、死にのぞもうとしている。それゆえ、「幾十年かの後、私の死が大東亜の暁に何らかの力になって現われることを信じてゐます」と明言できるのである。

しかも宮末軍曹は、「私の勲章は其の儘保管して置いて下さい」と遺言する。自分の行なってきた職務を後悔していたなら、こういう文章は決して綴らなかったはずである。宮末軍曹が己れの職務にいかに誇りを持っていたかがこの文章から察せられる。そして宮末軍曹はその誇りとともに世を去ることを、大いなる死に甲斐と思ったのであろう。

そして軍曹は家族を安心させるためにこう綴る。

「女関係として死後問題になる様なことは全然有りませんから、此の点何卒御安心願います」

さらにこうも綴る。

「貯金通帳を吉村氏（前出）に托しました。五千円許り御座いますが、何卒御両親様の御寺詣りの銭にでも充当して下さい」

女性関係なし、貸借関係なしという清廉潔白な体で宮末軍曹は黄泉路に旅立とうとしている。そして軍曹は、

「生前の親不幸、又先立つ不幸は何卒お許し下さい」

として、この遺書を、つぎの一文で締めている。

「永い間御会い出来なかった御両親様始め、兄姉様達、甥、姪達の御顔をなつかしく偲び乍

ら死に就きます。

「では、左様奈良」

こういう見事な軍人が戦犯という名のもとにこの世から抹殺されてゆく。戦犯裁判の不条理は、かの戦争を冷静にかつ客観的に検証することができる今こそ、厳しく糾明されなければならないのである。そこに日本民族の誇りがかかっている。


元より我々の行動たる死生を超越し、自らを捨て、戦争目的達成の為に邁進したる事に有之(これあり)、何等恥づる所無之(これなく)候。死刑の宣告を受け候へ共、既に覚悟の事に候へば、驚きも無之候。皆様御信じ被下度(くだされたく)候。

陸軍少佐　市川清義

福島県出身・昭和21年7月15日、ビルマ・ラングーンにて刑死、27歳

昭和十九年七月、インパール作戦は失敗に終わり、日本軍のビルマ戦線は崩壊し、ビルマ方面軍はサルウィン川下流域に後退して、態勢の挽回を余儀なくされた。しかし、昭和二十年に入ると英国のビルマ進攻は本格化し、日本軍はビルマ各地で英軍の猛攻を受け、敗走に敗走を重ねた。

その頃、市川少佐の属する第三十三師団の歩兵第二百十五連隊はサルウィン川河口部のモ

ールメンに駐屯していたが、モールメン東方約七十キロのコーカレーに英工作員が落下傘降下して、住民に反日行動をけしかけた。

そのため師団司令部は、第二百十五連隊の大隊長であった市川少佐にコーカレーの掃討を命じた。だが、この掃討作戦には一つの問題があった。英工作員の指導でゲリラ化した敵性分子と一般住民との見分けがつかなかったのである。これは都市部の市街戦では多々起こる現象であるが、結果的に市川大隊も何人かの一般住民を殺害してしまった。

そして終戦となり、市川少佐は部下の三人の中隊長とともに身柄を拘束されて戦犯裁判にかけられ、ついに死刑を宣告されてしまったのである。

だが、この判決が不合理であるのは誰の目にも明らかである。

たとえば、英軍は市川大隊がコーカレーに進出したのを知ると、猛烈な空爆を敢行し、コーカレーの一般住民を多数爆殺した。ところが、裁判ではそのことには一言も触れず、市川少佐の住民殺害のみを問題視した。

しかし、市川少佐は冒頭の言葉にあるように、この掃討作戦を「戦争目的達成の為」の戦闘であると認識し、「何等恥づる所無之候」と信念していた。この言葉は、市川少佐が家族に出した昭和二十一年五月末日付の最後の手紙に記されているのだが、手紙はまず、つぎの言葉ではじまっている。

「拝啓　向暑の候、敗戦に伴ふ有史未曾有の難局に、御両親様、皆々様、如何御起居遊ばされ候哉。想像するも悲しき事に御座候」

そして市川少佐は、自分が置かれた状況をこう説明する。

「ラングーン初頭の裁判に絞首刑の宣告を受け、中隊長（部下）三名と今は其の執行を待ちをる次第に御座候。其の他大隊内の将校二名も十年の刑に独房に起居致居候（いたしおり）」

部下三名も絞首刑を宣告されているのであるから、市川少佐も生き残ろうという気持はさらにない。むしろ部下の運命をあわれに思い、せめて自分が日本軍人として見事な最期を見せることによって、部下を少しでも励まそうと思っていた。そこで市川少佐は揺るぎない死生観を確立していることを、家族宛のこの手紙に、つぎのように記している。

「朝に咲き夕に散るのは世の慣（なら）ひ、今南国の獄に死すとも、自己の過去を貫く誠の心は、信念に生きた足跡は、自らの心を静かならしめ、亡ぶる肉体のさだめは敗戦の犠牲として、唯運命として、武人の諦めの裡（うち）に有り。父上、母上、兄上、弟よ、悲しみ給はざる可（べ）く候。多数の部下達の戦死せし戦場に当然散るべき身なり、と諦め被下度（くだされたく）候」

そして冒頭の壮烈な文章となるのであるが、それにつづいて市川少佐は、自分が思う真の「孝」を両親にこう告げる。

「扨而（さて）小生も小隊長、中隊長、大隊長とその任に有り、戦場の広野に横行まかり居り、親子の情愛も交はさず疎き事八年に至り候へ共、国家の為一身を捨てたる事、孝の最大なるものと自認致し居り候」

日本軍人にとって、国体の倫理的根拠が忠孝一致、忠孝両全であることが、何よりの慰めであった。国家へ忠節の誠を尽くすことが両親への最大の孝養となるという国体の根本原理がどれほど日本軍将校を力づけたかわからない。おそらく日露戦争以来、日本兵の軍隊資質が世界一といわれた主因もここにあるのであろう。

そして市川少佐は、万感の想いをこめて、父母を初めとした家族一同にこう書き残す。

「亦連日不肖の武運長久を祈り給へる父母の恩に対しては、深謝惜く能はざる次第に御座候。兄上、姉上、貞治殿、くぢけず撓ゆまず新日本建設の為め御努力あらん事を。亦一家皆々様、益々多幸ならん事を祈り上げ候。

先づは此の世の別れに一筆心境御報らせまで如斯に御座候」

市川少佐は、この最後の手紙を書いて一ヵ月半後の昭和二十一年七月十五日に、二十七歳を一期に刑死する。

いかにも日本軍人らしいその生真面目な生きざまを振り返れば、改めて戦犯とは何か、戦犯裁判とは何かということに思いが至らざるを得ないであろう。

およそ千人もの日本軍人が戦犯容疑で死刑に処せられているが、そのほとんどが生真面目で責任感の強い努力の人である。戦争に勝ったというだけでそのような有為の人間を、戦勝国の軍人が裁く権利があるのだろうか。

事件に就て、本件は全く小生の負ふべき件に非ず。罪になりたりとは雖も、小生最後迄正しき道を誤らず、破廉恥なる人間ではなかりし事は皆々安心せられ度。

陸軍大尉　堀本武男

広島県出身・昭和22年4月4日、中国・広東にて刑死、34歳

堀本大尉は宮崎高等農林学校（現宮崎大学）を卒業後、農林省に入省したが、日華事変勃発後の昭和十二年十一月、広島歩兵第十一連隊に応召、北支派遣軍の一員として大陸に渡り、除隊後、ふたたび農林省に復帰した。

その後、昭和十七年に再応召となってしばらく内地勤務したのち、昭和二十年一月末、独立歩兵第六百二十二大隊に所属して、ふたたび大陸に渡った。

この部隊は幸いなことに一度も戦闘らしい戦闘を行なわず、やがて終戦を迎えて武装解除された。そして昭和二十一年三月、帰還のために部隊を集結して、明日乗船という日に堀本大尉は逮捕されてしまった。容疑は「朝鮮出身の帰還兵を乗せた船を故意に転覆させた事件」に関わったというものだが、大尉にはまったく身に覚えのないことであった。

さらに同年十月、赤勘付近南楼攻撃の当事者と誤認され、俘虜虐殺という罪まで負わされて起訴されてしまったのである。

大体、一度も戦闘を行なうことのなかった部隊に俘虜などいようはずもなく、したがって俘虜虐殺も事実無根の冤罪であった。

だが、中国軍としては戦犯裁判を開廷してしまった以上、容疑者には極刑を下さなければ

ならなかった。そのためスケープ・ゴートにされたのが堀本大尉であり、法廷は大尉の主張を完璧に退けて死刑を宣告した。

そして堀本大尉は獄中で、「遺す言の葉」という手記を書き継いだ。その昭和二十二年三月二十一日に記されたのが、冒頭の「本件は全く小生の負ふべき件に非ず」という痛切な言葉である。

堀本大尉はこの日の手記に、戦犯裁判の無法を訴えると同時に、日本軍人であっても責任を部下に転嫁して早々と帰国してしまった上官を痛烈に批判している。

「兎に角当地に於ける裁判は只名ばかりにして、一件につきその責任を誰にでも負はせばという復讐と考へるべく、弁護士も只名ばかりの官選弁護士で何の役にも立たず、皆々悲歎せしなり。只現在は、再審といふ奇蹟を待つのみにして、之とて今迄も再審により罪の軽くなりたる者なし」

堀本大尉は、さらにこう批判する。

「当地に於ける戦犯者は殆んど捏ねられたる罪で小生の如く全く関係のなきも、たま〱その土地に居たとか、全く事実無根の事柄をデッチ上げて居るものが多く、又其の大部分が下級将校及び下士官中上官の命を奉じて直接事に当りし者で、当然の責任者たる上級幹部の少きは全く遺憾なる事にして、内地に於ける国民の戦犯に対する感情は如何にあるかなれど、此等の人々を悪しざまに考ふるは誤りにして、かへって当然罪におつと思はれる人の無事内地に帰還しあるはなげかはしき事なり」

戦場において上官という者は部下に対して絶対的な命令権を持っているし、部下は上官の命令には絶対服従しなければ軍隊組織というものは成り立たない。逆にいえば、上官は部下に与えた命令に対してはあらゆる責任を負わなければならないということである。

もし部下に戦犯容疑がかかったなら、その責任はすべて命令を下した上官にあるとするのが、正しい軍人道の在り方であり、その責任を敢然と取れないような者は軍人失格という以前に、人間失格である。堀本大尉が「当然罪におつと思はれる人の無事内地に帰還しあるはなげかはしき事なり」と断じたのもそのためである。

そして堀本大尉は、そういう卑劣な上官に比べて、戦犯裁判の無法な判決も潔く受け容れて刑場の露と消えた人々を称えて、こう述べる。

「既に今迄に流花橋の露と消えし人々九名、今後更に幾人を加ふるか、此等の人々は何れも只国を思ひ、国の犠牲となる心にてあれば、内地の人々もこれ等の人々の遺志を継ぎ、祖国再建の一日も早きを計ると共に、その時こそ祖国の捨石となりたる人々を表はすべきなり」

祖国の捨石となって異土に果てた者こそ、じつに殉国の勇士であり、堀本大尉は祖国が再建された暁には、是非ともそれらの勇士を篤く顕彰することを切望する。そしてさらに大尉は、

「冤罪に果てし此の怨み重なる仇怨を是非報復せしめられ度懇願す」

と記すとともに、救うべき部下はみな救い得たという感懐を歌に託してこう詠んだ。

部下は皆祖国にかへして重き罪ひとり背負ひて心軽きも

人の命というものは何よりも尊いが、軍人にあっては尊いのはあくまでも人の命であって、自分の命ではない。軍人の命は人のために捧げてこそ尊く、軍人がまた非戦闘員である老若男女の一般国民から敬仰されるのもそのためである。堀本大尉もその大義を知るからこそ、部下のため、また部下の家族のために、冤罪であるにもかかわらず潔くその命を捨てた。真正な軍人がここにいる。

また堀本大尉は、死に先立ち、つぎのような詩を残している。その詩はまず母の訓えとして、「大勢の部下の方々を御預りするからには、身体を大切にして充分奉公さしてあげて下さい」

という一節を記してさらにこう続く。

歩いて来た三十五年の生涯は
決して短いものではなかったが
天よ、我になほ十五年の齢を貸し給へ
国の為家の為、此の身体を此の生命を捧げて後
歩む道を終りたい

だが、天は堀本大尉にあと十五年の命は与えなかった。大尉に対する死刑判決が日本内地に伝わると、かつての戦友部下たちが減刑嘆願書を中国軍へ送ったが、それに対する中国軍の反応はまったくなかった。昭和二十二年四月四日、広東省流花橋にて堀本大尉の刑は執行されたが、その直前、大尉は関係者に、

「堀本です。これから逝きます。御世話になりました」

という言葉を残し、堂々と詩を吟じつつ刑場へ向かった。小塚原で斬られた吉田松陰を彷彿とさせる見事な最期である。辞世は、

悠久の大義に生くる道にして我はゆくなり物思ひもせず

古来、武士は起つべき時に起ち、死ぬべき時に死ぬ、といわれているが、ここ流花橋こそ堀本大尉の死処であったのであろう。たとえそうではなくとも、そう思いやるのが人間の誠というものである。

山下将軍の命令を遵奉し、出来るだけ正しく之を履行したのであるから、そこには何等の未練もない。あの任務を与えられた軍人なら誰でもあの通りやる外はなかった。否自分なればこそ、あれ丈(だ)け正しくやれたのだと信じてゐるからである。

陸軍中将　河村参郎

東京都出身・昭和22年6月26日、シンガポール・チャンギー刑務所にて刑死、52歳

山下奉文麾下の第二十五軍は昭和十七年二月十五日にシンガポールを占領し、河村中将（当時は少将）がシンガポール警備司令官に任命された。その三日後、山下軍司令官は河村中将にこう命令した。

「敵性華僑は至る所に潜伏して、わが作戦を妨害しようと企図している。今、機先を制して根底より除かなければ、南方の基盤たるマレーの治安は期せられない。警備司令官は最も速やかに市内の掃蕩作戦を実施し、これらの敵性華僑を摘出処断し、軍の作戦に後顧の憂いなきようにせよ」

摘出処断とは死刑に処すということであり、河村中将は事の重大性に鑑み、第二十五軍の鈴木宗作参謀長に具体的な指示を仰いだ。すると鈴木参謀長は、

「本件は種々議論もあるだろうが、軍司令官において、このように決定せられたもので、本質は掃蕩作戦である。命令どおり実行を望む」

と答えた。掃蕩作戦となれば純然たる戦闘行動であり、河村中将は直ちに大石正幸憲兵大佐指揮の第二野戦憲兵隊に作戦の開始を命じた。その結果、昭和十七年二月から翌年六月までの間に、反日・抗日華僑が五千人以上粛清されたという。

そして終戦となり、ただちに英軍によって戦犯狩りが行なわれて七名の日本軍将兵が起訴され、河村中将と大石大佐に死刑、近衛師団長西村琢磨中将以下五人に終身刑が宣告された。

この裁判でもっとも問題となったのが、「命令の絶対性」ということであった。これに対して河村中将は冒頭の言葉にあるように、「山下将軍の命令を遵奉し、出来るだけ正しく之を履行したのであるから、そこには何等の未練もない」と遺書に認めている。要するに抗日華僑の掃蕩は正式な軍命令として出されたものであり、その軍命令に従うのが警備司令官たる自分の任務であり、その実行については何の後悔もないと河村中将は明言したわけである。

だが、英軍の軍事法廷はこの命令遵守を国際法違反として、河村中将以下に極刑の判決を下した。そこで中将は「在シンガポール　英軍最高司令官閣下」と宛名書きした嘆願書を提出した。日付は昭和二十二年六月二十五日で、中将の処刑の前日であるから、当然自分の助命嘆願ではない。これは軍命令の遵守を国際法違反とする軍事法廷に対する痛烈な弾劾書であった。まずそれは、つぎの一文で始まる。

「私は御承知の如く英軍軍事法廷の判決確定に依り、明朝天国に向ひ旅立つ者であります。夫(そ)の人の将(まさ)に死なんとするや、其の言や善(よ)し、とは東洋の格言であります」

そして河村中将は、軍隊における命令と個人との関係をこう論述する。

「私は個人責任とはその人個人の意志に於て発動し、之を実行し、又は実行せしめたる行為に関する責任であると信じております。所謂(いわゆる)統帥権の下、上級者の命令に服従し、其の範囲に於て之を忠実に実行する事は軍人の本分であり、義務であり、そこには個人意志の発動が無いのであり、随て所謂個人責任は存在しないのであると信ずるのであります」

さらに河村中将は、日本軍における命令の絶対性をこう記す。

「日本帝国に於ては、この命令への絶対服従に就ては畏くも勅諭に明示し給ひ、陸海軍軍法に於て、我々は命令の内容如何に拘らず、上官の命令には直ちに服従すべきことを示され、吾々は之に宣誓し、署名捺印しているのであり、其の他幾多の法令に於て服従を定められ、之が干犯は重大なる犯罪たることを定められているのであります」

この主張は至極当然のことであり、そもそも戦争自体が国家の命令で行なわれるものであって、そこに個人の意志の介在する余地はまったくないし、一兵士が戦争をしたいからといって、戦争が出来るわけでもない。そこで河村中将は、さらにこう言及する。

「果して英軍に於て上級者の命令に対し、下級者が自己の狭少なる見解に於て之を批議し、其の拒否権を下級者のみの見解に委することを許容してゐるのでありませうか。英軍若し強い軍隊なりと其の伝統を誇り得るとせば、恐らく英軍の服従理念の根本精神は、日本軍と大なる差異は無いと信ずるのであります」

英軍も当然のことながら命令絶対であり、その英軍が日本軍の命令絶対を否定するのはまさに自己矛盾以外の何物でもない。ここに法理論上も戦犯裁判における英軍の主張は破綻したのである。だが河村中将はこの問題をこれ以上追及しなかった。もはや裁判のそういう細部にこだわる状況ではなく、翌日死ななければならない河村中将には、ほかにやらねばならぬことがあった。このように違法な戦犯裁判で極刑を課せられようとしている未決者の救済と既決者の減刑嘆願であった。

「英軍司令官閣下、何卒賢明なる判断に依り、政治的考慮と博愛的精神の下、真に戦争裁判の目的とする世界恒久平和達成の見地に立帰り、本裁判の在るべき態度を再検討せられたいのであります。さすれば速かに之を打切ると共に、既決者に対しても再び何等かの減刑手段を講じ、以て日本人の対英感情を緩和せらる、ことが如何に賢明なりやは自ら了解せらる、所であると信ずるものであります」

そして河村中将は、この文書をつぎの一節で締めている。

「獣的復讐の念を以て裁判を苛酷に取扱ふが自国民の感情緩和の為有利なりとの見解をとるのか、神的公正友愛の念を以て温情妥当の取扱ひを為すことが将来の友好平和の為採らざるべからざるものなりとの信念を以て事に当るか、要はこの二者何れを採るべきやの判断に存するのであります。

以上、英軍司令官閣下の切なる熟慮再考を促す次第であります」

この嘆願書とも弾劾書とも取れる書簡を河村中将が書いたのは処刑前日である。しかもその内容は戦犯裁判の非を冷静に分析し、部下将兵の救済を真摯に嘆願している。よほど堅牢な軍人精神の保持者でなければできる芸当ではない。

さらにこの日、河村中将は「在シンガポール　華僑代表者殿」宛として、つぎの書簡も認めている。

「私は明朝刑の執行を受け、永遠の旅行に出発致します。総ては運命であり、因縁であります」

と前置きして、本論に入る。

「華僑諸君、若し私の死が諸君の該事件に関する、対日憎悪の感情の幾分にても緩和し得ることとなるならば、私の深く喜悦し、且つ感謝する所であります。今や戦争は終了し、平和の時代は来ったのであります。私は、中日両国人が旧来の恩讐の念より蟬脱して、新たなる親愛と信頼の下、提携する日の速かに来らんことを切望するものであります。何卒私の微衷を御汲取り下さらば幸甚であります」

自分の命が翌日に終わるというのに、河村中将は日中友好を願い、東洋平和を祈って、このような書簡を残している。自由と平和に対する河村中将の真摯な態度を思えば、戦犯とは何かということを改めて考えざるを得まい。

と同時に、処刑前日というのに平常心をまったく失わない河村中将の強靭な精神力にも感嘆する。よほど堅牢な死生観を確立していたのであろう。それを証明するように、河村中将は妻子宛の遺書の一節に、つぎのように認めている。

「既にこの死刑囚房に来ってより約三ヶ月、その間、原田将軍を始め日高、大塚二法務少将以下六名を三回に送ったのであったが、何れも帰するが如く従容と陛下の万歳を三唱して、絞首台上の華と散られたのであり、自分もあの通りに立派にやれるとの確信が十分あるので、実は何等の心配が無いのである。この手紙持参の人は立派に逝かれた旨の通報もする事と思ふが、事実その通りにゆけると信じている。どうか安心して呉れ」

古来、武士の命はいつ果てようとも潔いものでなければならないとされているが、河村中将も武士道のこの精髄をわがものとして、従容と絞首台上にのぼったに違いない。

千数百年前の日本人の此の純情と素朴な精神こそは今後の日本人の心でもあらねばならぬ。万葉精神こそは日本精神である。実に万葉集こそは万世集である。

陸軍憲兵大尉　牛山幸男

長野県出身・昭和22年10月21日、香港・スタンレー刑務所にて刑死、40歳

牛山大尉は南支派遣軍司令部の南支憲兵隊中央憲兵隊に勤務していたが、終戦翌年、香港のスタンレー刑務所に収容された。だがここでの生活は英軍監視兵による虐待つづきの苛酷な毎日であった。その実態を牛山大尉は、日誌に断片的に綴っていた。

昭和二十二年三月二十九日の日記。

「一時間半の永い点検を受ける。永い不動の姿勢で終了後暫(しばら)くは足がしびれて膝が曲がらない。全く何の為の点検か、軍紀風紀の要求か、見当もつかねば意味もない虐待につく〴〵なさけなくなる。而も細かい要求の多いこと」

同年四月三日には看視兵による収容者の物品強奪が行なわれたとして、さらにこう記す。

「患者班の巡視に当りても、各人に悉く当りたるのみならず、森野君の部屋のドアの掃除不良なりとて班長としての責任を問ひ、廊下に膝をつかせられる。其他侮辱の数々限りなし。滅亡せんとする○帝国よ、○民族よ、覚えて居れ。俘虜虐待云々とて何の戦犯審判ぞや。本日神武の佳節なり。涙なき能はず」

四月十八日は、牛山大尉が広東より香港に引き渡されて、ちょうど一年目であった。それゆえ大尉は日記に、

「過来し一年を回顧して真に感無量なり」

と記して、こう続ける。

「精神的、肉体的虐待に堪えて経過して一年、内容に於て無意味であったかも知れぬが、他日の教訓とせねばならぬ。色々打った工作の手も何等実を結ばなかった。然し可能のあらゆる方面に手を打ったのだから、此の上は成果を待つより外に方法はない」

その後、日本人は近く全部帰国するという希望的な噂が刑務所内にとびかったが、六月二日、牛山大尉には起訴状が伝達された。

「来るべきものが来てホット安心した。公判廷の関通訳が東京休暇出張先より持って来て下さった手紙を□□さんから受ける。芳枝からの手紙と、外務省林さんからの手紙、妻の手紙に正しきものは神が必ず救って呉れるとある。其の手紙の来た日に起訴状を貰ふのも皮肉だ。家族や、お母さん方が並々ならぬ心配をして下さってゐる模様に思はず胸をつかれる。敢闘せねば申訳ない」

牛山大尉は看守の虐待に耐えつつも、家族や関係者の心配を気づかい、逆に法廷闘争に対する闘志を高めている。ここが軍人の本領であり、牛山大尉は日本陸軍が消滅した後も、烈々たる武魂を失うことがなかった。これは牛山大尉の軍人魂が堅牢であったことの何よりの証明である。

それから二ヵ月あまり後の八月十一日、牛山大尉の運命が決する日がやってきた。

「判決あり。死刑を言渡さる。石山君十五年、森野君六年、松山君無罪なり。心のすみの一部で危惧して居ないでもなかったが、思ひもかけぬ結果だった。弁護人もアドバイザー・コストロフ大尉も唖然とせるのみならず、検事も驚いたとの事。政策以外の何物でもなからうと思ふより外に考へ様がない」

検事も驚くほどの過酷な判決であったというのだから、この裁判がいかに恣意的に行なわれたか容易に理解できよう。そして死刑執行の日の近いことを知った牛山大尉は、十月十日、つぎのように日記に記している。

「八月十一日香港に於て、戦犯として部下の責を負ひ、死刑の判決を受けしより満二ヶ月となり、刑の確認の日も近づきたれば、妻子の為に遺さんと、髪をつみ爪を切る」

そしてほどなく、牛山大尉は十月二十一日に死刑執行と告げられた。そこで執行前夜の二十日夜、遺品となる愛読書の『万葉集』に託して、牛山大尉は妻子にこう書き残した。

「此の本（万葉集）は私が以前に求めてあったのを、昭和十四年出征に当り、特に日本内地から携行したものである。戦塵の間も、終戦後の捕われの身となってからも、常に私の心をなぐさめ、あたゝめ育(はぐく)んで呉れた。私はこれを読むとき常に、心は遠く故国の山河に通い、妻子の上に馳(は)せた」

そこで冒頭の「万葉精神こそは日本精神である」という文章につづくのである。いわば牛山大尉の精神はその人生の最後の最後を迎えるに際して、万葉精神すなわち日本精神という高邁な思想に昇華したのである。そして大尉は、

「此の本には私の血が通い、汗と垢がにじんで居ます」

とし、妻子に対するもっとも大切な精神的遺産としてこの『万葉集』を残したのである。

そして大尉は、

大君のみことかしこみますらをの尽せしまこと神ぞ知るらむ

という辞世を詠み、この遺書をつぎの一節で締めた。

「私はあの世から必ず御許(おもと)達の幸福を見守っています。

我は皇軍将校なりき！」

最後のこの「我は皇軍将校なりき！」という一文は、まさに牛山大尉の魂の叫びといえるであろう。牛山大尉は遺書の最後にこう書き留めたことにより、この世に対するあらゆる未練を断ち切り、翌二十一日、ひとり従容と死刑台に向かった。

そして牛山大尉の最期の様子は、香港で戦犯者の裁判の通訳をしていた山本智教がこう伝

えている。

「私が房の前に行くと、牛山大尉はいつもと変らぬ声で『やあお世話になりました。最後に冷いきれいな水を一ぱいお願ひします』といったので、私はその事を通訳した。当局は之を許し看守に合図した。大尉は二、三日剃らなかったと思はれる程度に鬚がのびており、心持ち顔が白く見えた（光線の工合であったかも知れない）が、いささかの衰へも見せず、笑顔さへ浮べてゐる様に思はれた」

古来、武士の心懐はいかに逆境にあろうとも爽快でなければならないとされているが、牛山大尉もこの武訓を守り、日本軍人らしく颯爽とその生を終えた。軍人の本懐とはかくの如きものである。

之も戦争の生んだ一つの犠牲ではありますが、祖国新日本の復興のため否世界平和のための礎石たる事を固く信じ、雄々しく刑場に立たんとするものであります。

海軍中尉　高橋豊治

宮城県出身・昭和22年10月23日、ラバウル捕虜収容所にて刑死、24歳

高橋中尉は終戦後、復員を待ちながら、セラム島で農耕生活を送っていたが、昭和二十年

十二月二十九日、戦犯容疑者としてアンボン島のベンテン収容所に拘留された。

そして他の戦犯裁判同様、濠軍当局による一方的な裁判が進められ、昭和二十一年一月二十三日、モロタイの軍事法廷において銃殺刑の判決が下された。そのとき、高橋中尉は両親宛につぎの文章ではじまる手紙を送っている。

「父上様母上様、決して驚かないで下さい。落胆しないで下さい。美しく懐しい故郷、恋しい父上様母上様の膝下(しっか)に再び帰れない結果となってしまった」

高橋中尉の逮捕容疑は捕虜虐待であったが、中尉を何よりも落胆させたのは、部下に責任を押しつけて巧みに罪を逃れた上官の態度であった。逆にそういう醜い人間を目前に見たからこそ、中尉は敢然と死刑判決を受け容れたのである。

そして判決から一年八ヵ月を経過した昭和二十二年十月二十二日夜、高橋中尉は翌日午前八時三十分に銃殺刑の執行を告げられた。そこで中尉はすぐさま両親宛に遺書を認めた。

「御両親様　其の後如何(いか)が御消光あられてゐますか御伺(うかが)ひ申上げます。本日は御両親様に最後の御手紙を差し上げねばならぬ様になりました」

高橋中尉は幼いころ、事情があって実母と別れていたが、慈愛深きこの両親によって大切に育てられ、盛岡高等農林学校（現岩手大学）を卒業目前にして、学徒動員により海軍に入団し、南方戦線へ派遣されたのである。

「顧みますれば六歳の時、実母と別れてより二十五歳の今日まで愛育下さいました事に、伏して御礼申し上げます。又御両親様には何等御恩に報ひる(ママ)事なく機会も遂になく、今先立つ事の大不孝をお許し下さい」

そこで冒頭の「之も戦争の生んだ一つの犠牲」云々という文章になるのであるが、己れの死が祖国日本と世界平和のための礎石となることを確信し、「雄々しく刑場に立たんとする」と宣言するところに、高橋中尉の揺るがざる軍人魂を見ることができる。

そして高橋中尉は、いかにも軍人らしい見事な死生観を披瀝する。

「人間一度生を享ければ、生身のもの故一度は地に還らねばなりません。考へ方によりては、人間生れる時、既に死刑の宣告を受けてゐるやうなものです」

人間はある意味で死ぬために生まれる存在であり、その一生は一歩ずつ死に近づいてゆく足取りにほかならない。こう考えると、人間の一生というものは、何とはかなく虚しいものかとも考えられるが、逆にそういう一生であるからこそ、生きている限りは力いっぱい生きなければならないという考えも出てくる。すなわち、たとえ明日、世界が滅びようとも、今日という日は精一杯に生き抜こうという力強い考えである。

高橋中尉も逮捕以来の獄中生活で、この考えを確実にわがものとした。

「思へば死刑者としての囚屋生活一年有八ヶ月間、些かは修養した積りで居りますので、父上様母上様の御膝下に帰るやうな積りで行きます。どうか御両親様決して悲しまれることなく、雄々しく何かと不自由な世間を渡って乗り越えて下さい、お願ひ致します」

武士道の根本は死を恐れぬことにあるが、死の恐怖を克服するためには、堅牢な死生観を確立する必要があり、高橋中尉のようにそれが確立すると、刑場へ行くことさえ、「父上様母上様の御膝下に帰るやうな積りで行きます」と言い切ることが出来るのである。これがいわゆる「死を視(み)ること帰(き)するが如し」という境地である。

人の命というものは何よりも尊い。だが命尊しと思っても、人はいつかかならず死ぬ。そこで出てくるのが死処という概念である。武士道において、死処はきわめて重要で、死に刻(どき)、死に場所を誤らないことが武士道の眼目となる。すなわち武士は起つべき時に起ち、死ぬべき時に死なねばならないとされるのもそのためであり、よき死処を得ることこそ、武士の本望である。

たとえば絞首刑による刑死などは、一般的にいえば不名誉きわまりない死に方である。だが、真正な軍人であればそのような死に方であっても、そこが死処と見定めたかぎりは、潔く死ななければならないし、そう死ぬことこそ軍人の本領であり、そこに軍人というものの精神のたたずまいの宜しさがある。それゆえ高橋中尉もこの遺書を、つぎのように凛然たる言葉で締めている。

「では御父上様御母上様の御健康と御多幸をお祈り致し、地上を去るに当たりましての御別れの挨拶と致します」

古来、「花は散り際、武士は死に際」といわれているが、己れの死に直面して、いささかも動ずることなく、従容と死に立ち向かうことのできる者を、日本真男子という。

もう二度と行けないと思うと残りおしいが、死ねば心はすぐ日本へかえる。いつでも刑にかけてといのる。いつ迄も牢屋に生きるよりか、放たれた日本の空に、我は祖国の礎となる。大好きな日本、私は空とぶ姿でかへる。

陸軍中将　酒井隆
東京都出身・昭和21年9月13日、中国・南京にて刑死、59歳

酒井中将は大東亜戦争開戦時、華南の第二十三軍司令官として香港攻略作戦を指揮し、赫々(かっかく)たる武勲をあげた。

この酒井中将が戦犯指名されたのは、終戦時の中国陸軍総司令であった何応欽(かおうきん)将軍の個人的恨みからであるといわれている。

すなわち酒井中将が支那駐屯軍参謀長であった昭和十年、中将がいわゆる梅津・何応欽協定の交渉に当たったが、当時の中国軍は戦力的に日本軍の比ではなく、何将軍もほとんど日本軍の言いなりにならざるを得なくなり、何将軍はそれを生涯最大の屈辱と受け止め、後々その場面を思い出すたびに憤慨することしきりであった。そして、その屈辱の象徴として常に浮かびあがる人物が日本軍の交渉窓口を務めた酒井中将であった。

やがて終戦、このとき中国陸軍総司令の要職にあった何将軍は、かつての屈辱を雪(そそ)ぐべく、すぐさま酒井中将の身柄を拘束し、初めから中将の死刑を前提として戦犯裁判を開始したの

である。それに軍司令官であった中将を死刑にすることができれば、自分の偉大さを中国国民に知らせる格好の記念碑となる。いわば戦犯に指名された時点で、酒井中将の運命は決していたといえる。

だが、何将軍は怒り心頭のあまり、重大な事実を看過した。酒井中将こそ日中親善に生涯をかけた人物であり、中将と接触をもった中国人なら誰もがそのことを知っており、何将軍の暴挙は中国民衆の拍手喝采を受けるどころか、心ある中国人から度量の狭い小人の愚挙として蔑みの対象としか見られなかったのである。儒教の本場である中国では、大人は尊敬の対象であるが、小人は軽蔑の対象であった。

酒井中将は戦地にあっても日記を書きつづけていたが、刑死が確実である戦犯に指名された昭和二十一年五月三十一日には「酒井菊枝殿」として、妻宛にこう記している。

「ラヂオでおききでしょうが、戦犯として今日決定します。これによって中日がまことの道を歩くこととなり、日本を侵略と言われないですむ道に出れば私の本願です。好きな中国で死んで私はよろこんで逝きます」

自分を銃殺しようとする国でありながら、酒井中将は「好きな中国」と呼ぶ。これこそ中国人が何よりも尊敬する大人の風格というものである。そして中将は、日本の将来を子供たちに託す。

「子供たちはそれぞれの途を歩かせて下さい。科学日本、復興日本の建設を祈ります。近隣と争わず、人を傷めず、温和に我も人も楽しく生きる文化こそ、日本の道であるべきです。

（中略）

今は世界が皆苦しんで困っており、日本だけが苦しいのではありません。御苦労ですが、よく子供達を育て、祖先をお祭り下さい。難局を貫いてお歩き下さい」

そして清節を持して生きてきた酒井中将は自分亡きあとの家計を心配する。

「子供たちの教育のかねもないかと案じます。インフレの中に何もかも妻に一任して私はこんな所で死ぬ、まことに申訳ありません。（中略）

遺骨があればその一部を分骨して、原村（郷里）の父母の山林か墓前のところへ土まんじゅうでもこしらえてお埋め下さい。墓石なんかいらぬ。丸い石ころでもよろしい」

古来、「志士は溝壑に在るを忘れず、勇士はその元を喪ふを忘れず」とあるが、酒井中将は、

「軍人はタタミの上で死のうとは思いません」

と断言するほど武士道精神を血肉とした軍人である。堅牢な死生観も確立している。たとえば、同年八月二十七日、死刑判決が下された日の日記にはこう記している。

「敗軍の将は兵を語らず。判決は死刑、北支の梅何（梅津・何応欽）協定のことが主、香港のこともある。年末から八ヶ月のうらぶれた生活を終って、あの世でユックリ人が人を裁くのを見物しましょう。父は死んでも人生は永久です。悲観したりなんかはしないでよい。心しずかに春風に散る心」

さらに翌二十八日にはこう記す。

「あと二、三日の死をまつのも仕方ない。いやなものだ。しずかに故人の幾人かが遭遇した天命をたどるのだ。

所見も感想もなるべく考えない。書くまい。手近の人々を考えるよりか本をよみ、歴史をよみ、徐かに人生を去る。その時まで勉強するのだ。洗濯もし、きものも整理する」

これがつい一年前まで十万をはるかに超える将兵を麾下とした軍司令官の清冽な感懐である。自分に降りかかった運命を敢然と受け容れた人間の精神のたたずまいの美しさがここにある。

敗戦といっても、中国大陸で戦っていた日本軍将兵にはその実感がなかったという。確かに南方の戦場では日本軍の玉砕が続いていたが、中国大陸の日本軍は連戦連勝であり、敗戦の報はまさに寝耳に水であり、当初はだれもがそれを信じることができなかったという。

そういう状況下にあって酒井中将は軍司令官という栄光の地位から、一転して戦犯容疑者として獄につながれる身となった。屈辱といえばこれほどの屈辱もないが、武士道精神を知る酒井中将は、それを天命として敢然と受け容れ、復讐裁判の不当判決にも潔く従った。日本軍人の見事さの一典型がここにあり、死刑執行直前にも、冒頭の文章にあるように、

「我は祖国の礎となる。大好きな日本、私は空とぶ姿でかへる」

という泰然自若たる言葉を残した。日本男子の覚悟の見事さというのは、確かに危地に立たされたときに何よりも美しく発光するのである。

愛する妻子を捨て、愛する老母を捨てても、私には捨てられぬ日本人の魂があった。男の操がありました。

海軍軍医中佐　上野千里

栃木県出身・昭和24年3月31日、マリアナ諸島・グアム島にて刑死、43歳

サイパン島攻防戦が熾烈に展開されていた昭和十九年六月初め、米機動部隊はトラック島の日本軍基地を空襲した。そのとき、捕虜収容所にも至近弾が落ち、米軍捕虜五名のうち、三名が即死、二名が重傷となった。

そのため軍医であった上野中佐が重傷者二名の治療に当たった。ところが、ほどなく基地司令と副長より、「あの二人をすぐ片づけよ」という命令が下された。だが、上野中佐は人の命を救うことが任務の軍医である。中佐はこのときの心の葛藤を、妻好枝宛の書簡にこう記している。

「殺せと云ふ命令だ……だが俺には出来ぬ。それより患者の腹部に起りつゝある変化が心配だ。診断の結果は手術を要求するかもしれぬ。しかし……殺してしまう程、今足手まとひを片づけてしまふ程、事態は切迫しているのだらうか。いよ〳〵玉砕の時来るか……」

そして上野中佐は、医者としての信念に従い、二人の開腹手術を行なった。ところが、手術途中で総員集合がかかり、手術を中断してその場を離れざるを得なかった。二人の捕虜は

その間に他の場所に移され、処刑されてしまった。しかもその捕虜を斬った一人が上野中佐の部下だったのである。そのため上野中佐は、責任上、己れが逃れられぬ立場にあることを悟らざるを得なかった。

「今や二人の捕虜を処刑したと云ふことは消し得べからざる事実として厳然として成立したのです。そしてそれが私に下されたま丶になっていた命令の後に、再び上司から他に下された実行命令によって直接になされた行動とは云へ、私が其の一人を斬った者の上官であり、斬られた一人の患者の最も身近な責任者であったことも厳たる事実でありました」

上野中佐は道義上、上官の命令を守らなかったが、上野中佐の部下はそれを忠実に守って処刑を断行した。上野中佐がその部下に処刑を命じたわけではないが、部下が直接手を下した以上、病舎の最高責任者として、この責任はすべて自分にあると、上野中佐は結論づけざるを得なかった。

そして終戦となり、この事件の関係者は戦犯容疑で逮捕され、グアム島の収容所に移送された。ここで上野中佐が考えたことは、いかに部下を救うかであった。

そのためには基地の最高責任者である司令と病舎の最高責任者である自分とで、あらゆる責任を負う必要があった。ところが、裁判が始まると司令が知らぬ存ぜぬで責任回避をしてしまったのである。そうなれば、直接手を下した部下に責任が集中するのは目に見えている。

そこで一死を決した上野中佐は、その後の事件の経過を妻へこう書き送った。

「私は上司の拒否と虚偽によって私の立場を理解してもらふべき雰囲気を失ひましたが、却(かえ)

ってそのために愛する部下をかばいたい一心から、或程度まで斬ったことに対する命令らしきものまで進んで認めました。私はこの時すでに死を覚悟しておりました」

戦犯裁判というものは復讐裁判であるから、だれかがどこかで歯止めをかけなければ、際限のない戦犯狩りが行なわれ、無実の罪で殺される者が続出する。そこで上野中佐は、捕虜殺害を自分が命令したことにして、被害の拡大を防ごうとしたのである。見事な心映えである。そうしてその結果、上野中佐は死刑を宣告された。だが上野中佐に悔いはなかった。

「私は私が重い罰を受けたことよりも、多数の部下が始めから起訴すらされなかったことの喜びの方が、心の大部を占める自分が嬉しくもあります。私の男はこれで死んで生きることができました。部下の多数はトラック島にあった時そのまゝの私の顔を久しく思い返し、新生日本の一員として、私の分まで働いてくれるでせう」

上野中佐は誇らかに「私の男はこれで死んで生きることができました」という。だが部下のために死ぬということは、家族のためにはもはや救いの手を何も差し出せないということを意味した。そこで中佐は、こう記して妻の説得に当たる。

「好枝どの、私は御身を熱愛し、老いたる母を熱愛し、幼き五人の吾子を熱愛す。熱愛す……。さりながら好枝どの、どうか〳〵私にかくも愛する老母妻子のある如く、私のより若き部下達にも亦そうした新生日本に必要な多くの親兄弟妻子のあることをお考え下さい。更に戦地に於て戦中戦後の区別無く、彼等がこの至らぬ私をどんなに愛してくれたかといふこと、その献身的な庇護によってこそ、或は私が戦火に失ったかもしれぬ一身を全うして、短い間ながら再び生きてみんなに会ふことが出来たのかも知れぬことを思って下さい」

上野中佐にとって、部下は単なる兵隊というよりも、かけがえのない戦友であった。戦友が命の危機にさらされているなら、自分のすべてを投げうって戦友を救おうとするのが、日本男子の心意気というものである。

「彼等は、我が子我が弟のごとくなついてくれました。未だ曾て私は私の部下から唯の一度もそむかれたことがなかった。その故に私も亦、小さき我が一つの身を以て、ひとりトラック島の部下に限らず、私の部下であったすべての人々、否、私を愛して下さったすべての人々に応へるのです」

論語に曰く、「志士仁人は、生を求めて以て仁を害することなく、身を殺して以て仁を成すことあり」と。

上野中佐の行為は、まさにこの身を殺して仁を成すそのものなのである。日本男子として見事な覚悟といえよう。

それゆえ上野中佐は妻に対して、

「許して戴きたい。夫とし父とし子として願ひ得べからざるこの希ひを。唯々あやまります。すみません。すみません」

といい、冒頭の「私には捨てられぬ日本人の魂があった。男の操がありました」という凛烈な言へとつづくのである。「大義、親を滅す」というが、この覚悟を自家薬籠中のものとした者こそ、日本真男子というにふさわしい。

そして上野中佐は、いつか時が来たら、五人の子供たちに、

「お父さんは多数の部下のために、司令に利用されたおどけものとして、笑って死にました」

と伝えてくれと妻に頼み、さらにこう続ける。

「しかしどうか上司の名を知りましても、それを記憶するような不必要な散財はお慎み下さい。私は好んで人身攻撃を到すのでもなく、又私一個の不幸を云ひ立てゝいるのでもありません。寧ろ弱き人間としての上司の苦衷にははた眼にも同情に余りあるものを感じ続けて参りました」

どこまでも人間のできた人物である。戦犯裁判というものの非人間的な不条理がくっきりと浮き彫りにされよう。

そして上野中佐は、戦犯裁判のあるべき姿をこう説く。

「戦犯裁判は戦争と云ふ悪条件の中に発生した事柄を無条件に暗黒裡に葬らずに、公正な眼でふり返って、之は国際法に照し誤った行ひである、これは人道的に見て正しくない行ひであると認められた事実を明白にし、その責任の所在を追及して、人類の幸せのために公然と裁くのをその本来の趣旨とします」

上野中佐はこう記すことによって、米軍による一方的な裁判を暗に否定しているのであるが、さらに真の戦犯裁判は世界平和を希求するものでなければならないとして、こう続ける。

「之はひとり米国のため、日本のためにのみに裁くのではなく、全世界全人類のために再び

同じ過ちを繰り返さぬよう、また戦争と云ふ暗幕のもとに汚された正道を浄めるために裁くのですから、裁くものも裁かれるものも共に私心を去って、人類の正義と幸福のため厳粛なる覚悟をもって、少くともこの意味に於ての道を明らかにせねばなりません。

不幸にして犠牲となる人々も又、人類の新しい一歩のための捨石になる決意で敢然として真実と対処せねばならないのです」

生きて虜囚の辱めを受けず——自決者のことば

予は一方的不合理なる裁判の判決に対し、鮮血を以て抗議するものなり。
是の鮮血は何れの日にか、必ず償はるべきことを信じて疑はず。

陸軍大尉　池葉東馬

栃木県出身・昭和21年8月12日、ラバウル戦犯収容所にて自決、49歳

昭和十八年三月、すでに後備役を終わろうとしていた四十六歳の池葉大尉に再召集がかかり、猛一〇三七五部隊長として南方戦線に出征した。その際、文武二道でならした池葉大尉は、図嚢の中に、一連の念珠と『万葉集』上下二巻、『王陽明集』『歎異抄』を入れていた。
それから約二年半、猛部隊は南方酷暑の孤島・ブーゲンビル島で戦闘に明け暮れ、昭和二十年八月十五日を迎えた。普通ならここで部隊は武装解除のうえ、順次本国へ送還となるの

だが、猛部隊に戦犯容疑がかかり、部隊長の池葉大尉をはじめとした事件関係者多数が抑留されることとなった。理由は猛部隊幹部が使用人として使っていたインドネシア人、インド人の取り扱いが人道に反して苛酷であったという、一方的な嫌疑でであった。

ほどなく池葉大尉らはブーゲンビル島からラバウルに移送され、濠州軍の戦犯法廷に立たされることになった。清廉潔白な池葉大尉は、非人道的な行為は断じてなかったと法廷で陳述したが、この裁判は濠州軍の手によって一方的に進められ、多くの部下たちにまで死刑判決が下されそうな最悪の状況となった。そこで池葉大尉は責任の一切を一身に負い、甘んじて死刑判決を受けることにした。その結果、他に二名の死刑判決が出たが、残りの多くの部下たちに犠牲者を出さずに済んだ。これが昭和二十一年五月のことであるが、同年七月一日、池葉大尉は長子・池葉真に、

「私は今回戦争犯罪人として死刑の宣告を受け、近く処刑せらるべきに付、死後の事ども少々申上げ置き候」

と前置きして、十ヵ条からなるつぎの訓戒を書き残した。

一、父死すとも絶対に落胆せざる事。却て勇猛心を振起し戦後の困難に打克ち勉強専一の事。

二、父の死は決して破廉恥罪にあらず。国家の為最善を尽したるものにして、罪無くして死するものなれば安心して可なり。

三、身体を大切に、保健衛生に最も留意する事。
四、国の事情も一変せるに付、家に在りて農業に精進し、母様を扶けて孝養を尽す事。
五、良い縁を得て嫁を迎え一家繁栄を計る事。
六、弟妹の面倒をよく見て一家の団欒を計る事。
七、東洋古来の学問を修め、修養を怠らざる事。私が戦陣の余暇愛読せる書籍を二〜三冊かたみに送る。既に復員せる私の友人より四〜五冊送附し来ることあらん。私の貸与せるものなり。
八、大関の伯父様ともよく相談して支那学の奥義を研めよ。一生の事業なり。
九、忍柔よく周囲の人々に親和し、公共の事には率先躬行する事。
十、立身出世を望まず、誠実一途の人間と成る事。母様は追々老境に入る事とて、よく孝養を尽し、決して心配を掛けざること肝要に候。

池葉大尉はこの十ヵ条の訓戒を子息に残したのであるが、これを一読すれば、大尉が戦争犯罪をおかすような人格ではないことが自ずとわかろう。

大尉自身も、「父の死は決して破廉恥罪にあらず」とし、「罪無くして死するものなれば安心して可なり」と断言している。さらに子息には、「立身出世を望まず、誠実一途の人間と成る事」と要望している。

また池葉大尉は、「ソロモンの夢」と題する歌稿を残しているが、その中につぎのような

文章がある。（原文はカタカナ書きであるが、読み易さを考慮して平カナ書きに直した。以下同じ）

昭和十八年十一月某日、ラバウルに護送せる米国俘虜飛行士二名、憲兵に伴われて予の幕舎に来る。

夜間駆逐艦出航までの待時間を休憩せんがためなり。一人は二十四歳、一人は新聞記者にして二十七歳の若者なり。

予は彼等に対して此戦争の所見を求めしに、何れも一日も早く平和の来らんことを欲すと云い、故国に残せる愛人、妻子等に就き語れり。予は彼等に紅茶と煙草を与え慰む。彼等は俘虜になりて以後、砂糖の入りたる茶は初めてなりと云い、涙を流して喜び、夕闇漸く迫る頃、感謝を繰返しつつ出で行きたり。

人情には変りなく、予も亦彼等の無事安全を祈るのみなりき。

軍人は現代の武士であるが、古来、武士の武士たる所以は惻隠の情があるか否かといわれている。敵国捕虜に右のような態度で暖かく接することのできた池葉大尉は、惻隠の情を知った真武士といわなければならない。

また大尉は同じ歌稿で「サイパン玉砕の前後（昭和十九年八月頃）」として、軍上層部を批判する痛烈な詞書を記している。

「内地放送は決戦、撃滅等徒に空虚なる強がりの掛声のみ多く、かかる内外欺く掛声の繁くなりたるは、それ丈、愈々戦局も大詰、容易ならざるを思はしむると共に、今は只、国民をたぶらかす以外に何等の施策なき当局の愚劣を憤りて云々」

この詞書を読めば、池葉大尉が権力をも恐れない強靭な精神をもって正義を何よりも尊ぶ真正の軍人であることがわかろう。このように厳格な軍人が、人道に反する卑劣な犯罪をおかすはずがない。

また池葉大尉は昭和二十一年七月二十一日に、夫人つた子にも身の潔白を表する書簡を送っている。この書簡にはまず、

「昭和二十年十月、ブ島（ブーゲンビル島）タロキナに於て、戦争犯罪容疑者として取調べられ、昭和二十一年五月、当地軍事裁判に於て、部下将校二名と共に、国際法違反として死刑の判決を受け、目下戦犯収容所におります」

と記され、ついでこの裁判の欺瞞を、つぎのように暴いている。

「戦争犯罪と云えば、極悪無道の者のようにお考えになるかも知れませんが、小生の為したことは、もと私の部下でありました印度人、インドネシア人にして敵前に於て奔敵、逃亡した者、又は党を組み多数の者を煽動して敵に走らんとした者を止むを得ず、陸軍刑法、及び軍命令に従って、略式裁判により死刑を命じたのです。之は当時の情況上、作戦上、軍紀を維持するため、極めて合法的、正当なる処置でありまして、俯仰天地に恥じず、一点のやましい事もないのですから、何卒御安心下さい。私達が正しかったこと、罪の無いと云う事が

何時かわかる時が必ず来るでしょう」

戦時下における奔敵行動および敵前逃亡は、いずれの国の軍刑法においても死刑であり、池葉大尉も日本陸軍刑法に照らし合わせて、「極めて合法的、正当なる処置」を下したにすぎない。逆にかかる行為に厳罰を下さなければ、軍自体の存立を脅かす結果を招くゆえ、いずれの国も、このような利敵行為を犯した者には軍刑法をもって、死刑を宣告するのである。

したがって、これが国際法に違反するとなれば、その国際法自体に欠陥があるといわざるを得ない。

しかし池葉大尉は、軍事法廷の死刑判決に異を唱えなかった。その理由は、復讐裁判に正義は通用しないと見極めるとともに、いたずらに裁判を長びかせては部下に多くの犠牲者が出ると危惧したためである。わが身を犠牲にしても、一人でも多くの部下を救うことこそ、猛部隊の部隊長としての池葉大尉に残された今生最後でかつ最大の仕事であった。

軍人には運命論者が多いが、池葉大尉もこの悲運をわが運命として潔く受け容れ、夫人宛のこの書簡に、

「今は何事も運命と諦め、只阿弥陀様に凡てを委して居りますから、如何様になるとも御心配なきよう願います」

と書き留めたのである。また池葉大尉は日本の未来についても、こう記している。

「日本も今迄のような野蛮極まる軍国主義を廃し、多年専横の限りを尽して国民を苦しめて居た軍閥が倒れ、『平和の日本』として更生する日が来たことを今次大戦のもたらした唯一

の収穫として喜んで居ります。そして一日も早く祖国の復興されるよう祈って居ります」
軍人はその任期中に戦争がないことをもって至上の名誉とすべしといわれるが、右のように軍閥と軍国主義を手厳しく批判して、平和日本の建設を願う池葉大尉は、まさに清節の軍人といえよう。そして大尉は、子供たちの将来を夫人に託す。

「子供等のことに就て（つい）は呉々もよろしく願います。正しい正直なそしてやさしい人間に育て上げて下さい」

そして大尉は、この書簡をこう結ぶ。

「終りに御身（おんみ）御大切に、私の分まで長寿を保ち、子供等と幸福に暮されるよう祈りつつ筆をおきます。親戚の人達、村の人達、友人諸君にもよろしく」

多くの戦犯死刑囚はこののち、処刑の日を思って悶々（もんもん）の日々を送るか、明鏡止水（めいきょうしすい）の境地で淡々たる日々を送るかのどちらかであるが、池葉大尉の場合はそのどちらでもなく、処刑日が近づくに従って、武魂を烈々とたぎらせた。第一線の戦闘指揮官としての血がそうさせたのであろう。

しかし、武装解除された部隊の指揮官であっては、もはや戦闘を行なうことはできない。戦野で果てるという名誉が得られぬ以上、軍人らしく死ぬために残された唯一の方法は自決であった。夫人宛の書簡を書いてから二十日あまり後の八月十二日夜、自決の覚悟を固めた池葉大尉は、所属部隊の師団長宛に遺書を認（したた）めた。

予は左記の如き理由に依り自決す。未執行の諸君に対して迷惑の及ぶべきは重々承知なるも、日本人として斯くせざるを得ざるなり。何卒宜しく御諒承あらんことを乞ふ。

一、予は濠軍の手に依りて死するを欲せず。何んとなれば、予は飽まで無罪を確信すればなり。殊に片桐、弘中両中尉に於て然り。

二、予は一方的不合理なる裁判の判決に対し、鮮血を以て抗議するものなり。是の鮮血は何れの日か必ず償はるべきことを信じて疑はず。

右の趣旨は濠軍当局にも書置せり。

御手数乍ら全日本将兵各位にも宜敷御伝言あらんことを希ふ。

まさに「かかる軍人ありき」といえよう。池葉大尉にとって、刑に服することは有罪を認めることであり、それは軍人としての己れの全否定につながる。ゆえに池葉大尉は、戦争裁判の非道に対して「鮮血を以て抗議する」という凄絶な方法を自ら選んだのである。

辞世は、

名も知れぬ草にはあれど島の辺に朽ちても残る大和心根

というものであった。池葉大尉の学んだ陽明学に曰く、

——身の死を恨まず而て心の死を恨む。

池葉大尉は昭和の武士として、その人生の最後の最後まで忠実に武士道を実践したことになる。

戦争裁判が「フクシュウ」の意味を持ったものである以上、唯おとなしく死んではオランダ人に満足感を与えるだけだ。然らば残され道は自決だけだ。この時機も彼らオランダ人に対して「してやられたり」と思わしめたい。

海軍少尉 牧野周次郎
愛知県出身・昭和24年1月19日、アンボン戦犯収容所にて自決、40歳

戦犯死刑因となった牧野少尉は、特異な死生観を持っていた。

「死！ 死刑、自由に死ねる幸福さえうばわれた死刑戦犯。だが私は自由に死んでやる。今の私に許された自由は唯一つ死あるのみ」

牧野少尉は戦犯に指名されたその日から、自分の意志による自由な死、すなわち自決を覚悟した。しかも理由がまた特異である。その理由の第一は、みすみす殺されたくないということであり、第二は、同じ死ぬなら一泡ふかせて死にたいというものであった。

そこで牧野少尉は、遺言にまずこう認めた。

「此の世から『サヨナラ』をする前に、自分の死生観並に戦犯に依る死生観を書き残して、諸氏の誤解を招かざる様にしておきたい。私は国警部員にとらわれし日、すでに自決を覚悟して其の機会をうかがっていた」

牧野少尉は戦犯裁判でどんな結果が出ようと、初めから自決を覚悟していたのであるから、精神的にはきわめて強い立場に立つことができ、事実、法廷においても、

「『死』さえ覚悟すれば容易な事でどんな事でも言えるという事を発見した」

という。そこで牧野少尉は、死を明るい死と冷たい死に分ける特異な死生観を開陳する。

「私は本日まで数回の戦闘に会し、本日戦死するやも知れずの感ありたる時もありましたが、其の時の死は明るい死であり、愉快な死でありました。又戦闘が終って生きていることを自覚した時は、すでに死を忘れ、再び戦闘意欲を盛り返して居りました。然しこの度の死は戦争に依るものではあるが罪人として取扱われ、全くその趣を異にして居り、冷たい死を感じます」

軍人という職業は、つきつめれば敵を殺すか自分が殺されるか、いずれにせよ死を職分とする非情な職業であり、同じ死ぬなら軍人らしい勇ましい死を戦場で遂げたいというのが、軍人に共通する心情である。しかるにこの冷たい死である戦犯死を意義あらしめるにはどうすればいいのか。

「国家の為、人の為の犠牲的なものにあらしめたいのは死刑の判決を受けた人々がきっと考え、思う所と信じるものであります。然らざれば誰が弱小国『オランダ』にみすみす殺され

るでしょうか。だから強いて戦死と同意義にすべく努力するものです」

それゆえ牧野少尉は、自分の自決をオランダ人に一泡ふかせるものにするべく思いをめぐらせる。

「死刑の判決の日は唯来るべきものがきたとしか感じなかったが、弱小国オランダ人に殺されるのが唯いやであった。死そのものは別に恐れるものではなく、無期、有期の判決を受け、行く末永く敵国人に死に優る屈辱を受くるよりはさっぱりして居るかも知れないが、唯死に場所を得たい」

牧野少尉の場合、無期刑や有期刑よりも死刑の方がよいというのであるから、オランダの判事も検事も手に負えなかったに違いない。そしてさらに牧野少尉はこう記す。

「此の儘にして居れば、絞殺で一思いに死ねるかも知れないが、それでは彼らを満足せしめるだけで何ら意味ない死に方である。日本人らしく『君が代』を歌い、万歳を三唱して死ねば、或は男らしい死に方であるかも知れないが、戦犯裁判が『フクシュウ』の意味を持ったものである以上、唯おとなしく死んではオランダ人に満足感を与えるだけだ。然らば残された道は自決だけだ。この時機も彼らオランダ人に対して『してやられたり』と思わしめたい」

終戦後の戦犯刑死者は約千名、自決者もほぼ同数といわれているが、牧野少尉のように、

「蘭公に満足感を与えしめる事はいやだ。どっちみち死ねば彼らはその目的を達した事にはなるでしょうが、そこにはやはり多少違った感を受くるでしょう」

といい、さらに、

「今『オランダ』にやられたくない気持だけはどうか察して戴きたい」

とまで言い切った者はまずいないであろう。

結局、牧野少尉がどういう死に方をしたのかわからないが、この遺言には、

「私の死に方はだらしのない死に方ですが、気持だけは切腹と同様のつもりです。他に確実に死ねる法がないのでやむを得ず、この法をとったのです」

と記されているから、日本武士の覚悟をもって自決を断行したであろうことは疑いない。だらしない死に方であろうとなかろうと、日本男子として自らの意志で自らの命に始末をつけた。これは軍人として立派なことである。

辞世が二首残されている。

国の為人の為なり我が命　今日の門出を何ぞおしまん
召されたる其の日の心忘れずば　いづこに行くも神や守らん

見事な覚悟である。古来、武士とは公のために犠牲の道を行く以外にない、といわれているが、国の為、人の為に我が命を捨ててこそ日本男子といえるのである。

徒(いたず)らに夷狄(いてき)の手にかかるより、この方が自分としては一番よい道と思い

ます。しかし今日調べられた様な獣的行為だけは致しません。小生のなした事は唯上官の命に依り正しいと信じてしたにすぎません。

海軍少尉　森下弘信

和歌山県出身・昭和21年3月17日、和歌山市の自宅にて自決、24歳

森下少尉は昭和十八年十二月、学徒動員により海軍に入り、館山砲術学校を経て小笠原列島の父島海軍根拠地隊に配属となった。そして同地で終戦を迎え、昭和二十年十一月三十日に復員した。

同年十二月、森下少尉は大阪に下宿を定めて大阪商大に復学した。そして、翌二十一年三月十五日、和歌山市の自宅に戻った。ところがその翌日、戦犯容疑で県警に連行されて夕方に帰宅したのだが、十八日にまた出頭を命ぜられた。

森下少尉が県警に連行されて、どのような取り調べを受けたかはわからないが、その結果、少尉が自決を覚悟したのは確かであり、自決当日の三月十七日の森下少尉の様子を、少尉の父・信一は、手記にこう記している。

――午後九時頃、風呂に入り、全部新らしいものと着換え、森井様（学友）と一緒の部屋で就寝した様子でしたが、しばらくすると森井様が「森下君、森下君といくら呼んでも起きないのですが、小母さん、薬をまちがえて渡したのではないのですか」と云って参りました。

私どもは「薬など渡しませんが」と申しましたところ、弘信は就寝の時、「森井君、お茶を飲まないか、僕は風邪薬をのむから」と申した後、「寝にくいから、電気は消しておいてくれないか」と云って休んだのだそうです。かけつけた医者によって、薬は青酸カリと判明しました。弘信を抱き起した時、沈丁花が胸とわきの下に一枝ずつ置いてありました。昭和二十一年三月十七日午後十一時すぎ、私共にとつて、一生忘れることの出来ない日となりました。――

沈丁花の花枝を用意しておいたことから見ても、森下少尉の固い覚悟のほどが知れよう。遺書は二通残されており、一通は両親宛で、

「父上母上、どうか御達者にお過し下さい。どうか最後の又最大の不孝をお許し下さい。又皆仲よく御暮し下されん事を心からお祈り致します。兄上、姉上によろしく」

とのみ記され、

身はたとえ魂魄となり果つるとも　親の御恩をいかで忘れん

という辞世が添えられていた。

もう一通は、「森井兄、その他の諸兄へ」と宛名書きされて、こう綴られていた。

「時勢は如何になりゆくや知れない状態だと思います。しかし諸兄は自分の正しいと思う道

を真直にお進みになると思います。

小生、日本の将来を見ず此の世を去ってゆくのは甚だ残念ですが、然しこれより外とる道がありませんでした」

そして冒頭の「徒らに夷狄の手にかかるより云々」という凛烈な文章となるのである。親への不孝を詫びる辞世を詠み、沈丁花の花枝で死の床を飾るような風雅の道を知る者が、非人道的な「獣的行為」などする訳がない。日本軍人の行為は、すべて獣的行為とするのが報復裁判である軍事法廷の常套手段であり、その暴虐非道は誇りある日本男子の堪え得られるものではない。それゆえ、そのような獣的裁判に出廷することは、日本人としての誇りを自ら否定するものであるとして、森下少尉は一死をもって敢然と抗議したのである。

そして、この遺書はつぎの一節をもって締められている。

「唯一番気にかかるのは、父母の事、兄の事です。兄にあわずに逝くのはかえすがえすも残念です。父母のことはどうか御願い申します。現地でのことは、貴志兄にきいて下さればよく分ると思います。

最後に皇国の再興を固く信じています」

男が男らしく身を処すためには、かならず死に刻というものがある。この死に刻を誤ると、男道を汚す結果を招く。日本男子の拠って立つ武士道とは男道であり、男道とは男はかくあるべきという勁烈な美意識なのである。それゆえ男が男道を歩むかぎり、世に美しく生き、かつ美しく死ななければならないのも当然のことであり、森下少尉もこの男道の実践者であった。

後年、少尉の父・信一は、息子を偲んでつぎのような文章を綴っている。

「本人としては自分の思う道を取ったのですから、親として本望でございます。とても親思い、兄姉思いでした。庭の沈丁花が咲いてくると、自決当日の思い出が深くこころに感じて来ます。また月々の命日が来ますと、小学、中学校、大阪商大時代のいろいろのことが目の前に浮んで来てなつかしい思いで一杯です。夏が来ると水泳が好きで、毎日紀ノ川へ行った姿が今なお目の前にちらつきます。

父島より復員してから机の上に、

父島に果つべき命ながらえて　ささげまつらん建設の道

と書いてありました。沈丁花の花とともに二十四歳を一期として此の世から去って行ったと思うと感無量です」

真正な軍人は戦場で屍となることを至上の光栄と考える。常在戦場の覚悟があれば、平時もすなわち戦時であり、森下少尉もこの覚悟をもってその生を終えたに違いない。しかし少尉の場合、生身の生は終わっても、父母や兄姉の心の中に永遠に生きつづけた。しかも悲惨な戦犯としてではなく、凛々しい青年将校として生きつづけたのであるから、まさしく死んで生きるとはこういうことであろう。よく死ぬことはよく生きることだといわれるが、日本男子としての誇りとともに生きかつ死んだ森下少尉の二十四歳の生涯は、決して不幸な生涯であったとはいえまい。

私等の裁判は今日が判決日です。もし無期などの判決だとしても、私は自決しますよ。

海軍上等兵曹　田中錬次

佐賀県出身・昭和21年5月31日、シンガポール・オートラム刑務所にて自決、35歳

佐賀県にある田中上等兵曹の墓には、つぎの碑銘が刻まれている。

「昭和十三年八月三十一日応召以来各地に従軍、たまたまアンダマン島に終戦を迎えるも戦犯に問われ、シンガポールオートラム獄に呻吟（しんぎん）すること八十日、昭和二十一年五月三十日遂に『絞首刑』の判決、之（これ）に憤激、当日A八号室の独房に於て果敢なる決意を以て自決せらる」

田中上曹の容疑は、現地人苦力（クーリー）に対する虐待死であったが、事件はアンダマン島での陣地構築中に起こった。すなわちそのとき、一人の苦力が労働をサボッたので、田中上曹が懲らしめのためその苦力を殴打した。ところが、その苦力が一週間後か一ヵ月後かに死亡したため、戦争が終わるや、苦力の縁者が殺人容疑で田中上曹ら四人を戦犯法廷に告発したのである。

裁判は昭和二十一年五月下旬から始められたが、同月三十日には田中上曹を除く三名に死

刑判決が出た。その日の田中上曹の様子を、隣房にいた元アンダマン島民政部長であった城地良之助（右の墓碑銘の起草者）は、手記にこう記している。

――Aホームの独房が私は九号室、田中さんが八号室だった関係上、親しく話をするようになったのです。ここでは午後四時には独房に入らなければなりません。毎日「おやすみ」と挨拶しては入り、午後六時頃になると暮れてくる。誰も話はせず読む書物はなく、電灯さえないのです。特に暗くなって寝つくまでは、いよいよ淋しいような苦しいような、今にも気が狂いそうな時間です。すると田中さんの室ではきまったように「コッコッ」と壁を叩く音がする。私は田中さんが海軍の信号を思い出してやっている。退屈なのであろうと、一人で思って微笑んでいたのです。――

そして田中上曹の判決日である五月三十一日がやってきて、法廷に向かう前に上曹は城地良之助に、冒頭の「もし無期などの判決だとしても、私は自決しますよ」という壮烈な言葉を口にしたのである。城地はまさか実際にそれが行なわれるとは思わず、

「何と弱いことを云われるか。私を見なさい、この病身で無期です。しかしあくまで生きて祖国に帰り、この実情を知らせなければならない」

といって田中上曹を慰めた。

その日出された判決は、死刑であった。

その夜、城地は隣房で何ともいいようのない大きな音がするのを聞いて目をさまし、それを機に獄舎は大騒ぎとなった。それを知ると城地は、言葉通り田中上曹が自決を敢行したと

確信した。そして城地は、田中上曹の自決の方法を、つぎのように明らかにした。

――田中さんがコツコツと壁を打ったのは、連日縊死の練習だったのです。その当時、コンクリートの足台に幅七寸位の板三枚を並べたのが寝台でした。その板を壁に立てかけて、持参を許されたタオルまたは木綿手拭で縊死されたのです。私が目を覚ました物音は、その板がひっくり返り、バケツも一緒に倒れた音でした。――

そして城地は、

――当時、次々と日本人の中から自殺を企てたが、立派に死に切った人は実に稀であり、失敗ごとに後に残った我々から自殺用となるものはみな取り上げられたので「やるなら立派にやって貰いたい。失敗する位なら男らしく絞首台に登ること」と話し合ったものです。――

と記し、逆に田中上曹の自決の見事さを称えた。そして城地は、この戦争裁判の不当性をこう訴える。

――田中さんらの事件をみても、陣地構築中一人の苦力が怠けたので殴打し、その結果死亡した。死因が甚だ不明なのに検事側の証言のみを尊重して、関係の日本軍人四名を全部死刑に処したのはあきれる次第です。人間が殴った位でやすやすと死ぬものではなく、当時アンダマン島は食料不足に加え、マラリヤとアメーバ赤痢のために、現地人は病気になると簡単に五日か一週間位で死んだものです。日本軍人等も多数病死しました。――

さらに城地は、

「裁判では、日本人が現地人を殴って一年以内に死んだものは理由を問わず、全部日本人が殴り殺したとして裁判をやったのです」

として、戦争裁判全体の反人道性をこう告発する。

――あの戦争裁判こそ、世界未曾有の不合理極まるものであり、裁判とは名のみ、合理的な報復手段に利用されたに過ぎない。先日議会で大達文相が「首狩人種の行為なり」と云ったとおりです。あの当時は現地人から訴えられた人々こそ不運であり、初め英国側では被告となった者は善悪を問わず皆死刑に処してしまう方針でした。――

田中上曹も戦争裁判のこの実相を知っており、日本軍人の誇りにかけて、自決をもってその無法に抗議をしたのである。しかも田中上曹は、連合軍に身柄を拘束されて以降、命令を下した上官を一切批判しなかった。その点を城地も、

「田中さん自身も、上官をうらんだ様な事は私にも話されず、従って上官をうらんでもいなかったと言えます」

と語っている。たとえ命令によって行なった行為であっても、他に責任を転嫁せず、人を恨まぬことはきわめて男らしい身の処し方であって、田中上曹の軍人精神が牢固たるものであったことが、この事実からもよく理解できよう。

また城地は、自分自身の境遇についても、つぎのように手記に綴っている。

――私の如きも終戦前の四月末に病となり絶対安静でしたが、司令部の会議にのみ参加して、而(しか)も司令部案に終始反対を表示したにもかかわらず、戦犯に問われ、ほとんど死刑にな

り、ようやく終身刑になった次第。今も誰をうらむのでもなく、唯天命であり、祖国敗戦のためのみと思っております。——

成敗は天にあり、勝敗は兵家の常という。天命は尊いし、天命を知ることは軍人道の根本である。田中上曹は戦争裁判の無法を知りながらも、潔く天命に従った。こういう美事な軍人魂を持つ日本男子が、当時は綺羅星のごとくにこの国にはいたのである。城地はそのような勇士を偲び、万感の思いをもって、こう綴っている。

——今度の戦争で戦犯として断頭台上に消えた方は、約一千人です。無実でありながら殉国の精神と敗戦の結果、すべてをあきらめて、唯祖国の再建と遺族の上を思いながら、ほほえんで断頭台上に消えた事を思うと、感慨無量です。私は毎日観音様を祭り、朝夕香をたいて、その一千人の英霊を慰め、その冥福を祈っております。いずれ殉難の英霊に対しても、もっともっと日本人が認識を深くして猛省する時期も参りましょう。何卒それまで御辛抱下さい。我々生き残った者が、もっともっと努力しなければならないと思っています。——

一国の歴史がつねに順風満帆であることなどあり得ない。危急存亡の秋を国民が一丸となって乗り切ることによって、その国の歴史というものは光輝を発する。そして祖国累卵の危機に際して、身を以て国に殉じた人々に深い哀悼の意を表することによって、未来に向けての健全な国民精神というものが育まれ、国家繁栄の基盤が形成されるのである。

斯くなる上は元将校として、日本人として立派な態度で臨む覚悟です。

貴女も決して取り乱さぬように、立派に強く生きぬいて下さい。そして美智子を立派に育てて下さい。頼みます。

陸軍少佐　折田優

鹿児島県出身・昭和23年9月8日、東京・巣鴨拘置所にて自決、36歳

折田少佐は終戦時、満州の関東軍総司令部に勤務していたが、軍の解体とその事後処理に手間取り、日本の地に戻ったのは終戦から三年近くも経った昭和二十三年六月のことであり、同月十八日、舞鶴から夫人の幸代に手紙を出している。

「永らく留守して御迷惑かけました。一昨日上陸し、昨日お手紙二通拝見、初めて様子を知り悲喜交々（こもごも）でした」

悲喜交々の悲とは、娘の一人を亡くしたことであり、喜とは、もう一人の娘が生まれて元気に育っているということである。

「先ず以て和子が死亡したのを聞いてほんとうに可哀想でした。あんなに悧口なよい子を残念でした。貴女もあの身体でどんなに難儀、どんなに苦しい思いをせられた事でしょう。誠にすまぬと思います。何卒（なにとぞ）お許し下さい。然しよく生きぬいて下さった。感謝致します」

終戦後の混乱期は、大（だい）の男でさえも日々を生き抜くためにたとえようもない辛酸をなめた。ところが幸代夫人の場合は、夫との連絡もとれず、さらには長女を亡くすという悲運に見舞

われた。しかも幸代夫人自身、決して丈夫な方ではなかったから、折田少佐は「誠にすまぬと思います。何卒お許し下さい」といい、その一方で、「然しよく生きぬいて下さった。感謝致します」と記すのである。この短い文章の中に、折田少佐の妻への深い愛が察せられる。

そして少佐は、まだ見ぬもう一人の娘について、こう記す。

「又美智子が生れて元気で育っていると聞いて喜びました。せめて写真でも見たいと思っています。父を知らぬ子で可哀想でなりません」

死があれば生がある。それが人の世というものであり、美智子の誕生を知って折田少佐はささやかな幸せと安らぎを感じたに違いない。そして少佐は、

「次に小生欧露の地で実にひどい生活をして来ましたが、幸に元気でした」

と記している。ソ連軍は関東軍総司令部にいた折田少佐を本国に抑留し、さらには東ヨーロッパへも連行したことが、この文章からも十分に察せられる。そして手紙は本論に入る。

「偖而既に警察か役場の方から通知があったかも知れませんが、引続いて戦犯として抑留される運命が待っていました。明十九日、米兵に渡されます」

ソ連領に抑留されるだけなら、死刑以外の無期刑か有期刑である。だがソ連から日本へ移送されるということは、折田少佐の戦犯容疑が死刑に相当するものであることを暗黙のうちに伝えており、陸軍士官学校出身の有能な軍人である少佐は、一方的な戦争裁判で極刑に処されるであろうことを予見していた。それゆえ少佐は冒頭の言にあるように、「斯くなる上は元将校として、日本人として立派な態度で臨む覚悟です」と不動の信念を開陳している。

この文章ひとつ採りあげても、折田少佐の軍人精神というものがきわめて堅牢であることがわかろう。「元将校として、日本人として立派な態度で臨む」という覚悟は、軍人であることに、かつ日本人であることに、少佐が大いなる誇りを持っていることを証明するものである。

たとえ眼前に死が待ち受けていようとも、節を守り、義を貫くのが日本男子というものであり、少佐はそれを夫人に確実に伝えるとともに、たとえ自分が極刑に処せられても、「決して取り乱さぬように、立派に強く生きぬいて下さい」と念を押すのである。

少佐が東京の巣鴨拘置所で自決するのは、これから三ヵ月ほど後の九月八日であるが、この時点で少佐は、

「私も運命とあきらめて坦々たる気持です」

と記している。一死をすでに決したということである。死を決すれば、もはや何も恐れるものはなくなる。戦争裁判で戦勝国の検事がどんな言いがかりをつけようとも、少佐とすれば日本軍人の名誉にかけて真実を吐露すればよいのであって、生き残るために敵に阿諛追従するような姑息な手段を一切とる必要はない。一死を覚悟した日本軍人の潔さはここにあり、少佐もこの裁判で生き残ろうなどという気は毛頭なく、己れの命は己れで始末するという決意を、この文章でもって夫人にそれとなく伝えたのである。

そして折田少佐はこう綴る。

「私の様な男に嫁した貴女の不遇を思い、まことに気の毒です。誠に申訳ないと思います。

今迄の御厚情身に泌みて感謝すると共に、お詫び申上げます。何卒お許し下さい」

これはもはや単なる詫び状というよりも、苦労をかけ通した妻に対する哀切な愛の告白といってもよい。何事にも節度を重んじなければならない清節の軍人である折田少佐にとって、これが妻に対する最大限の愛の表現なのである。

このあと折田少佐が自決するまでの三ヵ月間、二人の間にどういうやり取りがあったのかはわからない。だがこの書簡での折田少佐の固い決意と妻への深い愛を察すれば、二人は愛の永遠を信じつつ、残された日々を、それまで以上に細やかに心をかよわせたに違いない。

戦局益々苛烈の度を加え、皇国の興廃正に竿頭に立つ。我此の機に臨み醜の御楯として散華するに、何事や思ひ残すことあるべき。

陸軍憲兵曹長　佐野勇

静岡県出身・昭和20年10月12日、
中支武昌憲兵隊にて自決、30歳

佐野曹長が右の遺書を認めたのは、終戦三ヵ月半前の昭和二十年四月二十九日、すなわち天長節の日であり、遺書はさらにこう続く。

「唯充分なる奉公を完ふせざること、及び砲弾に身は一瞬にして砕け、最後の万歳を唱へ得ざるを憂ふ。故に最後の万歳を唱へおく。

天皇陛下万歳　大日本帝国万歳」

佐野曹長の軍人精神がきわめて堅牢なのは死を前提にして己れの思念と行動を厳しく律している点にある。しかもその死は、老衰や病死といった自然死ではなく、あくまでも軍人らしく戦場に立って戦い、敵の砲弾によってその身を粉砕されるという壮烈な戦死である。すなわちこの遺書は、軍人がひとたび戦場に立ったならば、生きては還らぬという固い決意の表明ともいえる。いわば佐野曹長は強靭な意志の人でもあったのである。

佐野曹長の出身は静岡県吉原市で、二十歳になった昭和十一年に徴兵検査で甲種合格となり、翌年名古屋野砲第三連隊に入隊した。そしてその年、日華事変が勃発したため、八月二十三日、同連隊は名古屋港から出征し、上海(シャンハイ)に敵前上陸して戦闘行動を開始した。その後、佐野曹長は北京憲兵学校を経て、武昌憲兵隊特務機関に配属され、主に住民の宣撫にあたり、その真摯(しんし)で精力的な活動は、地元住民から、「大人、大人」と呼ばれて敬愛された。

ところが、昭和二十年八月十五日の終戦で状況は一変した。とくに中国側官憲ににらまれたのが憲兵であり、当時中国要人の行方不明事件が武昌で起こっており、その事件に関連して、武昌憲兵隊全体が厳しく追及された。そのため佐野曹長は所属機関の最古参の責任者として、責任を一身に負って自決したのである。

この自決に関しては、佐野曹長の弟・正が手記につぎのように記している。

――戦局利あらず、遂に終戦の詔が下った。その時、彼は武昌憲兵隊特高主任の重責にあったので、その収拾には特に心をくだき、万全を期して処理にあたっていたが、たまたま中国有名人某の行方不明事件に当面し、その疑惑を受けて、部下、戦友に対する中国軍の追及が厳しくなったのである。――

憲兵というのは軍隊内でも特別な職種で、英語では「ＭＰ（ミリタリー・ポリス）」というが、強力な警察権をもっており、「泣く子も黙る憲兵さん」といわれたように、一般の兵隊からも恐れられる存在であった。そして当然のことながら、占領地域の住民は何よりもこの憲兵を恐れ、かつ蛇蝎のように嫌った。

これは憲兵個々人の人格などとは関わりなく、憲兵という職種そのものが一種の権力機関、弾圧組織の象徴とみなされ、恐怖と憎悪の対象とされたためである。

そして終戦によって、日中の勢力関係が逆転すると、中国側官憲がまず報復の眼を向けたのが日本軍の憲兵隊であった。しかもこのとき、中国要人が行方不明になるという事件が発生していたから、中国側とすれば、あることないことデッチあげて、日本の憲兵隊全員を戦犯容疑で逮捕することもでき、事実、中国側がそういう動きに出ているという情報が特高主任である佐野曹長の耳にも入っていた。

戦勝国の権力をもってすれば、不倶戴天の仇である日本憲兵を一網打尽にすることはきわめて容易なことであった。終戦から二ヵ月たって完全に武装解除された日本軍には、もはや中国軍に対抗できる武力は何も残されていなかった。

だが手をこまねいていれば、憲兵隊全員が拘束されることは確実であった。そこで特高主任である佐野曹長は、部下、戦友を救うために一死を決した。すべての責任を一身に負う覚悟を固めたのである。そして曹長の弟・正の手記はこうつづく。

――戦友の身を案じた彼は、遂に一切の責任を負う事を決意、後事を同僚に託し、当時漢口にあり親交の厚かった同郷の後藤氏宅を訪れて、故郷の両親へ伝言を依頼するなど歓談、深更におよび帰隊するや直ちに自決してしまった。――

兵は巧遅（こうち）よりも拙速（せっそく）を尊ぶとされるが、佐野曹長の自決に向けてのこの迅速な行動は見事なものであり、軍人の本懐、ここに尽きるといえる。「一殺多生」という言葉があるが、これは敵の有力な人物を一人殺して、多くの人々を救うという意味だが、佐野曹長の場合は、我が身を殺すことによって、多くの部下・戦友を救ったわけである。

この凛烈な自決は、地元住民を驚愕させ、やがて彼らがその自決の理由を知ると、大いに感動した。中国は古来、仁義の国であり、仁義の人を何よりも尊敬する。佐野曹長は敵国人であるが、「身を殺して仁を為（な）す」の実践者として、地元の中国人から大いに称えられたのである。弟・正もその手記の最後にこう記している。

――遺骸は武昌蛇山公園の山頂に葬られたが、生前、現地住民に親しまれた兄の徳を慕うもの多く、今も供花香華（こうげ）が絶えないと聞いている。――

以て瞑すべし、というべきであろう。起つべき時に起ち、死ぬべき時に死ぬ、という日本武士道の道統はここに見事に継承されていたのである。日本男子にとって、世の為、人の為に我が命を使い切ることほど美しい死に方はない。

出陣、我方に利あらず、戦友約二割、花咲く靖国の神となる。仇敵必殺を誓ふ。たった今、笑って散る友もある。お前も武人の妻として正しく生きて呉れ。子供のことは呉々もたのむ。

海軍大尉　伊藤寅司

神奈川県出身・昭和20年12月18日、クェゼリン島・エビゼーにて自決、42歳

伊藤大尉はウエーキ島海軍第六十五守備隊の中隊長として絶海の孤島で奮戦したが、戦後、戦犯問題が起こって逮捕され、クェゼリン島の収容所に移送され、裁判にかけられることになった。

ところが当該事件そのものは、伊藤大尉がウエーキ島に着任前に起こったものであるため、大尉には関わりなかったが、自分に責任なしとすれば、少なからぬ部下が刑死する運命にあったため、責任感旺盛な大尉は、一切の責任は自分にあるとして、軍事法廷が開かれる前の昭和二十年十二月十八日、従容として自決して果てたのである。見事な軍人魂といわなければならない。

伊藤大尉は自決より大分以前のことと思われるが、一通の遺書を妻・千代宛に認め（したた）ている。

「お前の日頃の行ひで家のことは安心して居る。俺に万一のことあるとも、必ずや三人の子供の良き母として生きて呉れることと思ふ。国を挙（あげ）ての大決戦下、お前も充分心をしめて家

事いっさいは勿論、子供の教育、保健の遺憾なき様にしてくれ」

として冒頭の「出陣、我方に利あらず云々」という壮烈な文章となるのである。この遺書からも生還を期せずという伊藤大尉の固い決意が読み取れるが、それよりもなお心に残るのは、妻・千代に対する厚い信頼と深い愛情である。これほど固い絆で結ばれた夫と妻であるなら、大尉も後顧の憂いなく戦えたことであろう。

また大尉が大変な子煩悩であったことも、佐代子、秀子、久子という三人の娘に送ったつぎの手紙から知れよう。

「佐代子、秀子お元気ですか。お母さんも久子も元気ですか。この手紙のつく頃はお正月でせう。皆んな仲良く遊びなさい。それから賞与五百円送ったから、お母さんにお年玉に何かよいものを買って貰ひなさい。寒くなったから火の元やこたつに注意しなさい。そしてお母さんの云いつけを良く守って、お母さんを大事にして下さい」

三人の娘に対する伊藤大尉の細やかな愛情が察しられる文章である。だが、肉親に対するこのような愛情を抱きつつも、生きるための名誉を守るためには、自らの命を絶たなければならないことのあるのも軍人としての宿命である。この苛烈な定めに耐え得るか否かで、軍人の価値は決まる。

後年、千代夫人は伊藤大尉の人となりをこう語っている。

「亡夫、寅司は心の優しい方です。早く別れたせいでしょうか、私や子供を思う愛情は人一倍深うございました。ある一面では淋しがりやでございました。

昭和十五年、舞鶴に家を新築し、席のあたたまる暇もなく、昭和十七年には出陣することとなりました。この時、夫は二度と再び、生きて、この我家へ帰ることはあるまいとの覚悟でウエーキ島へ出征して行きました。そして、東舞鶴駅で別れたのが最後でございました」

真正な軍人は出陣に際して、生還を期せず、と覚悟し、その軍人の妻はまた、出陣の時をもって今生の別れと覚悟する。軍人の家庭とはそういうものであり、この凛乎（りんこ）とした覚悟が真正な軍人とその妻の精神のたたずまいを美しくするのである。

そして千代夫人は、ごく簡潔に夫の自決をこう語った。

「伊藤は、ウエーキ島のそばのクェゼリン島のエビゼーで自決いたしました。昭和二十年十二月十八日、伊藤がウエーキ島に着任前に起こった事件のことで、軍事裁判前に中隊長の責任上自決いたしたようです。運が悪かったものと、あきらめております。ただ、伊藤の冥福をお祈りするばかりです」

千代夫人にとっては、伊藤大尉の「着任前に起こった事件」と知ったことで、幾分かは救われる思いがしたことであろう。そして逆に、それでもなおかつ責任自決を遂げた夫の潔い身の処し方に大いに感銘したに違いない。

それゆえ千代夫人は、誰に恨みごとをいうでもなく、「運が悪かったものと、あきらめております」といい、「ただ、伊藤の冥福をお祈りするばかりです」といい切った。

この孤愁に満ちた清冽な諦念がわからなければ、夫を亡くした軍人の妻の哀しいまでに美しい真情を解することはできない。

そしてこの真情を理解しようというまごころを持たなかったのが、軍事法廷で裁く側に立った連合国軍の検事であり、判事なのである。人が人を裁くということは、ある意味で神の領域を侵す僭越行為であり、裁く側はよほど清廉潔白で精神の格調高い人格でなければならない。

生ヲ永ラヘ隷奴ノ恥ヲ受ケンカ。否士官候補生タルモノ自ラ死ヲ求メ、皇国三千年ノ歴史ニ殉ジ、死シテ魂魄(こんぱく)トナリ、皇国興起ノ基タラム。

陸軍少尉　斎藤友良

栃木県出身・昭和20年8月17日、満州国黒河省孫呉付近にて自決、21歳

終戦時、満州第一五二〇四部隊に配属されていた斎藤少尉は、日ソ不可侵条約を一方的に破棄して、満州に侵攻したソ連軍に対して強い憤りを持った。烈々たる武魂を持つ軍人であるなら当然のことである。まして斎藤少尉は日本最強といわれた関東軍に所属する軍人である。死してのち已(や)むの軍人精神をありあまるほど持ち合わせており、ソ連兵と刺し違えても戦う覚悟をもっていた。

ところが八月十五日、日本は降伏し、関東軍も停戦の止むなきにいたった。ソ連軍との交戦に一死を決していた斎藤少尉にとって、これほどの痛恨事はなかった。降伏はつぎに武装

解除となり、その後に待ち受けているのは捕虜となってシベリアの収容所送りになるという屈辱的な運命であった。

日本軍人としての誇りを何よりも尊しとしてきた斎藤少尉にとって、このような汚辱にまみれた運命は受け容れられようはずがなかった。そして終戦三日目の八月十七日、斎藤少尉は遺書を認めた。

「余露軍ヲ目前ニシ、一戦スル能ハズシテ敵ノ軍門ニ降ルニ到ル。余神国ニ生ヲ享ケテ二十有余年、其ノ間皇恩ノ厚キニ浴シ、且ツ士官候補生トシテ武門ニ学ビ、皇国護持ノ法ヲ体シ、北満ニ志ヲ抱キ、此ノ地ニ来リ、今日ニ到ル」

そして冒頭の「生ヲ永ヘ隷奴ノ恥ヲ受ケンカ」という凛烈なる文章へとつづくのである。己れに戦闘力があるうちは戦いに戦い抜く。それこそが斎藤少尉が信奉する軍人道であり、戦闘力がありながら敵の軍門に降ることなど、真正な軍人の為すべきことではないという固い信念が斎藤少尉にはあった。しかし、軍人にとって軍命令は絶対である。それゆえ斎藤少尉は己れの軍人道を全うするために迷わず自決の道を選び、「皇国三千年ノ歴史ニ殉ジ、死シテ魂魄トナリ、皇国興起ノ基タラム」と心決したのである。そして両親や上司、戦友等へ簡潔な遺書を認めた。

まず両親宛。

「余何ラ大孝ヲ尽シ得ズシテ死ヲ選ブ。先キ立ツ不孝ヲ詫ブ。御両親ノ御多幸ヲ祈念ス。許サレ度シ」

ついで連隊長の太田紀一大佐宛。

「余開戦以来連絡将校ノ任ニ就キタルモ、ソノ大任ヲ果シ得ズシテ死ヲ選ブ。生前ノ御指導ヲ謝ス」

ついで諸先輩・諸上官宛。

「生前ノ御指導ヲ謝ス。余ノ行動、御聖旨ニ反スルヤモ知レズ。五箇条ノ御聖旨ハ軍人タラムモノ死ナルベシ。余未ダ五ヶ条ノ御聖旨ハ忘レズ。余ノ道ヲ死ニ求ム」

つづいて連隊高級主計である鷹尾少尉宛。

「補佐ノ任ヲ果シ得ズシテ死ヲ選ブ」

つづいて同郷の先輩、神中尉宛。

「生前ノ御薫陶ヲ謝ス。参謀長ノ諫ニヨリ一度ハ思ヒ止ルモ、死ヲ選ブニ到ル。余ハ若松台ノ士官候補生ナリ」

最後に同期生宛。

「戦友ヲ笑ツテ呉レ。併シ余ハ若松台ノ士官候補生ナリ。余ハ腰ヨリ軍刀ヲ離サレズ」

軍人は誇りに生き、誇りに死ぬものである。斎藤少尉の思いの丈は、最後の文章の「余ハ腰ヨリ軍刀ヲ離サレズ」という個所に凝縮されているといってもよいであろう。武士の魂が剣であるように、軍人の魂は軍刀であり、斎藤少尉はこの軍刀にかけて、日本軍人としての筋を通そうとしたのである。

斎藤少尉の最期は、戦友の中野一郎によってつぎのように記されている。

――八月十六日夕、突如師団の停戦命令、明朝八時迄に自発的武装解除と陣地撤退を命ぜられ、驚愕と失意と虚無観と死生観に彷徨（ほうこう）しつつ陣地撤退準備に狂奔する私達を外に、斎藤兄は一人静かに来し方を偲（しの）び、皇恩の厚さを謝し、従容として翌八月十七日未明、中東風山陣地最尖端（せんたん）（満州黒河省璦琿・孫呉付近）の白樺（しらかば）大樹の下に、皇国の歴史に殉じたものと考えられます。――

斎藤少尉の座右の銘は、

――士は己れを知るものの為に死す。

であったという。こういう凛烈なさむらい心を知る者は、命永らえて生き恥をさらすよりも、軍人であることの誇りとともに、その身を潔くするものである。死花（しにばな）も花なら咲かせ得だというが、斎藤少尉も滅びゆく関東軍の栄光とともに、美事な死花を咲かせたことになる。

自分の生命は、自分のものであって自分のものならず。大いなるつとめが有るのだ。

陸軍憲兵中佐　時松先志（はやし）

大分県出身・昭和20年10月18日、ニューギニア・ハルマヘラ島にて自決、35歳

終戦時、時松中佐は日本軍の最前線であるニューギニアのハルマヘラ島に赴任していた。

この孤島は、原始以来のジャングルと悪疫の蔓延と毒蛇ばかりがいるような島で、ここに配備された日本軍守備隊二千は、極端な食糧難と熾烈な米軍の空爆によって苛酷な日々を送っていた。

そして終戦によって日本軍は武装解除されたのだが、同時に米軍による苛烈な戦犯狩りが行なわれた。こういう場合、狩りの対象にされるのがまず憲兵であった。このとき、時松中佐は憲兵隊長をしていたため、まっさきに逮捕されたが、この島の日本軍将兵の中では上級者であったため、日本軍の早期帰還を促進する事業に従事した。そして日本軍将兵が無事に帰国できる段どりをつけたうえで、捕虜収容所を脱走し、従容として自決して果てた。

大分県の日田中学を卒業した時松中佐は、二十一歳で大分歩兵第四十七連隊に入隊し、幹部候補生の道を歩んだ。その頃、妹の素代に送った手紙に認められていたのが冒頭の「自分の生命は、自分のものであって自分のものならず。大いなるつとめが有るのだ」という一節であり、時松中佐はそれから十五年間、この言葉を信奉し、ひたすら軍務に励み、日華事変では、その武勲により金鵄勲章を授けられたほどの勇士であった。

妹の素代は後年、「なき兄と語る」という手記を書いて、日華事変時の時松中佐の活躍を、つぎのように記している。

——昭和十二年、あなたの初陣は、北支を振出しに南京陥落まで何千里を進撃して征ったことです。中隊長を二人も失う悲運にあいながら、中隊長代理として激戦の指揮を取ったこと、まことに大陸の行動は史上最大の苦労であったことが察せられます。兄上様、南京城一番乗りの名誉は、大変な骨折りにもかかわらず他隊にゆずったけれども、何と云っても快心の出来事は、あなたが金鵄勲章と賞詞を授与せらるる光栄に浴したことでしょう。武人の本懐、感無量であったことと存じます。――

ところが、この戦闘で足を負傷した時松中佐は内地還送となって憲兵に転科し、昭和十八年、南方へ転任となり、以後、妹との音信は途絶え、三年後の昭和二十一年六月、時松中佐自決の報が郷土の日田にもたらされたのである。そしてほどなくハルマヘラ島から同郷の兵が帰還し、素代は時松中佐の自決の真相を知り、その感慨を手記にこう記した。

――兄上様なぜ短気を起しました？　たとえ戦犯となってでも生きのびてさえしてくれたなら!!と不足にも思いもしましたが、終戦後二ヵ月、死をみつめて生きていたあなたの心中を察すると何も云えません。捕虜という字は男が捕まると書く悲しい字ですね。捕虜の憂目(うきめ)を見た上に死刑をまぬがれないとしたら、道を選ぶに自決より外ないと考えたのでしょう。一方、支那戦線であなたの身代りとなって弾にたおれた、何より愛する部下の数多く待つ霊界には急ぎまいりたき心になられた事と存じます。――

日本軍人にはそもそも降伏の二字はなく、誰もが「戦陣訓」の「生きて虜囚の辱めを受けず」を絶対の武訓とした。ところが、終戦時には国家そのものが連合国に降伏してしまったため、あのような大混乱が惹起されてしまったのである。

しかし、それでも時松中佐のように節をまげずに国家に殉じた気節ある軍人も少なからずいたし、そういう人間がいるかぎり、民族の歴史や文化や道統といったものはかならず守られるのである。

時松中佐は自決という壮烈な方法で軍人道を全うしたが、その戦争哲学の根本は、「日本は武力で勝つのではなく文化で勝たなければ駄目だ」という極めて健全なものであった。ある意味では、こういう根本的な思想が日本の軍隊には欠けていたため、連合軍に敗北したともいえるのである。ところが日本民族にとって最大の悲劇は、戦争に負けたために過去のすべては悪であったという自虐的な反省ばかりが先行して、日本民族固有の文化や伝統まで否定してしまい、国民的な独立自尊の誇りと気概を失ってしまったことである。

そこで素代は、文化とは何かという素朴な疑問を中佐の霊に投げかける。

「兄上の望まる文化とは形なくしてあるもの、日本民族精神文化を指すのだと思いますが？　三千年の堅固な伝統の念、日本固有の念が各方面に形と成ることを待望した言葉でしょう。政治に産業に教育に美術に社会施設に、日本のよさが顕れることを常に戦乱を超えて、その奥にあるものを見つめていたのですね。現代日本は武力に敗け、この上精神文化に敗けたらと考える時、うたた英霊の声なき声を聴く思いがします。これからは生きているものの大責任だよとの!!」

戦争がいったん起これば、いずれかが勝ち、いずれかが負ける。それは避けられないことであるし、勝負は時の運でもある。世界史は戦争の歴史ともいわれるが、亡国の最大の理由は、戦争に負けたなどという物理的な理由ではなく、その国独自の文化をなくすことにある。

その国独自の文化をなくすということは、じつは民族自決の大義を忘れ、自主独立の誇りを失うということであり、こうなってしまってはたとえ国家が存続しようとも、それは実体のともなわない国家の亡骸にすぎない。

それゆえ、「日本は武力で勝つのではなく文化で勝たなければ駄目だ」という時松中佐の信念はまったく正しく、このような正論を維持しつつ、なおかつ自らの有終の美を飾るべく自決という壮烈な手段を選んだ時松中佐は、堅牢な軍人精神の保持者ということが出来るのである。それを証明するように、幹部候補生時代の同期生であった草本利恒はこう語っている。

「昭和五年の幹候生は同年兵が百人おり、中には東大、京大生もいて、高商出などざらにいた。時松君は実業学校の出身で、第一回の試験、終末試験を通じ常に一番であった。実業学校出がトップだというのは頭のよいことも確かだが、一年間夜昼通し勉強した努力の賜(たまもの)と思う。

また軍人精神に徹していたことは、時松君に勝る者はなかった。多くの人のため犠牲になって自決したことは、之(これ)を証明するものである。私はかつて比島時代、捕虜収容所長をしていたが、あの尊い軍人精神に於ては、時松君にはかなわなかったと、今でも尊敬の念を禁じ得ない」

時松中佐は同僚部下が一日も早く祖国日本へ帰れるように尽力し、その御膳立(おぜんだ)てをすべて整えたうえで、壮烈な自決を敢行した。まさに身を殺して仁を為したわけであり、その凜烈な軍人精神というものは、大いに称えても称えすぎるということはない。国家と国民に殉ずるのが軍人道の精華であり、同胞のためにスラリと命を投げ出した時松中佐のような無私の精神を堅持する軍人を持てたことは、日本史の誇りとしなければならないことである。

長い間、お世話様に成りました。そして亦今回は私の為に一方ならぬ御心配をおかけ致しました。返す言葉もありません。一足先にあの世へ行って皆様の幸福をお祈り致します。

陸軍憲兵曹長　久米武三

愛知県出身・昭和23年10月15日、ジャワ・スラバヤ刑務所にて自決、30歳

久米曹長は終戦後、戦犯として、ジャワのスラバヤ刑務所に収監されたが、敵による処刑を潔しとせず、昭和二十三年十月十五日、獄中にて、自ら左腕動脈を切って命を絶った。右の文章は自決に先立ち、ジャワ憲兵隊の同僚に残した遺書の一節であり、久米曹長の細やかな人となりの浮き出た文章である。また久米曹長は、両親宛にもつぎの遺書を残している。

「御両親様、長い間御心配をかけました。自分の不徳の致す処が今日の結果となりました。すべて運命とあきらめて下さい。親不孝者の自分をどうかお許し下さい。

私は仏となって一家をお加護致します。呉々もどうか、お体を御大切に折角御自愛の程を

お祈り致します。尚、親戚御一同様はもとより、村民の方々にも宜敷く伝言の程を願います」

この遺書を読んでも、久米曹長の覚悟が見事なのは、人生の最後を自決という壮烈な方法で閉じようとしながらも、自分を自決にまで追い込んだ者に対して、一つの恨みつらみもいわず、「自分の不徳の到す処」とのみ記している点にある。日本軍人独特の精神のたたずまいの宜しさといってよいであろう。

そして久米曹長は、ひたすらに親不孝を詫び、辞世の歌にも、

両親の恩に報ゆる術もなく　三十余歳を省りみる我

と詠んでいる。子として親に先立つことは最大の不孝といわれるが、死刑と決まった運命にあるなら、自らの命を自らが絶つことをもって、せめてもの親孝行にしようと久米曹長は思ったに違いない。

久米曹長の父・弁治は後年、つぎのように回想している。

「少年時代から明るい性格で、学友の誰にも好かれる子であった。成長すると共に親思いの心を形に表わすようになり、時としてはホロリとするような言動に接したことも度々あったが、今は懐しい想い出となってしまった。

自決の真因は明瞭には判りかねるが、親としてみた武三の人となりから推量して、憲兵曹

長の職務上からの責任であったと考えられる」

軍人ならば誰もが職務上からの責任を持っているが、憲兵という職務は、軍人ばかりでなく、当該占領地の住民に対しても強力な警察権をもっていたために、こと戦争に敗れた軍の憲兵は、まず第一に原地民から槍玉にあげられるのである。しかも、彼らは報復手段の一つとして、一人でも多くの戦犯を出そうと待ちうけていた。日本兵が現地人を一発殴ったという事実が判明すると、懲役が一年加算されるという判決が通用するのも、復讐裁判であることの明白な証明であろう。

おそらく久米曹長もスラバヤ刑務所でこの実相を痛感したために、恥を知る日本軍人らしく、潔く自決して果てたのである。

久米曹長の知人は、曹長の人となりをこう評している。

「氏は明朗闊達、豪放磊落であったが、反面、多情多感、繊細な神経の持ち主でもあった。因みに、戒名は誠心院浄誉武道居士。獄中にあっても幾多の歌を残し、日常の寂寥感の慰めにしたものと思われる。折にふれ、時に感じて、その感懐を、寂しくも、清らかに歌いあげて、その吐露するところ一抹の興をそそるであろう」

その人柄を反映してか、久米曹長の詠む和歌は、右の文章にもあるようにそこはかとない寂寥感が漂う清らかな調べに特徴があって、静かに心に訴えかけるものがある。

みんなみの嵐に散りし戦友の辺の　薫り慕いてわれも行くなり

さまざまの思いすべなき我が身かな　夜毎の夢の嬉し亦悲し

身は一人我未だ知らぬ親心　仮りの夜去りて息子育てん

獄中でこのように静かな調べの和歌を詠むことが出来たということは、久米曹長はよほど確乎たる死生観を確立していたのであろう。右の和歌からも死の匂いが濃厚に漂うが、死を怖れる気配はまったく感じられず、すでにこれらの和歌を詠んだときには、久米曹長は一死を決していたのかもしれない。

文武二道という言葉があるが、久米曹長はたおやかな歌心を持つと同時に、事に処しては烈々たる士魂を発揚してやまない文武二道の真正な軍人であったに違いない。

運命がこのような結果になったが、自分としては自己の国家的価値を認識して、最後迄静かに終るつもりである。

陸軍憲兵大尉　岩政真澄

山口県出身・昭和22年4月30日、ジャワ・チピナン刑務所にて自決、41歳憲兵隊長としてジャワに出征した岩政大尉は終戦後、オランダ軍に戦犯として身柄を拘束され、昭和二十年十二月十三日にグストック刑務所に収監された。翌年九月十七日、バタビア市のチピナン刑務所に移管され、それから七ヵ月後の昭和二十二年四月三日に自決することになるのだが、その半月ほど前の三月十七日、つぎのような遺詠を残している。

弾丸(たま)と散り神となる身に　濡衣(ぬれぎぬ)を無罪の罪にきるぞ悲しき

戦犯の濡衣蒙り死す身より　心焦(こが)すは親御なるらん

戦犯の濡衣を着せられた岩政大尉の無念がじかに伝わってくる歌である。しかも下された判決は死刑であり、もはやこの判決を覆(くつが)えすことはできない。そこで大尉はさらにこう詠む。

今ははや為すべき事の終へぬれば　静かにたたむあけの浄土

戦犯のながれは天に任せきり　今日のひとひを安く過さむ

刑務所に収監された身であれば、もはやその運命に身をゆだねるほかに方法はない。ただし生死のことを考えなければ、天に飛翔する方法が一つだけあった。自決である。

岩政大尉は軍人道を厳守する生粋の日本軍人である。当然のことながら、「義は山嶽よりも重く、死は鴻毛よりも軽し」と覚悟している。無実でありながら、死刑に処されることは義に反する。もし己れが従容と刑死したなら、結果的には不義に加担したことになる。義を知る軍人としてそれは許されないことであり、またこの不当判決に抗議しなければ、それが悪しき前例にもなりかねない。

それゆえ岩政大尉は身の潔白を証明して、裁判の無法に抗議するために一死を決し、冒頭の「自分としては自己の国家的価値を認識して、最後迄静かに終るつもりである」とする遺書を認めたのである。

軍人は私人であると同時に国家の軍隊に所属する公人でもある。それゆえ常に、自己の国家的価値を認識していなければならない。無法で理不尽な判決に唯々諾々と従っては、自分という個人の名誉ばかりでなく、国家の尊厳をも汚すことになる。岩政大尉は軍人道のこの本義を知るからこそ、軍人の一分にかけて自決の道を選んだのである。

そして大尉は、この妻宛の遺書に後事を託すべく、こう記している。

「子供を立派な日本人に育ててもらいたい。両親に迷惑をかけ、妻に苦労をかけ、子供には将来難儀を見せることと思ふが許してもらいたい」

子供を立派な日本人に育てあげて欲しいというのは、子を持つ日本軍人に共通する心情であり、たとえ自分が死ぬようなことがあっても、子供さえ立派な日本人となれば、自分の血が流れる子供を通して、将来の日本の繁栄に少しでも寄与できると彼らは確信していたのである。

さらに岩政大尉は、戦友の有難さをこう綴っている。

「ジャワの皆様が復員されお便りをくれたり、家に訪ねてくれる方があると存じますが、これらの人々は同一境遇に苦しみを共にし、お世話になった人々ですから充分お礼を申上げて下さい」

戦場において、戦友はもっとも信頼できる存在であり、戦友の有難さを岩政大尉は、

頑張れと唯一言の友の声　無限に吾を励ましにけり

と詠んでいる。歌の文句ではないが、戦友とは、「血肉を分けたる仲ではないが、なぜか気が合うて離れられぬ」という関係なのである。

そして岩政大尉は、遺書に哀切な言葉を書き留める。

「戸籍の件であるが、私が帰られぬので家に働く者がなく、今後家が成り行かず困ることであるので、誰か子供を見てくれる適当な人があったら再婚されて結構である」

岩政大尉が本心からこの文章を綴ったのかどうかはわからない。だが子を思う親心というものがひしひしと伝わってくる文章である。岩政大尉が一時の感情に駆られて自決を決意したのではないことが、この文章からもよくわかるであろう。

古来、武士の最大の名誉は切腹とされ、腹が立派に切れるかどうかで武士の値打ちは決ま

った。軍人の本領は戦闘にあり、戦場に屍(かばね)をさらすことは軍人にとっては至上の名誉である。岩政大尉にとって自分が戦犯である以上、戦争はまだ終わっていなかった。大尉の戦争が終わるのは、自分が死ぬときであり、しかもその死は敵から強制される刑死であってはならず、あくまでも日本武士道の道統に則った自決でなければならなかったのである。それゆえ大尉は、妻宛の遺書の最後の行に、決死の意志をこめて、

「永久にお別れす」

と記したのである。日本武士道の要諦は、起つべき時に起ち、死ぬべき時に死ぬ、ということにあり、岩政大尉は見事に日本武士道を全うしたことになる。

余ノ任務ハ完了セリ。第十二師団万々歳。此身ハ師団五十年ノ光輝アル歴史ト共ニ消滅スルコトヲ悦ブ。御皇室ノ弥栄(いやさか)ヲ祈り奉ル。部下将兵ニ深ク感謝ス。

陸軍中将　人見秀三

山形県出身・昭和21年4月13日、台湾・台南にて自決、58歳

人見中将は庄内藩士の三男として生まれ、長じて軍人を志し、山形連隊に入営してのち、歩兵学校に前後十余年奉職し、歩兵戦術の権威として歩兵科幹部の教育訓練に当たった。

そのころ歩兵学校には俗称「巨人中隊」というのがあり、中隊長は巨人・人見大尉（当時）で、部下にも長身の者が多かったので、この俗称が唱えられたのである。この当時の人見中将を知る者が、その人となりをこう語っている。

「人見中隊長は謹厳で、寡黙、しかも温顔で悠容迫らず、その頃既に武将の風格を備えていた。責任感は極めて強く、隊務にはまた頗る熱心であった。部下と共に小隊訓練を計画、指導に当り、中隊長自ら小隊長となり、長い刀を抜いて実戦さながらに伏臥もし、又屢々、中隊長自ら擲弾筒を手に折敷の姿勢で沈思することもあった」

さらにこうも語る。

「一方、氏は非常な孝行者であり、中尉時代、お母さんを山形に呼んで一家をもっていた。御母堂は旗本の出で、腰こそ曲っておられたが、大柄で気丈な、しかもなつかしみのある温情に富んだ方で、秀三、秀三と可愛がっておられた。この賢母あってこそ、この偉丈夫ありと、面影を偲んで切なるものがある」

これらの文章によっても、人見中将が厳格にしてなおかつ人情味豊かな清節の軍人であったことが知れよう。

そしてこの後、人見中将は連隊長、歩兵団長を経て、昭和十八年、台南に司令部を置く第十二師団長に親補され、台湾南西部の警備に任じ、敵の上陸に備えた。

ところが昭和二十年八月十五日、戦争は終わり、人見中将は台湾南部地区に配備されていた日本軍人の引き揚げ援護を担当することになった。そして高雄港より乗船する旧陸海軍部隊と一般邦人の引き揚げを無事終了したのであるが、その直後、人見中将は中国軍より戦争責任者の一人として招致された。その頃、台湾全土は中国軍に占領され、日本軍の軍司令官と全師団長はその戦争責任を問われることになったのである。

だが人見中将は、栄光ある日本軍人として、捕縛の屈辱、戦犯の汚名を蒙(こうむ)るよりは、日本陸軍と運命を共にする自決の道を選んだ。

そして中国軍の管理下に入る前夜、日本軍各司令官たちはささやかな別離の宴を開くことになっていた。しかし、人見中将はいつまでたっても宴席に姿を現わさなかった。そこで副官が中将を探すと、副官室の机の前に端坐し、まるで瞑目しているような姿勢でこと切れていた。服毒による覚悟の自決であった。机には、中央に遺書、右に拳銃、左に鞄と帽子が置かれ、整然としていた。

遺書には冒頭の文句にあるように、「余ノ任務ハ完了セリ」と明記され、「此身ハ師団五十年ノ光輝アル歴史ト共ニ消滅スルコトヲ悦ブ」と記されていた。師団長という重責にある軍人として、為すべきことは為したという充実感とともに、帝国陸軍とその命運を共にしたのである。しかも「部下将兵ニ深ク感謝ス」という文章を添えている。その軍人としての一生が悔いなきものであったことが、この一文からも察せられる。古来、武士は死に刻を誤ってはならぬとされているが、中国軍の管理下に置かれる前日こそ、人見中将にとっては、死に刻だったのであろう。

さらに遺書にはこうも記されている。

「拳銃、安全装置ガ解ケヌタメ、已ムナク薬ニヨル。薬ハ終戦前、自刃失敗ノ場合ヲ顧慮シテ用意シアリシモノナリ」

堅牢な軍人精神を持つ人見中将は、終戦の時点ですでに自決の覚悟を固めていたのである。軍が戦さに敗れれば、その最高責任者は自決するというのが日本武士道の道統である。死ぬべき時に迷わず死してこそ武士の名誉は守られる。その意味で人見中将は見事に武士道を全うしたことになる。

さらに中将は、遺書にこう記すことも忘れなかった。

「此ノ拳銃ハ自ラ秘ニ所持シアリシモノニシテ、絶対ニ他ニ関係ナシ」

終戦によって武装解除された日本軍に拳銃の所持は許されていなかった。そのためにこの一文を入れて、ほかに迷惑が及ぶことを避けたのである。死を前にして、ここまで周到な心くばりができるということは、よほど堅牢な死生観というものが人見中将の心の内に確立されていた証拠であろう。

戦さに敗れた限りは、軍の最高責任者が責任をとらなければならないのは当然のことであり、軍人の責任のとり様は自決以外ない。このとき、スラリと自決できてこそ、真正の日本軍人というに足るのである。

戦犯事件はその全責任を軍司令官が負うべきもので、参謀長以下には責任がない。今やなすべきことは終った。唯気にかかるのは戦争裁判であるが、皆協力して善処してくれ。自分は敗戦の責任を負い自決するものである。

陸軍大将　安藤利吉

昭和21年4月19日、中国・上海刑務所にて自決、62歳

安藤大将は台湾軍司令官兼台湾総督として終戦を迎えたが、この職は日本統治下の台湾において、軍政・民政のトップを意味し、台湾方面における最高戦争責任者である。したがって安藤大将も責任を逃れるつもりは毛頭なかった。ここが将に将たる者の品格というものであり、こうした気節がなければ、衆望を集められるものではない。

安藤大将には、軍人は道義を守らなければならないという不抜の原理があった。昭和十五年九月、日本軍は北部仏印に進駐したが、この南支派遣軍の司令官が安藤大将（当時は中将）であった。当時、ハノイには西原機関と呼ばれる外交機関があって、それまで仏印を統治していたフランスのドクー総督と、日本軍の平和進駐を協定中であった。

昭和十五年頃の日本陸軍というのは、前年のノモンハン事件でソ連軍に惨敗したにもかかわらず、それは一切隠蔽して、強気一点張りで政治の分野にも深く介入し、仏印進駐もフランスが言うことを聞かなければ、武力衝突も辞さずという姿勢を示していた。

だが安藤大将は、

「武力進駐はいけない。あく迄平和進駐をせよ」

と厳命した。進駐地の民心を収攬するには道義をもってしなければならないという固い信念があったからである。

ところが、南支派遣軍傘下の森本大隊という一部隊が中国と仏印国境鎮南関付近で独断越境事件を起こしてしまったため、この交渉は決裂してしまった。そのため安藤大将は、この責任を取るべく司令官の職を辞し、同時に予備役に編入されてしまった。何ごとにも筋を通し、絶対に責任を回避しない安藤大将の性格が鮮明に出たエピソードではある。

そして昭和十六年十二月八日、大東亜戦争が始まった。こうなると軍部としても安藤大将ほどに統帥力のある軍人を予備役に留めおくことはできず、安藤大将は召集されて（ここで正式に大将に就任）台湾軍司令官兼台湾総督に親補されたのである。

安藤大将の風貌は美髯（びぜん）をたくわえた威風堂々としたもので、その茫洋たる風格の中に細心の識見を兼ね備え、軍政・民政の双方に卓越した手腕を示した。

当時の台湾は太平洋の主戦場からは離れていたため、直接陸戦が行なわれることはなかったが、戦局の悪化とともに、連合軍による空襲が相ついだ。ことに特攻機の発進基地には敵の攻撃が絶え間なく加えられ、またそのために味方の迎撃機がそのつど出撃して、敵機と空戦を交えた。

そして終戦となるのだが、ここに問題が発生した。戦時中撃墜した敵機からパラシュート降下した米軍飛行士十四名を、台湾軍の麾下部隊が裁判にもかけずに独断で処刑してしまっていたのである。

連合軍はここぞとばかりに戦犯の追及をはじめた。十四名のパイロットが殺されたとなれば、その追及の手は半端なものではなく、台湾軍の関係者がつぎつぎと身柄を拘束されていった。そして中国国民政府は戦争裁判を開廷した。手をこまねいていれば、軍事法廷に名を借りたこの復讐裁判で、無実の犠牲者が続出するのは確実であった。

復讐裁判では米軍機の盲爆で、非戦闘員である地元の住民がいかに多く爆殺されたかなどはまったく顧慮されず、ただ十四名のパイロットがいかに虐殺されたかだけが、裁判の焦点となった。戦友が爆殺された怒りから、思わず捕虜を平手打ちした兵までが、捕虜虐待の名目でつぎつぎと逮捕されていったのである。

安藤大将は収容所でこの情報を得ると、すぐさま麾下将兵の行動には全責任を負うと覚悟し、一死を決した。そして軍事法廷に立つと、捕虜処刑も含めて台湾軍の行動に対しては、軍司令官である自分に一切の責任があると公言した。これには連合軍側の検事も判事も、その潔い態度に深く感銘したという。

昭和二十一年四月十九日、安藤大将はかねて軍衣の中に縫いこんでおいた青酸カリを飲んで自決した。遺書は台湾軍参謀長宛に認められていた。その遺書にはまず、

「身に余る皇室の殊遇を恭うし栄達を得ながら敗戦となり恐懼に堪えず、其の責を負い自決する」

と記され、ついで冒頭の「戦犯事件はその全責任を軍司令官が負う云々」という凛烈な言

となる。しかも衆人環視の法廷でそれを広言したから、「今やなすべきことは終った」として、従容と死に就いたのである。虎は死して皮を残し、人は死して名を残すといわれるが、軍人にとって真に意義ある死とは、他者の命を救うための死であり、台湾軍の最高司令官である安藤大将の自決は、軍人としてもっとも光輝ある死という以外ないのである。

余はヤルートの王として太陽として、諸氏と共に草根を食み海水をのんで、ヤルート島基地死守の大任のために奮戦し、それを完うした。この島で親愛なる諸氏に囲まれて最期を遂げるのは、本懐至極である。

海軍少将　升田仁助

兵庫県出身・昭和20年10月5日、グアム島捕虜収容所にて自決、54歳

マーシャル諸島のヤルート環礁は幅約五、六十メートルの内海を抱いて、幅五百メートル以下の小島が七十余、数珠のようにつながっている環礁である。この環礁の中に第六十四警備隊司令部と水上航空基地が置かれたイメージ島があり、長さは約千四百メートル、幅は約五百三十メートルあったが、標高は高い所でも二メートルしかなく、大潮のときは島の三分の一が海になるという劣悪な条件の島であった。

ここに二千二百人の警備隊が配置されており、司令は升田少将であった。そして昭和十九

年一月十八日、古木秀策陸軍少佐もこの島に派遣されて、升田少将の指揮下に入った。そこで古木少佐が気づいたのは、警備隊将兵の上下の信頼関係がきわめて強いことであった。後年、古木少佐は「升田少将の人間愛」という手記を書いているが、その中で古木少佐は、この島の第一印象をつぎのように記している。

——島の小さいのにも驚いたが、島全体の何とも云えない和(なご)やかな雰囲気が一層私を戸惑いさせた。しかし私はそれがどこから生れてくるかを知ることができた。それは升田少将が指揮官としてだけでなく人間としての愛情と、部下が少将を指揮官であると同時に誠実と情愛に満ちた人間として敬愛する心情との交流がかもし出していたのであった。——

海軍少将ともなれば、若い一般兵士から見ればまさに近寄り難い雲の上の人であるが、話好きな升田少将は、将校とか兵とか、内地人とか島民とかの区別はまったくなく、誰かれとなく、気さくに声をかけ、初対面の古木少佐にも百年の知己のように親しく話しかけてきたという。

——たそがれて行く海を背景に、桟橋(さんばし)あたりで兵や島民と気易く立話をしている司令の姿が今も眼の前にちらつく。将兵も軍属も島民も、司令と話をしながら、或は又仲間のものが司令と話すのを傍で見ていながら幸福そうであった。誰もが司令に指揮官としての信頼と、又血のつながるオヤジであるといった親しみを感じていた。司令は常に率直であった。怒る時は口から泡を飛ばして怒った。だが怒られるのは士官に限られていて、兵や軍属が怒られるのは見た人がいない。——

このまま大過なくすめば、警備隊将兵にとってヤルートは天国であったが、昭和十九年になるとマーシャル諸島に対する米軍の攻撃は本格化し、同年後半には島の対空火器はほとんど破壊され、弾薬も尽きた。

ことにクェゼリン島が玉砕して以来、本土からの補給は完全に絶たれて、マーシャル諸島の各基地は飢餓地獄に襲われた。玉砕を免れた島々も、食糧不足のため、平均すれば守備隊員の五割が戦病死するありさまであった。

ところが、環境条件がほとんど同じであったヤルートではそれを二割に止めることができた。その原因を古木少佐はつぎのように記している。

――その原因として挙げ得るものの中で、司令の基地死守に対するきびしい責任観と、部下及び島民に対する深い愛情を基調とした指揮とを第一としなければならない。「一人でも餓死者を出さぬよう食い止めねばならぬ」と口癖のように云いながら、必要な問題は事の大小となく自ら研究し決裁された。――

戦場の指揮官にとって、もっとも重要な任務は、味方の犠牲をでき得るかぎり少なくすることである。ある意味ではこれは敵に勝つより重要なことであり、升田少将は本土からの補給が途絶えた時点から、部下将兵を救うために率先垂範、全力を尽くして自給自足の道を切り開いていったのである。

しかも餓死者が続出するこういう最悪の環境に置かれれば、食糧物資の補給を怠った軍上層部に恨み事の一つも口にするのが通例だが、升田少将は決して泣き事、恨み事を口にしなかった。升田少将の人柄の見事さを、古木少佐はこう記している。

――私はできるだけ慎んでいたが、しかし時々は第四艦隊や連合艦隊に対する不平をもらさずにはいられなかった。だが司令は愚痴や不平を口に出したことはなかった。やせ我慢のようには見えなかった。決すべきは決し、処置は的確に命じ、どうにもならぬことに悶々とされる様子は全くなかった。かような心構えと態度はどこから来たのか。武人として多年にわたる真剣な修練と厚い信仰心からではなかったかと思われる。――

真正な軍人であるためには絶えず自己研鑽に努めなければならないが、升田少将は常在戦場の精神をつねに維持して、軍人としてはもとより、一人の人間としての人格形成に全力をあげた。格調高い精神というものは、このような修練なしに作られるものではない。

そして終戦を迎えるのだが、ここに戦犯問題が浮上した。昭和十九年二月、ヤルート空襲時に撃墜されて捕虜になった米軍飛行士三名を処刑にした罪に問われたのである。当時、米軍によるヤルートへの空襲は日に数度行なわれ、そのたびに日本軍守備隊には少なからぬ死傷者が出ていた。戦友を殺された日本兵はその仇討ちとばかりに、米軍降下兵を殺した。

勝者となった米軍は、関係者をつぎつぎと逮捕してグアム島の捕虜収容所に送りこんだ。升田少将もヤルートの最高責任者としてグアム島に移送されたが、つぎつぎと送られてくる部下将兵を見て、敢然と一死を決した。三名の米軍飛行士処刑の責任は、一切自分にあるとしたのである。

そして愛用の黒表紙の小さな手帖に認めたのが、冒頭の「余はヤルートの王として太陽として云々」という文章で始まる遺書であった。

そこに「この島で親愛なる諸氏に囲まれて最期を遂げるのは、本懐至極である」と記されているように、升田少将は己れの自決を「身を殺して仁を為す」の実践と考え、軍人の本懐ここにありと思いきわめて、涼やかな心懐で生を終えたに違いない。

古来、武士は公のために犠牲の道を行く以外にない、とされているが、武士道の実践者である升田少将は、己れの一命をもって部下将兵の命を救い得たという充実感をもって自決の場にその身を置いたはずである。

今日飛行場で受けた侮辱は、とうてい日本人として堪え得られない。われわれの祖先はかかる際、潔く死をえらんだ。私も又、同じ道を往(ゆ)かねばならぬ。

陸軍大佐　菅辰次

広島県出身・昭和20年9月15日、ラブアン島・ラブアン収容所にて自決、59歳

ボルネオのクチン収容所長であった菅大佐は、多くの捕虜から敬仰された。とくに大佐が同所に赴任早々に行なった訓示は、未来のない収容所生活を送っていた捕虜たちに一条の曙光ともいえる希望を与えた。

「私は今度、当収容所長として着任した菅大佐です。この戦争において、ここに抑留された不幸な皆さんには、心から同情いたします。皆さんには何の罪があろうか。戦争という国と国との争いの犠牲となって苦しむ皆さんを気の毒に思う。しかしこれも、運命の狂いと思ってがまんして下さい。この戦争は、長くつづくとは思われない。皆さんはやがてくる平和の日まで、元気を出して、まず健康に注意し、病気にならぬようにしてください。皆さんは日本の軍規の下に、規則正しい生活をしなくてはなりません。不平をいわず、正直に規則を守って、一人の違反者も出ないよう、お互いに気をつけてください。これが私の唯一のお願いです」

小柄だが恰幅(かっぷく)のよい菅大佐は、外見上はどちらかというと謹厳実直でとっつきにくいタイプの軍人であったが、この訓示を聞いた捕虜たちは、赴任当日から菅大佐に親近感を持つようになった。

その菅大佐がクチン収容者の抑留者名簿を見て驚いたのは、そこにアメリカの高名な女流作家・キース夫人の名が良人のハーリーと愛児のジョージとともに記されていたからである。日米開戦前、菅大佐はアメリカに滞在したことがあり、そのときにキース夫人の著書を愛読していたのである。

その日、菅大佐は懐かしさもあったのか、キース夫人を所長室に招いた。そして愛児を抱いてやってきた夫人に、

「収容所にはほかに、子供もたくさんいるようだが、罪もないのに、大人の戦争にまき込ま

れて可哀そうだ」

と語りかけた。それに対してキース夫人は、

(さっきの訓示といい、今の言葉といい、日本には武士道という古来からの武人のみが持っている倫理があるとはきいているが、これは、武士道がいわせたことではないだろうか、そしてこの茶色の眼の日本人は、武士道とやらの神髄を身につけた、まがいのない日本軍人ではあるまいか)

と尊敬の念さえ持ったのである。そしてキース夫人は終戦後、アメリカに帰国し、『三人還る』という本を出版した。その内容を日本週報の秦賢助は、つぎのように記している。

――菅大佐のくだりは、収容所長としての立派な態度ばかりでなく、接触しているうちに大佐の言外から汲み取った、平和論者であること、戦争は罪悪であるという点は一致していた。そして、大佐の行動には幾多の感動すべき場面もあった。ことに、収容所の子たちに寄せる父性愛的の数々が、アメリカの婦人の手によって書かれたというところに大きな意義がある。――

昭和十九年に入ると、日本の敗色は濃厚となり、菅大佐は、

(おびただしい捕虜や抑留者は無事に解放されるだろうか)

と案じた。南方の島々では玉砕が相次いでいた。ボルネオに対して敵の攻撃が始まれば、捕虜を巻き添えにして、日本軍将兵が全員玉砕するような事態が起こらないとも限らなかった。

その年の夏、東京で収容所長会議が開かれ、当局は席上、

「如何なる場合があるとも、捕虜は敵手に任してはならぬ」

と言明した。しかし菅大佐は信念をもって、

「私は、捕虜を殺す相談に来たのではない」

と断言した。大佐はボルネオに敵の侵攻が始まり、捕虜の生命が危険になったら、そのときはただちに捕虜を解放して、自らは自決する覚悟を固めた。

だがボルネオに対してはさしたる敵の攻撃もなく、終戦の日を迎えた。そのため菅大佐は捕虜・抑留者全員を無事連合軍に引き渡し、収容所長としての任務を完全に果たした。

八月十七日、連合軍当局は戦犯容疑で菅大佐を逮捕し、ラブアン島の収容所へ移送することになった。大佐につき従うのは、つねに大佐の当番兵をつとめてきた台湾出身の若い兵一人であった。日本週報の秦記者は、この日の大佐に関してこう記している。

――ボルネオを去る日、飛行場に群がる、かつての捕虜、抑留者たちは、自分らを最後まで正義と人道の楯となって守りぬき、敢闘し、今や従容として機上の人となって去ってゆく大佐を、涙の目で見送った。ハンカチを目にあてるキース夫人もいた。夫人の良人も同じ思いだった。大佐の父性愛的慈愛で庇護された多くの子供たちも、パパに別れを惜しむかの目で見送った。――

菅大佐も感慨無量のものがあったであろう。任務を仕遂げたという達成感があったに違いない。だが、移送先のラブアン島の飛行場に降りると事情は一変した。まさに天国から地獄

への変化であった。秦記者は、その凄惨な光景をこう記している。

――島民の感情は極度に日本軍を憎悪している。日本軍収容所長来ると聞いて、群集は飛行場で大佐を待っていたのだ。大佐が飛行機から降りてくる姿へ向って殺到し、手に手に石を投げつけた。石は雨のように飛んでくる。大佐は驚いて、携行のトランクで投石を防いだが、防ぎきれずに、頭部、顔面、手など数ヵ所から鮮血は噴いて、たちまち血達磨の姿になった。石を投げながら群集は、あらん限りの悪罵を浴びせた。大佐を残忍なる鬼畜と見たのも、終戦直後の興奮にかり立てられている群集心理としては、無理のないことであったろう。付添っていたMP（憲兵）が必死となって群集を制し、押し分けてくれなかったら、大佐は群集の激昂する手で虐殺されたかもしれない。――

ようやく飛行場を脱け出すことができた菅大佐は急拵えの天幕でつくられた収容所に入れられた。台湾人の当番兵は隣りの天幕に入った。大佐は一人になると、戦陣訓の「生きて虜囚の辱めを受けず」という武訓を唱え、死ぬべきときがやってきたことを悟った。

軍人は不言実行で、巧遅よりも拙速を尊ぶ。菅大佐はすぐさま遺書を認めた。

「私は連合軍の捕虜となり、日本軍人としてもっとも堪え得ない辱めをうける身となった。けれども私は今日まで良心に忠実に、最後まで正義人道を守り通したと、確信している。私の任務は敗戦と同時に終りを告げた」

そして大佐は、「それはそれでいいが」として、冒頭の「今日飛行場で受けた侮辱は、とうてい日本人として堪え得られない。われわれの祖先はかかる際、潔く死をえらんだ。私も又、同じ道を往かねばならぬ」という壮烈な文章を認めたのである。

そして大佐は死ぬための道具を探した。まず天幕の紐を使って縊死しようと思ったが、細すぎて使いものにならなかった。そこで思い出したのが洋食用のナイフであった。大佐は鞄の中からそれを取り出すと、祖国日本の方向に顔を向け端坐して一礼した。

それからナイフを頸動脈に当てて力まかせに突き立てたが、刃のないナイフでは血は噴出するのだが、肉の中までは刺しこめない。思いあまった大佐は、側にあった水筒を目にとめると、血だらけの手で砂をすくって、水筒につめこんだ。そして栓を固く締めると、隣の天幕にいる台湾人の従兵を呼んだ。

すぐにやって来た従兵は、血だらけの大佐を見て仰天したが、大佐は落ち着き払って、

「お前を残して死なねばならぬわしの気持は判ってくれるだろう。これでわしの頭を打ってくれ」

というと、水筒を差し出した。従兵がためらっていると、大佐は、

「命令だ。わしに死恥をかかしてくれるな、早くせい」

といった。だが、従兵がまだ手を出しかねていると、再び大佐は、

「早くせい！」

と声を荒げた。その後の光景を秦記者は、つぎのように記している。

――そうすることが大佐の希望であるならば、と当番兵は決意しなければならなかった。大佐の人柄を知っている彼は、大佐の心中をようやく理解した。水筒を摑んだ時、蒼白の顔

面に涙が糸を引いた。彼は大佐のうしろにまわって、後頭部に水筒の一撃をあてた。けれども大佐は一時失神したにすぎなかった。大佐は再びナイフを取り上げて、頸動脈にあて、これを打てと言った。当番兵はナイフの柄頭(つかがしら)を水筒で強く打つと、ナイフは深く突き刺さって、ほとばしった血潮の中に、大佐は俯伏(うつぶせ)に倒れ、そして瞑目したのだった。——

だがこの自決は、大佐の立場をいっそう不利にした。捕虜虐待を自認したからこそ、自殺したのだとみなされてしまったのである。

そして被疑者死亡のまま連合軍による軍事法廷が開かれたが、菅大佐の同僚であった森賢治大佐の証言により、「俘虜虐待は彼の部下の行為であって、大佐には関係のないこと」が判明し、逆に多くの証言によって、菅大佐は正義と人道に燃える人であったことが証明され、大佐の名誉は回復された。

日本週報の秦記者は、この壮烈な自決事件をつぎのように総括している。

——キース夫人もまた、書面を軍事法廷に送って、大佐を弁護している。そのキース夫人は、帰国すると、かつて敵国人であった菅大佐に、感動の思い出を新たにして『三人還る』を綴ったのである。早川雪洲主演のこの映画は、日本で公開されたとき、多くの日本人の胸をうった。そして、誰しも思ったことは、多くの日本軍将兵が、敵国人の恨みを買って、非難された中に「菅大佐のような立派な人もいたのか」ということだった。——

「恥を知る」ということは武人の心得の根本である。辱めを受けたなら、必ずその辱(はじ)を雪(そそ)がねばならない。それが武士道精神というものであり、菅大佐は道義にもとる不当な侮辱を加えた人々に、自決という凛烈な方法をもって雪辱(せつじょく)を果たしたのである。

帝国軍人は生きて虜囚のはづかしめは受けられない。軍人として士官学校以来、陛下より特別の恩寵(おんちょう)を受けているに拘(かかわ)らず、努力の不足により敗戦となり、降伏のやむなきに陛下をいたらしめたことは慙愧(ざんき)に堪えないこと、死を以て責任を明らかにしたい。

陸軍大佐　棚橋真作

岐阜県出身・昭和21年2月13日、熊本県菊池郡の黒石神社にて自決、52歳

昭和二十一年二月九日、ＧＨＱ（連合国軍最高司令官総司令部）は、ビルマ作戦で勇名を馳(は)せた棚橋連隊の連隊長棚橋大佐に出頭命令を下した。ＧＨＱが棚橋大佐を戦犯指名した直接の容疑は、ビルマ戦線のアキャブ北方作戦で捕虜としていた英第六旅団長・キャベンデッシュ准将を死に至らしめたというものであったが、同准将の死は日本陣営に射ちこまれた敵砲弾の炸烈による胸部貫通砲弾破片創であり、棚橋大佐は無関係であった。

しかし同准将の死については、刺殺説が流布し、棚橋連隊には他にも捕虜虐殺事件が発生していたため、ＧＨＱは同連隊の最高責任者である棚橋大佐を逮捕して戦犯裁判にかけようとしたのである。

しかし棚橋大佐は、敵の手に己れの身をゆだねるつもりは毛頭なかった。光輝ある日本軍人として、当然のことながら捕虜になる屈辱よりも、誇り高き自決の道を選んだ。

昭和四十年八月、熊本日日新聞は『熊本県の歴史――激動二十年』という連載の第八十回に「ある大佐の自決」という記事を載せた。ある大佐とは棚橋大佐のことであり、同紙は棚橋大佐をつぎのように紹介している。

――棚橋は岐阜県大垣市の出身、陸軍士官学校二十八期卒業。上海、中支、ビルマと外地を転戦。ビルマ作戦では攻撃の先頭に立ち、棚橋連隊の名を高めた。昭和十九年六月、熊本の西部軍教育隊長に転属となり、下士官教育をあずかるうち敗戦を迎えた。しかし大垣市の実家も、妻薫の実家も空襲で焼失していたので、敗戦後、妻や子を東京から呼び寄せ、黒石原（熊本県菊池郡）の兵舎で終戦処理にあたった。――

そして終戦から半年たった昭和二十一年二月九日、ＧＨＱから棚橋大佐に出頭命令が出たのである。同紙はその夜の大佐の決意を、つぎのように記している。

――その夜、棚橋は妻子を遠ざけ、ひとりで思いにふけった。いまは靖国の英霊になった、あまたの部下が自分を呼んでいるような気がしてならない。敗戦後、教育隊の部下三百人は、棚橋の説得をふりきって、徹底抗戦を叫び、菊池神社の裏山に立てこもった。その部下たちも、いまは解散帰郷して行った。敗戦後の世間の軍人に対する風当りは冷たく強い。復員軍人はあちこちで隠匿物資を持出し、非難されている。自分の軍人としての命も、もう終わった。死ぬのはたやすい。気がかりは、あとに残すことになる妻子のことだけだ。――

翌十日夜、棚橋大佐は妻子への未練を絶つべく、長男泰志(やすし)を伴い、近くの黒石神社を参拝して帰宅すると、妻の薫に、

「神はやはり、ありがたいものだ。覚悟はきまった」

とさっぱりした表情で告げた。すると薫が軍人の妻らしく、

「家族みんなで死にましょう」

といったが、棚橋大佐は、

「お前には、まだ、こどもたちを育ててもらわねばならぬ」

といって許さなかった。

翌十一日は紀元節であったので、薫は世話になった近所の人たち十数人を招待して心ばかりの宴をはった。

そしてその翌々日、すなわち二月十三日夜の棚橋大佐の行動を、熊本日日新聞の記事はこう記している。

――十三日午前三時、棚橋はそっと床をぬけだして軍服をきた。ふすまをへだてた隣室には、長女照子ら三人のこどもがやすんでいる。気づかれないように、薫が着がえを手伝った。真作は、いつもと同じ平静な態度だった。自決の介添えを命じられた二十二歳の泰志(やすし)は、さすがに顔が青ざめていた。真作はこどもたちひとりひとりにあてて『兄弟仲よく、お母さんを大事にしてあげてください』と、遺言をしたため、妻の薫には、「骨は大垣と熊本の両方に埋めてくれ。ほかのことには手をださず、百姓をしておれば、いいこともある。こどもの

ことはたのむ」と、いい残した。——

そして玄関に立った棚橋大佐は、

「では、いってくる」

といつものようにいって、後を振り返ることなくあっさりと家を出た。薫も、

(見苦しくない最期であるように)

と祈るばかりであった。これが軍人の妻の嗜みというものであり、涙は他人には見せずに心で泣く。こういう節度が人間の精神のたたずまいというものを美しくするのである。

棚橋大佐と泰志はほどなく黒石神社に着き、その拝殿にあがった。大佐は正座して祝詞をあげた。祝詞には、前線で多くの部下を死なせたお詫びと、社殿の前を血で汚す無礼に許しを乞う詞があった。祝詞をあげ終えると、大佐は泰志の手を握りしめて、ただ一言こういった。

「あとをたのむ」

拝殿をおりると、大佐は泰志に敷物を布かせ、

「向こうに行っていなさい」

と静かにいった。そして敷物の上に正座して、しばし瞑目した。やがて軍服のボタンを一つずつゆっくりとはずした。冴え返る寒気も気にならない。胸をくつろげると、軍袴を少しおし下げて腹をあらわし、短刀の鞘を払った。

雲一つない月明である。刀身に月光がきらめき、大佐は刃先を左下腹部にあてがう。打ち

込む。激痛が襲うが、姿勢はくずさない。気息をととのえる。短刀に添えた両手に渾身の力をこめて右に引いた。血が噴き出て、呼吸が乱れる。心臓の鼓動が激しい。身体が後ろにそる。懸命に姿勢を正す。

そしていったん短刀を腹から抜いた。左手を右の頸動脈に当てた。右手に持った短刀の刃先をそこに向ける。再び左手を短刀に添えると、一気に頸動脈を掻っ切った。血が噴出して五メートルも飛び散り、介添の泰志の足元にまで飛んだ。やがて大佐の上半身が斜めに倒れ、正座した足がややくずれた形でこと切れた。

泰志の連絡により、夜が明けてから、米軍の憲兵隊が検視に来た。憲兵隊のだれもが現場に立ち尽くし、声もなかった。切腹を目の当たりにし、どの顔にも感動の色が浮かんでいた。荘厳ともいえる日本古来の武士の死の作法に、同じ軍人として尊崇の念に打たれたためである。

棚橋大佐は、ビルマ戦線における第五十五師団花谷正中将の兵の損耗を無視した冷酷非情な命令に抗して、自らが指揮する第百十二連隊を独断で前線から撤退させるという軍律違反を敢えておかし、連隊長の任を解かれて内地に左遷されるという経歴を持つ硬骨の士であった。大佐はこのときから、日本の敗戦を予見し、講和条約締結の捨て石たらんとして一死を決していたのである。

生前、棚橋大佐はこの自決の理由を、西部軍管区教育隊で副官をしていた三宅万亀男大尉に語っており、その第一の理由が冒頭に記した「帝国軍人は生きて虜囚のはづかしめは受けられない」云々とするもので、ほかにもこう語っている。

「各種事変以来数次の作戦に参加し、多数の陛下の赤子を戦死傷せしめ、尚且今日の不幸の事態を招き、指揮官として遺家族に申し訳ないこと。特にビルマ作戦において戦局の運命を決する進言が努力不足で採用されず、非命に死んだ部下に深い責任を感ずること」

部下に犠牲を強いたなら、上官として責任を取るのは当然のことであり、軍人の責任の取り方というのは、謝罪や辞職といった手ぬるい方法が許されるはずもなく、自らの命を自らの手で断ち切る自決以外にはない。軍人の場合、己れに責任があると知ったなら、死を以てその責を果たさなければならないのである。

また棚橋大佐は、つぎの理由も挙げている。

「参加した南京攻略戦もふくめ、指揮の不十分にも起因し、戦禍とはいえ敵国軍人および住民にも深い苦痛を与えたであろうこと。これは御稜威をくもらせることであって、部下に代って死を以て謝罪したいこと。特にアキャブ北方作戦において、捕虜として保護していた敵将キャベンデッシュ旅団長を不幸にして死にいたらしめたこともあり、自己の死で一切の累を関係者におよぼすことは避けたいこと」

戦争にはかならず勝者と敗者がいる。そして敗軍の将なら、敗戦の責任を一切負って自決し、数多の犠牲者に深謝するとともに、更なる犠牲者が出ることを未然に防がなければならない。これが敗軍の将たる者の絶対の義務である。

責任感が強く、清節を重んじた棚橋大佐は、平然とその責を果たした。真正の軍人とはこういうものである。辞世が残されている。

国破れてなんの命ぞ　たらちねのわれは弓矢の道を行くなり

三宅元副官は、この事件を総括して、その手記にこう記している。

——棚橋教育隊長が米軍の呼出しを受けて自決せられた真相は前述のとおりであり、同氏の責に帰すべき事由による自決でなく、武人として潔く終戦の日に自決せられた各級指揮官と同様、軍人精神の龜鑑（きかん）とすべきもので今日に至るまで深く我々を感動せしめるものである。——

勅諭に「義は山嶽よりも重く、死は鴻毛よりも軽し」とあるが、棚橋大佐はこの覚悟をつねに維持し、清節を持する軍人として、見事にその有終の美を飾ったことになる。

単行本　平成二十年三月「『無念の涙』ＢＣ級戦犯の遺言」改題　光人社刊

NF文庫

BC級戦犯の遺言

二〇一七年四月十七日　印刷
二〇一七年四月二十三日　発行

著　者　北影雄幸

発行者　高城直一
発行所　株式会社潮書房光人社
〒102-0073　東京都千代田区九段北一-九-十一
振替／〇〇一七〇-六-五四六九三
電話／〇三-三二六五-一八六四代
印刷・製本　図書印刷株式会社
定価はカバーに表示してあります
乱丁・落丁のものはお取りかえ致します。本文は中性紙を使用
ISBN978-4-7698-3003-0　C0195
http://www.kojinsha.co.jp

NF文庫

刊行のことば

第二次世界大戦の戦火が熄んで五〇年――その間、小社は夥しい数の戦争の記録を渉猟し、発掘し、常に公正なる立場を貫いて書誌とし、大方の絶讃を博して今日に及ぶが、その源は、散華された世代への熱き思い入れであり、同時に、その記録を誌して平和の礎とし、後世に伝えんとするにある。

小社の出版物は、戦記、伝記、文学、エッセイ、写真集、その他、すでに一、〇〇〇点を越え、加えて戦後五〇年になんなんとするを契機として、「光人社NF（ノンフィクション）文庫」を創刊して、読者諸賢の熱烈要望におこたえする次第である。人生のバイブルとして、心弱きときの活性の糧として、散華の世代からの感動の肉声に、あなたもぜひ、耳を傾けて下さい。